초등
과학 필독서
45

일러두기

- 책과 시리즈 제목에는 《 》로 표시했으나 시리즈에 포함된 책 등은 상황에 따라 〈 〉와 작은따옴표로도 표시했다. 잡지, 영화, 그림 등의 작품에는 〈 〉를 사용했다.
- 소개된 책은 모두 국내 출간작이라 원어를 병기하지 않았으며, 저자 및 책 제목 표기는 국내 출간작에 따랐다.

필독서 시리즈 | 12

교과 연계

어린이과학동아 창간 편집장이
직접 읽고 추천하는

초등 과학 필독서 45

이억주 지음

센시오

- 서문 -

미래의 내 모습, 책에서 찾자!

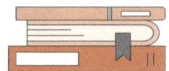

초등학교 때 처음 본 전구 불이 너무나도 눈부셔서 빛에 관한 호기심이 생겼어요. 그때 막연하게나마 과학자가 되기로 마음먹었어요. 중학교 때 반에서 과학 시험 1등을 해서 물리학자가 되기로 마음먹었고요. 고등학교 때에는 반에서 수학 시험 1등을 해서 수학자가 되기로 마음먹기도 했죠. 마침 가고 싶은 대학교에 수학과와 물리학과를 합친 과가 있었어요. 그래서 그곳에 지원해서 합격했죠. 그러다가 2학년 때 수학과 물리학이라는 두 마리 토끼를 잡으려고 물리학과로 정하게 됐어요. 물리학과에 다녔지만 실험하는 것이 싫어서 대학원에서는 핵물리학이론을 전공하게 되었어요.

그렇게 학교를 모두 마치고 과학책을 읽으며 글 쓰는 일이 하고 싶어서 과학 기자가 되었어요. 어렸을 때는 집에 책이 많은 친구가 부러워서 돈만 생기면 책을 사 모으곤 했거든요. 어릴 때부터 과학에 관심이 많아서 주로 과학책을 많이 읽었어요. 나고 자란 시골에서 김매기를 하면서 뽑아버린 불쌍한 잡초들의 이름이 궁금해서 식물도감을 사서 공부하기도 했고요. 중고등학교 때 한문 시험 100점 맞았던 것이 아까워 쉰 살이 넘어서 천자문을 뗐습니다.

   그래서 지금은……

   수학, 물리학, 식물학, 한자와 관련된 글을 쓰거나 책을 만들면서 살고 있어요. 어려운 과학 용어를 한자와 함께 쓰면서 설명하기를 좋아하고요. 언젠가는 천자문 속의 과학 이야기를 책으로 내려 싶어서 아침마다 천자문 공부를 하고 있지요.

天地玄黃 宇宙洪荒(천지현황 우주홍황)
하늘은 검고 땅은 누르다. 우주는 넓고 거칠다.
천자문은 이렇게 과학으로 시작합니다.

   어른들은 과학을 알아서 하겠지만, 어린이들은 쉽고 재미있게 가르쳐 주어야 한다고 생각해요. 과학책도 스스로 내가 좋아하는 내용을 담은 책부터 읽어야 한다고 생각하고요. 그리고 처음부터 끝까지 읽는 습관을 들이는 것이 매우 중요한 거 같아요. 물론 읽고 나면 한 줄이라도 알게 된 것이나 느낌을 기록하는 것도 필요하고요. 그러다보면 과학책을 오래 즐길 수 있을 거예요. 그러다가 과학자가 될지도 모르잖아요.

   초등 과학 교과 과정은 3학년부터 시작하는데요. 3~6학년 학기별 첫 번째 단원이 '탐구'예요. 탐구가 무엇인지, 탐구하는 것이 왜 중요한지, 과학자처럼 탐구하는 방법이 무엇인지 등을 중요하게 다루고 있죠. 과학 지식을 안다는 것 또는 과학적으로 사고를 한다는 것, 호기심을 해결하는 많은 과정 등이 탐구와 관련이 있어요. 그래서 이 책은 '탐구'를 통해 삶과 지식이 풍성해지기를 바라는 마음을 담았어요. 탐구라는 콘셉트에 따라 총 4개의 분야로 나누고, 대상은 초등 저학년에서 고학년으로 가는 순서로 맞추었어요.

1부에서는 주로 생명과학 분야로 동물, 식물, 공룡, 생태계, 환경 등을 다루면서 생명의 소중함을 일깨우는 도서를 소개해요. 2부는 본질에 대한 탐구로 세상은 무엇으로 이루어져 있는지, 물질들 사이에서 어떤 일들이 일어나는지, 과학적 탐구가 무엇인지에 알려주는 도서를 선정했어요. 주로 물리학, 화학, 천문학 분야예요. 3부에서는 질문에 대한 탐구로 호기심을 해결해 주고, 상상력을 향상시켜 주는 도서를 선택했어요. 4부에서는 융합에 대한 탐구로 과학과 다른 분야의 융합과 해석을 통해 과학적 사고력을 풍부하게 하고, 과학이 여러 분야에 중요한 역할을 하고 있음을 알려주고 싶었어요.

책을 읽는 것은 의무도 숙제도 아니에요. 습관이고 생활이에요. 하지만 알고자 하는 생각이 따라야 하니, 다양한 주제의 책을 읽으며 정말 내가 하고 싶은 일을 찾아보세요. 정말 되고 싶은 사람의 모습을 책에서 찾아보세요. 이 책이 그것을 도와주었으면 참 좋겠어요.

2024년 1월
또 무슨 책을 읽을까 행복한 고민을 하며
이억주 씀

- 목차 -

서문 미래의 내 모습, 책에서 찾자!   04

1부 생명에 대한 탐구

- **BOOK 01** • 고래와 상어의 결정적인 차이는?   12
  《고래는 왜 바다로 갔을까》

- **BOOK 02** • 지금은 없어진 곤충 채집과 식물 채집   18
  《파브르 곤충기》

- **BOOK 03** • 곤충보다 먼저 식물을 사랑한 파브르   26
  《파브르 식물 이야기》

- **BOOK 04** • 멀고 검은 섬, 흑산도   33
  《정약전과 자산어보》

- **BOOK 05** • 찰스 다윈의 결정적 장소는?   40
  《어린이를 위한 종의 기원》

- **BOOK 06** • 나비의 삶에서 나의 삶을 들여다보자   47
  《꽃들에게 희망을》

- **BOOK 07** • 개미 박사의 비글호에 탑승해 보세요   54
  《최재천의 동물대탐험》

- **BOOK 08** • 멸종 진화도 이유가 있어!   61
  《이유가 있어서 멸종했습니다》

- **BOOK 09** • 과학자가 그리는 만화는?   68
  《만화로 배우는 공룡의 생태》

- **BOOK 10** • 1년 동안 한 장소를 관찰하면?   75
  《두꺼비 논 이야기》

- **BOOK 11** • 봄이 왔는데도 돌아오지 않는 새들   82
  《레이첼 카슨》

- **BOOK 12** • 영장류와 세 여인, 그중의 한 여인   90
  《제인 구달의 내가 사랑한 침팬지》

2부 본질에 대한 탐구

• BOOK 13 •	촛불 한 자루에 이렇게 많은 과학이!	100
	《촛불의 과학》	
• BOOK 14 •	원소를 알아야 하는 진짜 이유	108
	《세상의 모든 원소 118》	
• BOOK 15 •	물질은 무엇으로 이루어져 있을까?	115
	《물질 좀 아는 10대》	
• BOOK 16 •	노트 필기를 잘하면 무슨 일이 일어날까?	123
	《과학 천재의 비법 노트 물리 화학》	
• BOOK 17 •	생각만으로 세상을 만들다!	131
	《아인슈타인의 생각 실험실》	
• BOOK 18 •	상대성 원리와 상대성 이론의 차이는?	138
	《상대성 이론은 처음이지?》	
• BOOK 19 •	21세기는 양자역학의 시대!	145
	《초등학생을 위한 양자역학》	
• BOOK 20 •	물리도 공룡처럼 재미있게 책을 만들 수 없을까?	152
	《물리박사 김상욱의 수상한 연구실》	
• BOOK 21 •	검은 구멍과 하얀 구멍?	159
	《블랙홀이 뭐예요?》	
• BOOK 22 •	천문학과 점성술의 차이는 종이 한 장?	166
	《재밌어서 밤새 읽는 천문학 이야기》	
• BOOK 23 •	소행성 이름에 세종대왕을 붙인 사람은?	174
	《사이다 3 태양계×어린왕자》	
• BOOK 24 •	별똥별을 볼 때 가장 필요한 것은?	181
	《별똥별 아줌마가 들려주는 우주 이야기》	

3부 질문에 대한 탐구

• BOOK 25 •	버스에 타는 순간, 과학 마법에 걸린다! 《신기한 스쿨버스》	190
• BOOK 26 •	과학 그림책의 시작을 알리다! 《달팽이 과학 동화》 시리즈	198
• BOOK 27 •	끈질긴 관찰과 사랑을 담아내다! 《세밀화로 그린 보리 어린이 도감》	204
• BOOK 28 •	나는 누구이며 어떤 존재인가? 《정재승의 인간 탐구 보고서》	215
• BOOK 29 •	과학의 시작은 탐구부터 《탐구한다는 것》	225
• BOOK 30 •	콘서트를 감상하듯이 과학을 듣는다 《정재승의 만화 과학 콘서트》	234
• BOOK 31 •	과학관은 새로운 질문을 얻어가는 곳 《과학관으로 온 엉뚱한 질문들》	242
• BOOK 32 •	빅데이터로 할 수 있는 것들 《김범준 선생님이 들려주는 빅데이터와 물리학》	250
• BOOK 33 •	과학자가 가져야 할 17가지 태도 《과학이 가르쳐 준 것들》	258
• BOOK 34 •	1만 년 전에도 1만 년 후를 예측했을까? 《미래가 온다》	266

4부 융합에 대한 탐구

• BOOK 35 •	마법의 세계를 과학의 세계로 풀어보면 《해리 포터 사이언스》	274
• BOOK 36 •	신화를 과학의 눈으로 바라보면 《그리스 로마 신화 사이언스》	283
• BOOK 37 •	속담을 보면 조상의 과학 실력이?! 《속담 속에 숨은 과학》	291
• BOOK 38 •	과학을 알고 타면 더 재미있을까? 《과학을 타자! 놀이기구》	299
• BOOK 39 •	사진이 움직이게 되기까지 《과학을 훔친 수상한 영화관》	307
• BOOK 40 •	미술과 과학의 공통점은 창의성 《명화 속 흥미로운 과학 이야기》	315
• BOOK 41 •	과학으로 바라보는 영화 《십 대를 위한 영화 속 과학 인문학 여행》	324
• BOOK 42 •	집을 지을 때 필요한 과학 기술은? 《건축 속 재미있는 과학 이야기》	333
• BOOK 43 •	음악과 소음의 결정적인 차이? 《이게 무슨 소리?! 음악과 소음》	340
• BOOK 44 •	신화는 결국 과학의 다른 표현 《과학 오디세이》	347
• BOOK 45 •	인류 최고의 SF 작가, 쥘 베른 《지구 속 여행》	355

1부
생명에 대한 탐구

3-1 동물의 한살이 | 3-2 동물의 생활

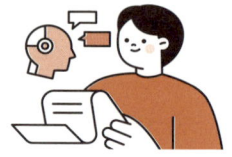

• Science Book 01 •

고래와 상어의 결정적인 차이는?
《고래는 왜 바다로 갔을까》

과학아이 | 창비(2000)

🎁 울산 반구대 암각화의 주인공

자연 탐사를 가본 적이 있나요? 식물, 곤충, 새, 숲, 늪, 갯벌, 별, 공룡 화석 탐사 같은 거 말이에요. 탐사를 가면 관련 분야의 전문가에게 설명을 들으면서 책이나 다큐멘터리로 보는 것보다 훨씬 더 생생하게 체험을 할 수가 있어요. 자연 탐사는 전문가도 필요하지만 '탐사'라는 행사를 기획하고 진행하는 사람도 있어야 하는데요. 무엇을 탐사할 것인가, 어디로 갈 것인가, 전문가는 누구인가부터 시작해서 출발과 도착 장소, 식사 장소, 이동 수단 등을 준비하는 사람이에요. 예전에 자연 탐사 관련 책을 만들고 탐사를 직접 진행한 적이 있는데요. 개인적으로도 자연과 동식물 관찰하는 것을 좋아해서 탐사를 할 때마다 탐사에 참여하는 사람처럼 즐거웠어요. 우리는 일상에서 자연과 가까이 할 때가 많아요. 등산을 하거나 계곡에 피서를 가거나 캠핑을 할 때도 자연을 만나게 되지요. 이때 우리 곁에 어떤 생명체가 있는지 찾아보면 새로운 재미를 얻을 수 있을 거예요. 재미있는 이름을 가진 풀과 나무가 있고, 매미의 날개돋이를 보며 생명의 신비를 느낄 수 있고, 공룡 발자국 화석이라도 보면 금세 공룡이 살아날 것 같지요.

울산광역시 울주군에는 자연 탐사를 하기 좋은 곳이 두 군데 있어요. 울주군 두동면 천전리에는 공룡 발자국 화석 산지가 있고요, 국보로 지정된 천전리 각석 유적지가 있어요. 백악기 공룡 발자국 200여 개를 볼 수 있고, 선사 시대와 신라시대의 그림과 글이 새겨져 있는 각석을 볼 수 있어요.

또 이곳에서 약 2킬로미터 정도 떨어진 곳에 울주군 언양읍 대곡리 반구대 암각화가 있는데요. 울산 태화강 상류의 지류 하천인 대곡천 수직 절벽에 300점 이상의 그림이 새겨져 있는 거예요. 고래와 같은 바다 동물과 호랑이와 같은 육지 동물뿐만 아니라 고래잡이와 사냥하는 장면도 그려져 있지요. 가로 약 8미터, 높이 약 4미터 넓이에 그려져 있는 그림을 보면 그저 신기할 따름이에요. 노르웨이에도 고래를 그린 알타 암각화가 있다는데요. 반구대 암각화와 비교해 보면 고래 그림은 반구대 암각화가 더 훌륭해요. 알타 암각화에는 고래도 있지만 주로 순록, 엘크, 곰, 늑대 등이 더 많아요. 그러니까 고래에 대해 여러 종류를 더 자세하게 그려 넣은 것은 반구대 암각화가 단연 최고지요.

🧊 고래 그림은 왜 그렸을까?

과거에는 어떻게 또 왜 동물 그림을 그렸을까요? 특히 이 암각화에는 고래의 종류가 여럿 나와요. 그림을 면밀하게 살펴본 전문가들은 머리와 입의 모양, 몸통의 형태, 가슴지느러미와 꼬리 등의 특징을 통해 북방긴수염고래, 혹등고래, 귀신고래, 향고래, 들쇠고래, 범고래, 상괭이로 밝혀냈지요. 그러니까 울산과 가까운 바다에서 이런 종류의 고래들을 보았다는 거겠죠? 보지도 않은 고래를 상상해서 그리지는 않았을 테니까요.

 이 암각화를 보면 선사 시대 사람들이 고래를 아주 자세히 관찰했음을 알 수 있어요. 고래를 그린 그림을 보면 새끼를 업고 있는 모습, 물을 뿜는 모습, 입 주변에 진흙이 잔뜩 묻어 있는 모습들도 볼 수 있답니다. 이 반구대 암각화를 보러 가기 전에《고래는 왜 바다로 갔을까》라는 책을 보고 갔더니 나는 도움이 많이 되었어요. 이 책은 고래의 조상은 원래 육지 동물이었는데 어떻게 바다로 가서 바다 동물이 되었는지, 물고기도 아닌데 왜 바다에서 사는지 쉽고 재미있게 쓰여 있거든요. 우리나라는 옛날부터 고래와 관련이 깊었기 때문에 어린이가 꼭 한 번 읽어보면 좋겠어요.

 고래는 참 신비한 동물이에요. 세상에서 가장 큰 동물이, 물고기 즉 어류도 아닌데 바다에서 살지요. 육지에 사는 가장 큰 동물이 코끼리인데, 바다에 사는 흰긴수염고래는 코끼리 몸무게의 25배나 된다고 하니 어마어마하지요? 흰긴수염고래는 몸길이만도 27미터나 된대요. 보통 시내 버스가 약 10미터이니까, 버스 3대 정도를 연결한 길이가 되는 거지요. 이 정도 크기의 생명체가 육지에서 걸어다닌다고 생각해 보세요. 어마어마한 몸무게를 버티고 서서 걸으려면 다리 힘이 엄청 세야겠죠. 그래서 어쩌면 걷는 게 힘들어서 몸을 뜨게 해주는 부력이 있는 바다에 사는지도 모르겠어요.

선사 시대 즉, 문자가 없었던 역사 시대에 사람들이 바위에 여러 가지 종류를 그림으로 새겨놓았다는 것은 그 당시 사람에게 고래는 많은 도움을 준 동물이라고 생각할 수 있어요. 석기와 같은 도구로 고래를 사냥하는 장면을 보면 알 수 있는데 위험을 무릅써서라도 고래를 사냥하려 했기 때문이지요. 아마도 처음에는 죽어서 해안에 밀려온 고래를 손쉽게 잡았을 거예요. 그 후 고래의 쓰임새가 점점 알려지면서 고래를 사냥하는 도구와 기술이 점점 발전했고요. 고래를 바위에 새긴 그림은 우리나라에서만 볼 수 있는 것은 아니에요.

◈ 꼬리 모양이 다르다!

그런데 고래는 참 신기한 동물이에요. 퀴즈를 하나 내볼게요. 고래와 상어의 꼬리 모양의 차이점은 무엇일까요? 차이가 없다고요? 고래의 꼬리지느러미와 상어의 꼬리지느러미는 결정적인 차이가 있어요. 고래의 꼬리지느러미는 포유류의 뒷다리가 변해서 된 것이고, 상어의 꼬리지느러미는 어류의 꼬리지느러미예요. 그래서 고래는 가로로 넓게 펴져 있고 상어는 세로로 서 있어요. 상어의 꼬리지느러미는 붕어빵의 꼬리와 비슷하지요. 무시무시한 상어가 멀리서 헤엄쳐 올 때 꼬리지느러미만 물 위로 올라와 있는 장면을 생각해 보면 쉽게 비교할 수 있을 거예요. 이 꼬리지느러미의 차이는 바로 고래와 상어가 포유류인 것과 어류인 것이기 때문에 생긴 거예요.

고래가 어류가 아니고 젖먹이 동물인 포유류라는 것은 아주 오래전부터 알려져 있었어요. 고대 그리스 최고의 철학자이자 자연과학자였던 아리스토텔레스도 고래를 물고기가 아닌 것으로 분류했어요. 아리스토텔레스는 지금으로부터 약 2,500년 전에 동물을 세 가지로 분류했어요. 첫째는 '육지에 사는 동물', 둘째는 '바다에 사는 동물(물고기)' 그리고 셋째는 '돌고래와 고래'였답니다.

그러니까 고래와 돌고래를 물고기가 아닌 동물로 분류한 거예요. 조선의 아리스토텔레스라 불리는 정약전도 해양 생물 연구서인 《자산어보》에서 고래를 '고래어(古來魚)'라고 표기했는데 이것은 '옛날부터 잘 알려진 친숙한 동물'이라는 뜻이에요. 돌고래를 물가치 또는 해돈이라고 표기했는데 이것은 '바다의 돼지'라는 뜻이에요. 정약전도 고래와 돌고래를 물고기로 보지 않았던 거예요.

🔶 힘들게 태어났는데 좌초하면 안 돼!

그런데 고래는 물고기가 아니라 젖먹이동물이지만 다른 젖먹이동물과 다른 점이 있다는 것을 보면 깜짝 놀랄 거예요. 보통 알이 아닌 새끼를 낳는 동물들은 어미의 배 속에서 나올 때 머리부터 나와요. 나올 때 다리가 펴지면 걸려서 나오기 힘들기 때문이지요. 그런데 고래는 다르대요. 고래는 물속에서 새끼를 낳는데 머리부터 나오다가 시간이 많이 걸리면 새끼가 숨을 쉴 수가 없기 때문이지요. 고래가 육지에서 사는 동물이라면 새끼의 머리부터 나왔을 텐데 말이지요. 생명의 탄생이란 정말 신비하지요?

여기서 또 퀴즈! 대왕고래 새끼는 태어난 지 7개월이 지나면 몸무게가 1만 5,000킬로그램이 된대요. 그렇다면 대왕고래 새끼의 몸무게는 1시간에 몇 킬로그램씩 늘어날까요? 1시간이라고요? 1시간에 몸무게가 늘어나는 게 느껴질까요? 아무튼 계산을 해볼게요. 7개월은 7×30=210(일)이에요. 7개월이면 몸무게가 1만 5,000킬로그램이 되니까 하루에는 15,000÷210=약 71.5킬로그램씩 몸무게가 늘어나요. 그러면 1시간에는 71.5÷24=약 3킬로그램씩 늘어나지요. 보통 어른의 몸무게가 70킬로그램인 것을 비교해 보면 고래는 정말 어마어마하네요.

고래에 대한 습성 중 가장 특이한 것이 있어요. 그것은 바로 고래의 떼죽음이에요. 1976년 7월, 30여 마리의 길잡이돌고래가 미국 플로리다 해안에 좌초한 일이 있었어요. 좌초란 배, 고래, 물고기 등이 육지로 밀려와 다시 물로 돌아가지 못하게 되는 거예요. 길잡이돌고래가 유난히 좌초를 많이 한다고 해요. 고래가 왜 좌초하는지 아직도 정확하게 알려지지 않았어요. 여러 가지 원인이 있기는 하지만요, 고래는 몸무게가 많이 나가기 때문에 육지로 오게 되면 몸이 짓눌려 숨을 제대로 쉴 수 없어 질식한다고 해요. 어떤 경우는 좌초된 고래를 바다로 돌려보내도 다시 해변으로 돌아와 죽기도 한대요. 고래에 대해 더 궁금한 점이 생겼다면 《고래는 왜 바다로 갔을까》를 읽으면서 풀어보세요.

3-1 동물의 한살이 3-2 동물의 생활

• Science Book 02 •

지금은 없어진 곤충 채집과 식물 채집
《파브르 곤충기》

장 앙리 파브르 | 열림원어린이(2022)

내가 어렸을 때는 여름 방학이 되면 산으로 들로 나가 곤충도 잡고 가재도 잡고 더우면 냇가에서 헤엄치며 물고기를 잡으며 놀았어요. 아침 먹고 나가면 저녁 먹을 때나 집에 들어가곤 했지요. 점심은 어떻게 했냐고요? 수박, 참외, 오이, 토마토 따먹으며 한 끼를 때웠답니다. 그러다가 방학이 끝나기 하루 이틀 전에 부랴부랴 일기를 쓰고 방학 숙제를 했지요. 그래도 일찌감치 방학 숙제를 끝낸 것도 있었어요. 그것은 바로 곤충 채집과 식물 채집이에요.

집 주변에 참나무 종류가 많기 때문에 넓적사슴벌레가 꽤 많이 살았어요. 넓적사슴벌레는 참나무의 수액을 좋아하거든요. 밤만 먹으면 산으로 들로 나간 것은 사실 숙제를 하러 간 거예요. 곤충 채집과 식물 채집 말이에요. 사실 숙제는 핑계였단 걸 눈치챘지요? 시골에는 학교 아니면 놀이터나 넓은 운동장 같은 것이 없어서 아이들은 산으로 들로 나가 놀았던 거지요. 그때는 남자 아이들은 모두 곤충 박사였고, 여자 아이들은 모두 식물 박사였지요.

그러다가 중학교에 가서 곤충 채집이나 식물 채집 숙제가 없어지면서부터 곤충이나 식물과는 멀어지지요. 하지만 자연 관찰을 좋아하는 사람들은 고등학교에서 이과반에 들어가고 대학교에 갈 때 자연계열로 가는 경우가 많아요. 곤충과 식물은 우리 인간보다도 훨씬 오래전에 지구상에 나타나 지금까지도 잘 살고 있는 생물이에요. 그래서 많은 과학자들이 관찰하고 연구하여 많은 지식이 알려져 있어요.

하지만 자연 과학의 원조라고 할 수 있는 고대 그리스의 철학자 아리스토텔레스는 곤충이 곤충에서 나오는 것이 아니라 이슬이나 똥 또는 동물의 사체와 진흙에서 나온다고 생각했어요. 이것을 동물의 '자연발생설'이라고 해요. 주변에서 흔히 볼 수 있는 곤충이 어떻게 생기는지 몰랐던 거예요. 그 당시 사람들은 기어다니는 것은 벌레고, 날아다니는 것은 새라고 생각했어요. 특히 곤충이 알 – 애벌레 – 번데기 – 어른벌레로 탈바꿈하는 것은 생각도 못했지요. 자연 발생설은 1862년 프랑스의 미생물학자 루이 파스퇴르가 '백조목 플라스크 실험'을 할 때까지 사실로 받아들였어요.

파스퇴르 덕분에 모든 생물은 자연 발생하지 않으며, 생물은 그 어버이가 있어야만 자손이 연속된다는 '생물속생설'이 알려지게 되었지요. 그래도 아리스토텔레스는 생물을 관찰하고 해부하고 분류하는 방법을 처음으로 제시한 위대한 자연과학자로 남아 있어요. 아리스토텔레스 이후 최고의 자연 관찰자는 《종의 기원》으로 유명한 찰스 다윈(1809~1882)이에요. 의사 집안에서 태어나 부유하게 자란 다윈은 어려서 곤충 채집을 좋아했지요. 두 손 가득 딱정벌레를 채집하고도 처음 보는 곤충을 만나면 손에 있던 딱정벌레를 입에 넣고 또 곤충을 잡을 정도였다고 하니 다윈이 얼마나 곤충을 좋아했는지 알 수 있겠지요? 다윈은 대학교에 입학해 신학과 의학을 공부했지만 결국 생물에 대한 열정을 버리지 못하고 박물학자가 되었다지요. 아버지는 의사였지만 할아버지 이래즈머스 다윈도 박물학자였답니다.

박물학자가 뭐예요?

박물학이란 동물, 식물, 광물의 종류와 특성 등을 체계적으로 분류하고 연구하는 학문이에요. 영어로는 Natural History라고 하여 '자연사'라고도 하지요. 보통 자연사가 박물사보다 더 넓은 의미로 쓰여요. 다윈이 박물학에 관심이 많아 갈라파고스와 같은 남아메리카를 탐사하는 '비글호'에 박물학자로 참가할 수 있었던 거예요. 비글호에 타고 자연 탐사를 할 수 있었기 때문에 과학 역사에 길이 남을 《종의 기원》이 탄생할 수 있었던 것이고요. 아버지의 뒤를 이어 의사가 되었다면 진화론의 창시자는 경쟁자였던 영국의 생물학자이자 지리학자였던 앨프레드 러셀 월리스가 되었을 거예요. 그만큼 찰스 다윈은 어렸을 때 좋아했던 곤충 채집과 관찰을 어른이 되어서도 계속했기 때문에 위대한 생물학자로 남게 되었답니다.

'곤충 채집과 관찰'을 말할 때 장 앙리 파브르(1823~1915)를 빼놓을 수 없지요. 파브르는 가난한 농부의 아들로 태어나 네 살 때 할아버지 댁에 맡겨졌다고 해요. 할아버지 댁 근처에는 곤충들이 많았고 호기심이 많은 파브르는 곤충 채집과 관찰을 아주 좋아했대요. 또 일곱 살 때 아버지가 사 준 동물 전집으로 글을 배우기도 했지요. 커서 철도공으로 일하면서 처음 번 돈으로 벌레, 꽃, 새를 노래한 시집을 사서 읽었지요. 파브르가 생물학자이면서 시인이기도 한 것은 젊어서부터 곤충과 시를 좋아했기 때문일 거예요.

가난하면서도 집에서 곤충을 기르기도 했고 학비를 스스로 벌어 사범학교에 입학했어요. 학교를 졸업하고 초등학교 교사, 중학교 화학 교사, 고등학교 물리 교사가 되었는데 교직에 있으면서 독학으로 수학, 화학, 물리학을 공부한 거예요. 1849년 중학교 교사로 있을 때 툴루즈 대학의 식물학자 탕드레 교수가 식물 채집을 하는 것을 보고 생물학을 공부하게 되었다고 해요. 1854년에는 곤충학자인 레옹 뒤푸르의 노래기벌에 관한 연구 논문을 읽고 곤충 연구에 일생을 바치기로 했어요. 그러는 동안 파브르는 미생물학자 루이 파스퇴르, 경제학자 존 스튜어트 밀, 박물학자 찰스 다윈 등과 교류하며 곤충을 연구하게 되었어요.

곤충기를 문학 작품처럼 쓰다!

파브르는 56세가 된 1879년에 여러 가지 곤충의 생태를 재미있고 아름다운 문장으로 《곤충기》를 쓰기 시작했어요. 《곤충기》는 30년에 걸쳐 총 10권으로 완성했답니다. 30년 동안 10권이면 대략 1권을 집필하는 데 3년이 걸린 셈이에요. 파브르의《곤충기》는 몇 가지 종류의 곤충 또는 벌레의 생태를 자세히 관찰하여 전지적 곤충 시점으로 쓴 이야기예요. 그러니 오랫동안의 관찰이 필요한 거지요. 11권째 집필하려다 결국 세상을 떠났다고 하니《곤충기》에 대한 열정이 대단하네요.

　파브르가 쓴《곤충기》의 부제(책 제목에 덧붙여 보충하는 제목)는 '곤충의 본능과 습성에 관한 연구'예요. 그만큼 곤충의 본능과 습성을 하나하나 관찰하려면 얼마나 끈질긴 인내심이 필요했겠어요? 그 덕분에 우리는 곤충들의 습성을 알게 됐지만요.《곤충기》는 파브르 인생의 최고의 역작이었고 그 당시에는 굉장히 유명한 책이었어요. 그래서 전 세계적으로 유명한 책이 되었지요.

　우리나라에서도 일찌감치 여러 종류의《곤충기》가 출간되었지요. 나도 초등학교(당시에는 국민학교)에 다닐 때 도서관에서《파브르 곤충기》를 많이 읽었어요. 지금 기억을 되살려 보면 그림도 허술하고 글도 매끄럽지 않았어요. 그래도 곤충의 생태나 습성은 파브르의 관찰을 토대로 쓰인 것이었기 때문에 무척 흥미로웠어요. 요즘에도 여러 출판사에서 파브르의《곤충기》는 새로운 모습으로 계속 출간되고 있어요. 그중에서도 열림원어린이 출판사에서 나온《파브르 곤충기》를 눈여겨보았어요.《파브르 곤충기》는 부제를 '파브르와 손녀 루시의 ○○○ 여행'이라고 붙여서 파브르와 손녀 루시의 대화로 시작하고 있어요. 본문으로 들어가면 파브르와 루시가 관찰하고 있는 곤충들이 주인공이 되서 자연 생태 동화 형식으로 이야기가 펼쳐져요. 그래서 이 책은 파브르의《곤충기》원본에 충실히 따르며 각 권마다 동화 작가의 풍부한 상상력으로 다시 태어난 거예요. 《파브르 곤충기》라고 해서 곤충만 등장하는 것이 아니고 독거미와 왕독전갈 등도 나와요. 아마도 파브르가 살아 있을 당시만 해도 곤충과 거미 그리고 전갈 등이 확실하게 구분되어 있지 않았던 것 같아요. 곤충과 거미의 구분은 여러분도 잘 알지요?

거미는 곤충보다 전갈에 더 가까워!

곤충은 몸이 머리, 가슴, 배로 나누어져 있고, 머리에 더듬이 한 쌍, 가슴에 날개 두 쌍과 다리 세 쌍이 있어요. 거미는 몸이 머리, 가슴, 배로 나누어져 있고, 다리는 네 쌍이에요. 전갈은 곤충보다 거미와 가깝지만 생김새가 많이 다르지요. 파브르는 이런 동물들을 벌레로 분류하여 관찰했던 거예요. 보통 벌레는 곤충, 거미 등 절지동물을 가르키는 말로 쓰이지요. 생물분류학상 곤충, 거미, 전갈이 모두 절지동물문에 속해요.

곤충은 곤충강, 거미와 전갈은 거미강으로 분류되고 좀 더 분류하면 거미는 거미목으로 전갈은 전갈목으로 나누어지지요. 그러니까 거미와 전갈은 같은 거미강에 속하는 거예요. 쉽게 말해 사람을 분류학적으로 표현하면 '동물계 – 척삭동물문 – 포유강 – 영장목 – 사람과 – 사람속 – 사람(종)'이 되지요. 사람과 가까운 침팬지는 '동물계 – 척삭동물문 – 포유강 – 영장목 – 사람과 – 침팬지속 – 침팬지'로 분류할 수 있어요. 그러니까 사람과 침팬지는 '사람과'까지 같아요. 그래서 사람과 침팬지를 모두 '영장류'라고 하지요. 마찬가지로 곤충류, 거미류, 전갈류로 분류하는 거예요. 《곤충기》라고는 하지만 분류학적으로 차이가 나는 동물들도 파브르에게 관찰 대상이 되었던 거지요.

《파브르 곤충기》 4권은 '똥벌레 여행'이에요. 여기서 똥벌레는 파브르가 특히 신기하게 여겼던 '소똥구리'예요. 소똥구리는 소의 똥이나 말의 똥을 공처럼 만들어 굴리고 다니는 곤충이에요. 파브르는 이 곤충이 왜 똥을 공처럼 만들어 굴리는지 자세히 관찰했지요. 소똥구리에도 종류가 여럿이 있는데 파브르가 관찰한 것은 왕쇠똥구리, 목대장왕쇠똥구리, 넓적뿔쇠똥구리, 스페인뿔쇠똥구리예요. 소똥구리와 쇠똥구리 모두 표준어로 쓰이지만 보통은 '소똥구리'로 쓴답니다. 파브르가 소똥구리를 관찰하고 《곤충기》를 쓰던 1800년대 후반에는 우리나라에도 소똥구리가 많이 살았어요. 나는 1970년대에 초등학교와 중학교를 다녔는데, 시골에서도 소똥구리를 많이 보았어요. 부모님이 농사를 지었기 때문에 집 안에 외양간이 있었고 소를 키웠거든요. 그 당시에는 소가 농사를 짓는 데 없어서는 안 될 가축이었답니다. 그래서 집 주변에서 소똥구리를 흔히 보았지요. 내 기억으로는 1980년대 초까지만 해도 소를 키우는 집이 많아서 소똥구리를 본 적이 있어요.

◈ 보고 싶은 애기뿔소똥구리

소똥구리는 1971년 이후 발견되지 않아 우리나라에서는 멸종된 것으로 판단하고 있대요. 1980년 초까지도 시골에서는 소똥구리가 보였는데, 이상한 일이다 싶었어요. 태어나고 자란 곳이 워낙 시골이다 보니 조사하는 사람들이 '우리 동네까지는 조사할 생각을 못했나'라는 생각도 들었죠. 예전에는 소똥을 뒤집어 보면 어김없이 소똥구리가 한두 마리씩 있었어요. 그러면 소똥구리를 잡아 관찰하곤 했지요. 소똥구리는 땅 파는 모습이 참 독특해요. 소똥구리의 머리에는 코뿔소처럼 뿔이 있고 머리 자체가 삽처럼 생겨 땅을 마구 파는 모습이 신기했지요. 앞발도 고무래처럼 생겨서 흙을 퍼내는 데 안성마춤이었지요. 그런데 소 대신 경운기로 논밭을 갈게 되자 소가 점점 줄어들게 되었어요. 소똥이 필요한 소똥구리도 점점 사라졌고 이제는 볼 수가 없게 되었답니다. 나중에 기억을 되살려 찾아보니 어렸을 때 잡고 놀았던 그 소똥구리는 애기뿔소똥구리였어요. 내가 태어난 충청남도 지역에도 많이 서식했다고 하니 확실한 것 같아요. 이제는 소똥구리는 찾아볼 수가 없어 《파브르 곤충기》 4권 '파브르와 손녀 루시의 똥벌레 여행'을 보면서 어렸을 때의 추억을 되살리고 있어요. 그런 애기뿔소똥구리를 복원하려고 노력하고 있어요. 2023년 9월 환경부와 국립생태원이 충남 태안군의 해안사구에 멸종 위기 야생 생물 2급인 소똥구리 200마리를 방사했다고 해요. 소똥구리들이 자연에 잘 적응해 그 수가 늘어났으면 하는 바람이에요. 그래야 한국의 파브르 같은 곤충학자들도 많이 나오겠지요?

4-1 식물의 한살이 4-2 식물의 생활

• Science Book 03 •

곤충보다 먼저 식물을 사랑한 파브르
《파브르 식물 이야기》

장 앙리 파브르 | 사계절(2010)

◈ 식물과 곤충 연구에 평생을 바치다!

앞에서 말한 파브르가 사실은 《곤충기》보다 3년 전에 먼저 《식물기》 책을 냈답니다. 곤충보다 먼저 관심을 가진 식물을 연구했고 책으로 쓴 거지요. 파브르는 식물과 곤충을 아주 오랫동안 아주 세밀하게 관찰했어요. 시인이기도 한 파브르는 글을 쓸 때도 딱딱한 과학자의 필체가 아닌 인문학적인 관점으로 이야기하고 있어요. 《곤충기》와 마찬가지로 《식물기》도 파브르의 예리한 통찰력으로 세상살이의 다양한 모습을 식물에 비추어 보고 있어요. 파브르는 박사 학위도 식물 연구로 받았을 정도로 식물을 깊이 연구했어요. 파브르가 식물을 대하는 태도를 가장 잘 나타내는 말이 있어요. 그것은 '식물은 동물의 형제이다'예요. 파브르는 식물과 동물이 얼마나 비슷한지, 어떤 점이 같이 때문에 '형제'라고 표현했는지 《식물기》에 고스란히 담겨 있어요.

파브르는 처음부터 《식물기》라는 이름으로 책을 낸 것은 아니에요. 처음 낸 책은 《나무의 역사》라는 제목으로 출간되었어요. 파브르의 나이 43세였던 1866년이었지요. 그리고 10년 후인 1876년 《나무의 역사》에 '꽃과 열매' 이야기를 덧붙여 출간한 두 번째 책은 《내 아들에게 들려주는 식물학 이야기》였지요. 이 책이 나오고 3년 후인 1879년부터 《곤충기》가 출간되기 시작한 거랍니다.

파브르의 식물 이야기는 제목에서 볼 수 있는 것처럼 아이들이 볼 수 있도록 쉽게 쓴 거예요. 하지만 그리 쉬운 책은 아니랍니다. 그래서 사계절 출판사에서 좀 더 읽기 쉽게 풀어쓴 《파브르 식물 이야기》 1권과 2권이 나오게 된 거예요. 이 책은 어린이와 청소년들을 위해 풀어쓴 해설판이지요. 대학에서 농학과 영문학을 전공한 추둘란님이 불어판과 영어 번역판을 꼼꼼하게 살핀 후, 원칙을 정해 다시 썼지요.

몇 가지 원칙이란 첫째, 우리나라 초등학교와 중학교 교과 과정에서 나오는 내용을 중심으로 펴낸 것이고요. 둘째, 교과 과정에 나오지는 않지만 어린이용 식물학 책에서 자주 볼 수 있는 내용이라면 그대로 실었고요. 셋째, 어렵더라도 꼭 실어야 하는 내용 그리고 넷째, 현대 식물학에 비추어 잘못된 내용은 바로잡아 쓴 거예요. 그래서 몇 가지 식물의 예시는 원서에 나오는 것을 쓰지 않고 우리나라에서 자라는 식물로 바꾸었다고 해요. 그래야 독자들이 실제 확인해 볼 수 있으니까요.

그리고 또 하나 이 책에서 신경 쓴 부분은 그림이에요. 원서에는 그림이 많지 않은데 그림을 보면서 읽어야 쉽게 이해될 수 있는 부분은 실물을 보고 직접 그렸다고 해요. 그린이 이제호 화가는 《세밀화로 그린 보리 어린이 도감》 시리즈의 나무, 식물, 동물 편의 그림을 그린 작가예요. 책을 보면 알겠지만 식물의 세밀한 부분까지 표현되어 있어서 식물 공부하는 데 도움이 많이 된답니다.

식물에게 배우는 삶의 지혜

《파브르 식물 이야기》는 《곤충기》처럼 실험과 관찰이 많지는 않아요. 하지만 식물의 형태와 기능, 식물의 일생을 쉽게 재미있게 풀어서 식물 이야기를 하면서 우리 삶의 지혜를 말해주고 있어요. 이제 행운을 하나씩 줄게요. 잘 들어보아요.

나폴레옹은 유럽의 역사에 큰 인물이잖아요. 그런 천하의 나폴레옹이 러시아와 전쟁에서 패해 도망치는 신세가 되었을 때예요. 하늘도 올려다 볼 수 없어 땅만 보고 달아날 뿐이었지요. 이때 고개 숙인 나폴레옹의 눈에 띈 것은 네잎클로버였어요. 급히 쫓겨 가는 와중에 발밑에 쫙 깔려 있는 보통 세잎클로버 사이에서 유난히 돋보이는 네잎클로버를 뜯기 위해 상체를 숙였지요. 바로 그때 머리 위로 총알이 지나갔지 뭐예요. 나폴레옹이 네잎클로버를 뜯기 위해 상체를 숙이지 않았더라면 총에 맞았을 거예요. 나폴레옹은 절체절명의 위기를 네잎클로버 때문에 넘길 수 있었지요. 이후 네잎클로버는 '행운'의 상징이 되었지요. 네잎클로버의 꽃말 역시 '행운'이에요.

클로버의 정식 명칭은 토끼풀이에요. 나폴레옹의 일화처럼 유럽이 원산지이며 콩과 식물로 목초로 기르던 것이 번져 귀화식물이 되었지요. 누가 먼저 찾는지 내기해 본 적이 있을 거예요. 풀밭에 앉아 네잎클로버를 찾고 싶은 마음은 예나 지금이나 똑같지요. 그런데 보통 세잎클로버의 꽃말이 '행복'이라는 걸 아나요? 생각해 보면 우리는 평범한 '행복'보다 특별한 '행운'을 찾아 헤맨 셈이지요. 세잎클로버를 보면 행복이 멀리 있는 것이 아니고 가까이 있는데, 얻기 힘든 행운만 바라고 네잎클로버를 찾으려 시간을 허비하고 있지 않은가요? 더군다나 네잎클로버를 찾기 위해 세잎클로버를 짓밟고 있지 않은지 생각해 보면 어떨까요? 이번에는 우리가 흔히 쓰는 낱말에도 식물 이름이 들어 있는 것을 소개해 줄게요.

어느 숲에 칡과 등이 살고 있었대요. 칡은 옆에 있는 싸리나무를 감아 올라가고, 등은 아까시나무를 감아 올라가며 평화롭게 살고 있었지요. 해가 길어질수록 칡과 등을 왕성하게 자랐고, 자라면 자랄수록 칡은 싸리나무를 등은 아까시나무를 더욱 강하게 조이게 되었지요. 더 이상 살기 어려워진 싸리나무와 아까시나무는 서로 합심하여 칡과 등을 숲에서 몰아내기로 했어요. 싸리나무는 줄기를 매끄럽게 해서 칡이 감지 못하게 했고, 아까시나무는 줄기에 가시를 만들어 등이 찔리게 했지요. 그래서 칡과 등이 서로 감고 올라가기로 한 거예요. 그런데 여기서 문제가 생겼어요. 감고 올라가는 방향이 서로 반대였던 거예요. 그래서 서로 감고 올라가려면 번번이 부딪치고 말았지요.

사람들은 이런 모습을 '갈등'이라는 말을 만들었지요. 칡을 뜻하는 한자인 갈(葛)과 등을 뜻하는 한자 등(藤)이 합쳐져 갈등이 된 것이랍니다. 갈등은 서로의 목표나 이해관계가 달라서 이러지도 못하고 저러지도 못하는 상황을 말해요. 하지만 갈등이 항상 나쁘기만 한 것은 아니에요. 우리 사회는 여러 가지 갈등을 해결하는 과정에서 발전해 왔기 때문이지요. 갈등이 있다고 피하기만 하기보다 상대방의 입장을 좀 더 이해하려고 한다면 갈등은 충분히 해결될 수 있답니다.

칡과 등의 이야기는 내가 만든 이야기이지만 갈등이 칡과 등에서 유래된 것은 사실이지요. 위의 두 가지 이야기는 식물에게서 배울 수 있는 삶의 지혜라고 할 수 있어요. 식물 공부를 하다 보면 식물이 동물보다 더 잘사는 것 같은 생각이 들어요. 보통의 식물은 햇빛, 물, 이산화 탄소만 있으면 생명을 유지하는 양분을 만들 수 있어요. 동물은 식물이나 동물을 먹지 않으면 양분을 만들 수 없어요. 동물은 먹고 살려면 부지런히 움직여야 해요. 그래서 동물은 움직일 동(動)에 물건 물(物) 자를 쓰지요. 식물은 심을 식(植)에 물건 물(物)로 심어져 있기 때문에 움직이지도 않고 잘 먹고 잘 살지요.

동물의 알과 식물의 씨앗

식물은 씨앗이나 포자를 퍼트려 자손을 남겨요. 동물은 알이나 새끼를 낳지요. 보통의 식물은 씨앗을 만들기 위해 꽃을 피우지요. 꽃은 대개 암술과 수술이 있어요. 수술에서 만든 꽃가루가 암술머리에 닿으면 꽃가루받이가 일어나 열매가 생기고 그 속에 씨앗이 있어요. 그러니까 식물은 꽃가루받이를 잘 하기 위해 여러 가지 전략을 이용하지요. 바람을 이용하기도 하고(풍매화), 곤충을 이용하기도 하고(충매화), 새를 이용하기도 하고(조매화), 물을 이용하기도 하지요(수매화).

씨앗을 퍼뜨리는 방법도 기가 막히지요. 바람에 잘 날리기 위해 씨앗에 가벼운 털이나 날개를 달기도 해요. 동물 털에 잘 달라붙기 위해 씨앗에 가시나 갈고리를 만들기도 해요. 부모 식물에게서 더 멀리 떨어지기 위해 열매 껍질을 터트리거나 씨앗을 동글게 만들지요. 또 맛있는 과육을 만들어 동물이 먹게 한 다음 똥을 통해 씨앗만 나오게도 하지요.

이런 방법 하나하나가 지구상에서 누구보다 더 오랫동안 살아온 식물들의 지혜랍니다. 추운 겨울을 나기 위한 식물의 지혜, 밟히고 뽑혀도 기어이 씨앗을 만들어 자손을 남기는 지혜, 작물과 똑같게 보이려고 진화한 식물의 의태, 양분이 부족한 곳에서 살아남기 위해 곤충을 잡아먹는 식충식물까지 식물에게 배울 수 있는 지혜는 무궁무진하답니다.

파브르는 식물에게 어떤 지혜를 보았을까요? 쉽게 풀어쓴 《파브르 식물 이야기》를 읽어보세요. 파브르는 본문 마지막 부분에 동물의 알과 식물의 씨앗은 비슷하다고 말하고 있어요. 알의 껍데기와 씨앗의 겉껍질은 보호 덮개이고요, 알의 흰자와 씨앗의 배젖은 영양 덩어리예요. 또 알과 씨앗에는 저마다 배(밑씨에서 성장해서 다시 식물이 되는 부분)가 들어 있어요. 배는 어떤 생명체든 그 생명체의 가장 중요한 모습이고요, 이렇게 알과 씨앗이 비슷한 것은 맡은 일이 같기 때문이에요. 그리고 알이 깨어나는 부화와 씨앗이 싹 트는 발아는 새로운 삶의 시작임에 틀림없다고 파브르는 말하고 있어요. 《아하 보리였구나》에서도 무당벌레가 보리를 자기 알인지 알고, 품고 있다가 나중에 보리가 싹을 틔우자 이렇게 말하지요. "보리가 알을 낳았어요."

 이 글을 쓰기 위해 여러 가지 조사를 하다가 휴머니스트 출판사에서 《파브르 식물기》를 출판했다는 소식을 들었어요. 파브르 탄생 200주년을 맞아 완역본을 출간했다는 거예요. 식물 공부를 하는 나로서는 아주 반가운 소식이에요. 완역본 《파브르 식물기》는 초등학생으로써 다소 어려울 수 있어요. 그러니까 《파브르 식물 이야기》를 먼저 읽어보세요. 나중에 《파브르 식물기》와 《파브르 식물 이야기》를 비교해 보는 것도 즐거운 일이 될 거예요.

3-2 동물의 생활 5-1 과학자는 어떻게 탐구할까요?
5-2 재미있는 나의 탐구 6-1 과학자처럼 탐구해 볼까요?

• Science Book 04 •

멀고 검은 섬, 흑산도
《정약전과 자산어보》

김해등 | 휴먼어린이(2018)

🟧 아리스토텔레스와 정약전

지금으로부터 2300여 년 전 그리스의 에게해 동쪽의 레스보스라는 작은 섬에서 대철학자 아리스토텔레스는 해변가에서 갑오징어와 씨름하고 있었어요. 아리스토텔레스는 갑오징어를 해부하면서 내부 구조를 하나하나 살펴보고 있었지요. 이렇게 해서 아리스토텔레스는 레스보스 해안에서 볼 수 있는 500여 동물들의 생태를 정리해《동물 탐구》라는 책을 썼어요. 이것은 자연과 동물을 직접 관찰하고 기록하는 과학자의 진정한 모습을 보여주었지요.

아리스토텔레스가《동물 탐구》를 펴낸 지 2,000년이 훌쩍 지난 1810

년 즈음, 우리나라의 흑산도에서도 이런 모습을 볼 수 있었지요. 바로 정약전이에요. 정약전은 수원 화성을 건축하는 데 과학적으로 커다란 공을 세운 정약용의 형이에요. 정약전의 집안은 당시 나라에서 금지하던 '천주교'를 믿었다는 이유로 벌을 받았어요. 그래서 정약용은 강진으로 정약전은 흑산도로 유배를 떠난 거예요. 유배는 죄인을 임금이 사는 서울에서 먼 곳으로 보내 거주하게 하는 형벌이에요.

흑산도는 지금의 행정 구역으로 전라남도 신안군 흑산면에 있는 섬이에요. 서울에서 450킬로미터 정도 되는 아주 먼 곳이고 한번 가면 언제 올 지 모르는 상황이었죠. 정약전은 어려서부터 학문에 관심이 많았기 때문에 유배지인 흑산도에서도 책에서 눈을 떼지 않았지요. 그러던 중 흑산도에서 물고기 잡고 사는 어부 장창대를 만나 물고기를 비롯해 바다 생물에 관심을 갖게 되었답니다. 정약전은 장창대의 도움을 받아 바다에 사는 물고기, 게, 새우, 조개, 새 등을 조사하기 시작하지요. 이렇게 해서 완성된 책이 《자산어보》예요. 그리스에 아리스토텔레스와 《동물 탐구》가 있었다면 우리나라에는 정약전과 《자산어보》가 있게 된 거예요.

🔲 정약전은 누구일까요?

고려시대와 조선시대를 통틀어 과학자들이 몇몇 있어요. 화약 제조 기술을 연구한 최무선, 측우기와 자격루를 만든 장영실, 천문학을 연구하여 우리나라 최초의 달력인 칠정산을 만든 이순지, 금속을 연구하여 금속 활자를 만들어 인쇄술 발전에 기여한 이천, 지도를 직접 제작하여 지리학을 발전시킨 김정호,《동의보감》을 편찬하여 의학을 집대성한 허준 등이 있어요.

　이런 과학자들의 연구 분야를 보면 대개 무기, 천문, 인쇄, 지도, 의학이며 이는 사람들의 실생활과 밀접한 관계가 있는 것들이지요. 하지만 또 한 명의 과학자인 정약전은 우리가 지금 말하는 순수 자연 과학인 생물학을 연구한 과학자였던 거예요. 생물을 관찰하고, 모양과 습성에 따라 분류하고, 이름을 붙이고, 각각의 특징을 기록으로 남겼어요.

　현대의 생물 분류 학자들의 연구 방법과 크게 다르지 않은 거예요. 책을 읽다 보면 알겠지만, 정약전은 '안 믿어 거꾸로 병'에 걸려 있는 학자였어요. '안 믿어 거꾸로 병'은 책 속에 있는 지식을 곧이곧대로 믿지 않고 의심해 보는 실학자의 습성이에요. 정약전이 이런 병에 걸리지 않았더라면 아리스토텔레스의《동물 탐구》에 버금가는 물고기 백과사전인《자산어보》는 태어나지 않았을 거예요.

　당시에도 어류에 관한 기록이 없었던 것은 아니에요. 대부분 중국에서 만들어진 책으로 허무맹랑한 이야기가 실려 있었고, 우리나라의 상황에 맞지 않은 것들이 많았지요. 정약전의 학문에 대한 열정과 잘못된 지식을 바로잡고자 하는 의지가《자산어보》를 탄생시킨 거지요.

　정약전은 1758년에 경기도 광주 마현(지금의 남양주)에서 태어났어요. 정약전의 아버지는 정재원으로 진주목사를 지냈고 어머니는 해남 윤씨인데 문인이며 화가인 윤두서의 손녀였지요. 정약전의 형은 정약현이고 남동생은 정약용과 정약종, 여동생은 우리나라 천주교 사상 최초의 영세자이자 순교자인 이승훈의 아내예요. 정약현의 맏딸은 황사

영 백서로 유명한 황사영의 아내로 집안 전체가 천주교와 관련 있는 유명 인사들이었지요. 나라에서 천주교를 믿지 못하게 하는 상황이었으므로 막내인 정약종은 처형당했고, 정약전과 정약용은 같은 날 유배를 가게 된 거예요.

정약전의 집안은 이렇게 한순간에 어려운 처지가 되었어요. 하지만 어려서부터 현실 생활에 도움이 되는 학문에 관심을 많이 가졌던 정약전과 정약용은 오랜 유배 생활에서도 후세에 길이 남을 업적을 이루었답니다. 정약용은 전라도 강진에서 18년 동안 유배 생활을 하면서 《목민심서》, 《경세유표》 등 500여 권의 책을 쓰면서 실학을 집대성했지요.

정약용은 오랜 유배 생활을 마치고 집으로 돌아왔지만, 정약전은 1816년 59세로 세상을 떠날 때까지 끝내 흑산도를 떠날 수 없었어요. 교통수단이 발달한 현재는 흑산도는 그리 먼 곳은 아니지만 200여 년 전에는 쉽게 오갈 수 있는 거리는 아니었어요. 그럼에도 불구하고 정약전과 정약용은 편지를 주고받으면서 자신들이 쓴 글에 대해 토론을 했어요. 《자산어보》와 《목민심서》 등 두 학자의 명저는 형제 간의 토론으로 탄생했다고 할 수 있어요. 부족한 것을 서로의 의견을 묻고 보완하면서 책을 완성한 거예요.

《자산어보》는 어떤 책일까?

정약전이 흑산도에서 유배 생활을 하면서 지은 《자산어보》는 우리나라 최초의 해양 생물 백과사전이라고 할 수 있어요. 그리스의 아리스토텔레스도 관심을 가지고 관찰했던 갑오징어에 대해 정약전은 책에서 다음과 같이 설명하고 있어요.

"등에는 배 모양의 하얀 뼈가 있고 살은 아주 연하다. 배 속에는 알과 먹물 주머니가 있다…… 갑오징어의 먹으로 글씨를 쓰면 빛이 나고 윤기가 흐른다. 다만 오래되면 글씨가 벗겨져 사라져버린다. 그러나 이 종이를 바닷물에 담그면 먹의 흔적이 되살아난다…… 맛은 감미로워서 회를 뜨거나 포를 떠 말려 먹어도 좋다. 갑오징어의 뼈는 상처를 아물게 하며 새살을 돋게 한다. 말이나 당나귀의 등에 난 종기는 갑오징어의 뼈가 아니면 고치기 어렵다."

이런 방식으로 흑산도 주변 바다에서 볼 수 있는 227종의 바다 생물을 정리한 거예요. 비슷한 모양과 구조에 따라 분류하고 한자로 되어 있는 이름을 우리말로 새롭게 지어 족보를 만들 듯이 기록했어요. 바다 생물의 특징이나 약이 되는지 독이 되는지 어떻게 이용하는지 정리되어 있답니다.

또한 어류가 이동하는 경로나 시기를 적어 어부들에게 실제로 도움이 되도록 했어요. 이것은 실학의 정신을 몸소 실천한 것이랍니다. 이런 정약전의 실학 정신은 이 책인 《정약전과 자산어보》에도 고스란히 엿볼 수 있어요. 정약전에게 바다 생물의 지식을 알려주었던 흑산도 청년 창해가 정약전이 쓴 글을 보고 놀라는 모습을 작가는 이렇게 표현 하고 있어요.

"창해 입에서 긴 탄식이 흘러나왔다. 지금까지 읽은 책들이 양반 중심의 글이었다면 좌랑이 쓴 글은 백성의 생활과 직접 맞닿아 있었다. 지금 당장 생활에 쓸 수 있을 정도로 사실적이었다."

좌랑이란 흑산도 사람들이 병조좌랑 벼슬을 했던 정약전을 가리키는 이름이에요. 정약전이 《자산어보》를 완성하는 데 도움을 준 사람은 장창대, 이청, 정약용이에요. 장창대는 정약전과 함께 바다 생물 연구를 함께 한 흑산도 청년이었고, 《정약전과 자산어보》에는 창해라는 이름으로 나오는 인물이지요. 이청은 강진에 유배를 가 있던 정약용의 제자예요. 정약전과 정약용이 편지를 주고받으며 소식을 전하며 학문적으로 교류하는 역할을 했어요.

1816년 정약전이 죽었다는 소식을 들은 동생 정약용이 이청을 흑산도로 보냈어요. 이청이 흑산도에 도착했을 때, 사실로 확인된 것은 아니지만 《자산어보》는 낱장으로 뜯겨 어느 집 벽지로 붙어 있었다고 해요. 이청은 낱장들을 조심스럽게 뜯어내 일일이 베껴 적었고, 바닷가에 살던 경험을 바탕으로 글을 보충하여 오늘날 《자산어보》가 되었답니다. 《자산어보》는 정약전과 정약용 형제, 장창대와 이청 그리고 흑산도 사람들 모두가 함께 쓴 책인 거예요. 책 제목의 '어보'는 '물고기 족보'라는 뜻이에요. 그런데 왜 '흑산어보'가 아니고 '자산어보'일까요?

당시 흑산도는 한번 가면 살아 나오기 힘들다는 악명 높은 유배지였어요. 그래서 정약용을 비롯한 가족들은 '흑산' 대신 뜻이 같은 '자산'을 쓴 것으로 보여요. 언젠가는 정약전이 살아서 집으로 돌아오기를 바라는 마음이었겠지요.

《정약전과 자산어보》는 정약전이 왜 흑산도에 오게 되었으며, 어떤 사람들과 살았으며, 어떤 해양 생물들을 관찰했는지 기록한 책이에요. 이 책에 나오는 창해라는 사람은 어부이면서 정약전에게 해양 생물에 대한 생물학적 지식을 전달해 준 인물이지요. 정약전이 실제로 쓴 《자산어보》에서는 장창대라는 이름으로 나와요. 작가가 상상력을 발휘해 이야기 형식으로 풀어서 쉽고 흥미롭게 바다 생물과 정약전의 삶에서 교훈을 얻을 수 있을 거예요.

5-1 다양한 생물과 우리 생활 5-2 생물과 환경

• Science Book 05 •

찰스 다윈의 결정적 장소는?
《어린이를 위한 종의 기원》

다윈 | 달리(2019)

🟫 탐험의 시대에 앞장선 박물학자들

알렉산더 폰 훔볼트, 찰스 다윈, 앨프레드 러셀 월리스, 이들의 이름을 보고 떠오르는 것이 있나요? 찰스 다윈만 아는 사람이라고요? 그럴 수도 있겠네요. 사실 이 세 과학자들은 공통점이 아주 많아요. 〈위키백과〉 한국판에서 이들의 공통점을 찾아봤어요.

알렉산더 폰 훔볼트(1769~1859)는 독일의 지리학자, 자연과학자, 박물학자, 탐험가로 근대 지리학의 창시자예요. 남아메리카와 중앙아시아를 탐험하여 자연 지리와 생태 등을 관찰한 후 근대 지리학의 선구적 업적으로 평가받는《코스모스》를 출간했어요.

찰스 다윈(1809~1882)은 영국의 생물학자, 지질학자, 박물학자, 철학자로 진화론에 가장 큰 기여를 했지요. 남아메리카의 갈라파고스와 남태평양을 탐험하여 코페르니쿠스의 지동설(태양 중심설)만큼이나 세상을 깜짝 놀라게 한 《종의 기원》을 출간했어요.

알프레드 러셀 월리스(1823~1913)는 영국의 자연주의자, 탐험가, 지리학자, 인류학자, 생물학자로 생물지리학의 창시자예요. 남아메리카와 말레이 제도를 탐험하여 과학적 탐험을 다룬 선구적 업적으로 평가받는 《말레이 제도》를 출간했어요.

어때요? 세 과학자는 아주 비슷한 점이 많지요? '탐험 – 생물 연구 – 책'으로 과학 연구의 선구자 역할을 했어요. 찰스 다윈은 알렉산더 폰 훔볼트에게서 영향을 받고, 앨프레드 러셀 월리스는 훔볼트와 다윈에게서 영향을 받아 자신의 연구를 완성할 수 있었지요. 특히 다윈과 월리스는 비슷한 시기에 '진화론'에 관한 연구 결과를 발표하여 경쟁하기도 했지만 두 과학자의 업적은 후세에 길이 빛나고 있답니다.

세 과학자는 1492년 콜럼버스의 신대륙 발견 이후 새로운 항로가 개척되면서 쉽게 탐험을 하게 되었지요. '탐험의 시대' 초기에는 주로 식민지 개척이 목적이었지만 갈수록 탐험은 자원 탐사가 목적이었지요. 그중에서 생물 자원 탐사가 이루어지면서 생물지리학과 진화론 연구가 눈에 띄게 발전한 거예요. 세 과학자에게는 결정적인 장소가 있어요. 훔볼트에게는 '침보라소', 다윈에게는 '갈라파고스 제도', 월리스에게는 '말레이 제도'가 바로 그 장소예요.

이들은 오랫동안 여러 곳을 탐사했지만 각각의 결정적인 장소가 연구의 핵심이었던 거지요. 훔볼트의《코스모스》는 대작이기는 하지만 우리나라에는 잘 알려져 있지 않아요.《코스모스》하면 칼 세이건의 책으로만 알려져 있어요. 만약 훔볼트의 자연지리학에 관심이 있다면《훔볼트 평전》을 찾아서 읽어보세요. 혹시 '훔볼트 해류'라고 들어 보았나요? 페루 해안을 따라 적도 쪽으로 흐르는 차가운 해류인데, 훔볼트가 자신의 이름을 붙인 거예요. 진화론을 두고 경쟁한 앨프리드 러셀 월리스의 업적에 관심이 있다면《말레이 제도》를 읽어보아요. 물론《훔볼트 평전》이나《말레이 제도》는 초등학생이라면 읽기 좀 어렵지만 좀 더 자라면 한번 읽어보기를 권해요.

어떤《종의 기원》을 읽을까?

다윈의《종의 기원》은 초등학생이 읽기 어렵지만 아주 널리 알려져 있어서 어린이들도 쉽게 읽을 수 있도록 수많은 책이 나와 있어요. 위인전이나 만화 형식으로 풀어쓴 책들도 많아요. 다윈의 일대기를 업적 위주로 설명한 책은 과학을 전공하지 않는 사람도 쓸 수 있어요. 또 진화론 위주로 설명하는 책은 생물학을 전공한 사람들이 많이 썼어요. 이런 책들은 이해가 쉽도록 그림도 많이 들어가지요. 그런데 생물학적 지식도 잘 설명하고 그림도 정확한 책이 있다면 어떨까요? 나도 그런 책부터 읽으려고 할 거예요.

《어린이를 위한 종의 기원》의 저자인 사비나 라데바는 2008년에 독일의 막스플랑크연구소에서 분자생물학 석사 과정을 마친 생물학 전공자예요. 이후 그림을 공부해서 그래픽 디자이너와 일러스트레이터로 살고 있어요. 주로 과학과 미술을 접목하는 일에 관심을 많이 가지고 있다고 해요. 그러니까 사비나 라데바는 생물학 전공자이며 그림을 잘 그리는 화가인 거예요. 그래서 《종의 기원》을 읽어보고 싶다면 가장 먼저 《어린이를 위한 종의 기원》부터 읽어보았으면 하는 거예요.

과학을 가르치는 교수, 교사, 과학 연구자, 과학 글을 쓰는 기자나 칼럼니스트, 과학책 저자들은 자신이 그림을 잘 그리면 얼마나 좋을까 생각하는 사람들이 많을 거예요. 나도 오래전부터 이런 생각을 했지만, 내가 가장 못하는 것이 그림 그리기여서 그림을 그릴 생각도 하지 못하고 있어요. 그런데 과학 분야에서 오래 일하다 보니 과학계에 몸담고 있는 사람들 중에 그림을 잘 그리는 사람들이 많다는 것을 알게 되었어요.

대표적인 사람이 서강대학교 물리학과 이기준 교수님이에요. 걸그룹 2NE1 씨엘의 아버지로도 잘 알려진 이기준 교수님은 두 딸이 어렸을 때 한글을 가르치기 위해 그림책을 만들기도 하고, 물리학의 원리와 개념을 쉽게 설명하기 위해 만화로 된 책을 내기도 했지요. 과학의 어떤 원리나 개념을 말이나 글로 잘 설명할 수 있지만 그림으로 그려 설명해 주면 더 쉽게 이해할 수도 있잖아요. 한국천문연구원의 박석재 박사님도 어렸을 때부터 천문학의 개념을 그림으로 그려 자신만의 책을 만들 정도였지요. '블랙홀 박사'로 유명한 박석재 박사님은 〈어린이 과학동아〉에 '우주신령과 제자들'을 장기 연재하면서 블랙홀과 천문학을 독특한 유머로 그려냈지요. 또 뇌 과학자 윤장우 작가님, 물리학자 서민아 작가님, 식물학자 신혜우 작가님, 공학자 김한기 교수님 등이 과학자이면서 예술가로서 작품 활동을 왕성하게 하고 있어요. 그림을 잘 그리면 과학을 공부하거나 가르치는 데 커다란 도움이 되는 것 같아요. 특히 서민아 작가님은 《미술관에 간 물리학자》를 출간했고, 신혜우 작가님는 직접 그린 그림으로 《식물학자의 노트》를 출간하면서 과학과 미술을 접목하는 일들을 하고 있어요.

그런 면에서 볼 때 《어린이를 위한 종의 기원》은 지식과 그림이 더욱 믿음이 가는 책이라 평가하고 싶어요. 저자는 그 방대한 《종의 기원》을 64쪽에 가장 중요한 핵심을 그림과 설명으로 마무리하지요. 1831년부터 5년간 탐험했고 그 후로도 28년 동안 연구하면서 1859년에야 《자연 선택에 의한 종의 기원, 즉 생존 경쟁에서 유리한 종족의 보존에 대하여》라는 긴 제목의 책을 펴낸 다윈도 이 책을 보면 깜짝 놀랄 거예요.

"아니! 내 평생의 생각과 연구를 64쪽에 다 표현하다니!"

위에 긴 제목의 책이 바로 우리가 흔히 말하는 찰스 다윈의 《종의 기원》이거든요. 제목이 너무 길어 보통은 줄여서 《종의 기원》이라고 부르는 거예요.

◈ 진화에 대한 네 가지 오해

'진화'하면 무엇이 떠오르나요? 원숭이가 진화하여 우리와 같은 인간이 되었다고 생각하나요? 원숭이 모습으로 그려진 찰스 다윈의 모습이 떠오르나요? 저자는 진화의 주요 내용을 그림으로 보여주고 설명하면서 책의 뒷부분에 '진화에 대한 네 가지 오해'를 정리해 주고 있어요.

진화에 대해 흔히 하는 오해 중에 첫 번째는 '진화론이 생명의 기원을 설명해 준다'라는 거예요. 저자는 지구에서 생명체가 어떻게 생겨났는지는 진화론으로 설명할 수 없다고 해요. 다윈의 진화론은 생물의 종들이 어떻게 변해 왔는지, 그리고 자연 선택 과정에서 기존의 종들로부터 새로운 종들이 어떻게 형성되었는지를 설명해 준다고 해요.

두 번째 오해는 '인간이 원숭이로부터 진화했다'는 거예요. 이에 대해 저자는 영장류는 모두 2,500만~3,000만 년 전에 살았던 한 공통 조상의 후손인데, 원숭이와 인간은 그 동물로부터 각각 여러모로 다르게 진화했고 결국 우리는 오늘날의 인간이라는 종이 된 것이라고 해요. 원숭이와 유인원 같은 현대의 영장류는 인간과 유연관계(생물 분류에서 얼마나 가까운가를 나타내는 관계)가 무척 가까울 뿐 다른 종이라는 거예요.

세 번째 오해는 '진화란 한 종류의 동물이 다른 종류의 동물을 낳았다'는 거예요. 글쓴이는 한 동물 개체가 다른 종류의 동물이나 완전히 새로운 종류의 동물을 낳는 것은 불가능하다고 이야기하고 있어요. 고양이가 개를 낳을 수 있는 것은 아니니까요. 그 대신 동물은 모두 조금씩 다른데, 여러 세대를 거치면서 해당 종이 서서히 변하게 되는 거라고 해요.

네 번째 오해는 '진화가 일어나는 것을 직접 보기는 불가능하다'는 거예요. 어느 정도는 진화가 일어나는 것을 볼 수 있다고 책에서 설명하고 있어요. 대개 진화는 오랜 시간이 걸리는 아주 느린 과정이에요. 하지만 세균이나 식물 그리고 초파리 등은 돌연변이를 거치며 변화하는 모습을 관찰할 수 있어요.

이 책의 큰 특징은 차례가 없다는 거예요. 처음부터 끝까지 그림책을 보듯이 책장을 넘기다 보면 어느새 진화와 관련된 이야기와 개념을 익히게 되지요. 그리고 재미있는 장치가 숨어 있어요. 책의 앞뒤 표지를 펼치면 예쁘고 다양한 곤충 표본이 그려져 있거든요. 물론 곤충 표본에는 학명과 함께 이름이 붙어 있어요. 책을 읽다 보면 군데군데 곤충 그림이 나와요. 그러면 표본 그림과 비교해 보면서 이름을 알아맞히는 거예요. 저자는 다윈이 어려서부터 곤충을 관찰하고 수집하는 것을 좋아했기 때문에 책을 읽는 여러분도 다윈과 같은 박물학자가 될 소질이 있는지 확인해 보는 의미에서 표본 그림을 그렸다고 해요. 본문에 나오는 곤충을 다 찾는다면 여러분도 다윈처럼 위대한 박물학자 또는 곤충학자, 더 나아가 생물학자가 될지도 몰라요.

찰스 다윈은 의사 집안에서 부유하게 태어났어요. 할아버지인 이래즈머스 다윈이 박물학자였으며, 외할아버지도 박물학자이면서 영국 도자기 산업의 창시자인 조사이아 웨지우드였지요. 웨지우드라는 도자기는 지금도 잘 알려진 이름이에요. 아버지인 로버트 워링 다윈은 의사여서 찰스 다윈도 의사가 되기를 원했지요. 그래서 찰스 다윈은 의대에 입학했어요. 하지만 수술실에서 피를 보는 것을 꺼렸던 다윈은 결국 할아버지처럼 박물학자가 되었답니다. 그 덕분에 세상을 깜짝 놀라게 한 《종의 기원》을 펴내게 된 거예요. 어렸을 때 자신이 좋아하던 일인 곤충 채집과 관찰을 어른이 되어서도 끝까지 공부한 찰스 다윈이 좀 멋져 보이지 않나요?

`4-1 식물의 한살이` `5-2 생물과 환경`

• Science Book 06 •

나비의 삶에서 나의 삶을 들여다보자
《꽃들에게 희망을》

트리나 폴러스 | 시공주니어(2005)

🎲 장수풍뎅이를 만나다!

가끔 고향 시골마을에 가면 하는 일이 있어요. 동식물과 생태에 관심이 많기 때문에 자연 관찰을 하는 건데요, 계절별로 관찰 포인트가 달라요. 봄에는 배추흰나비 번데기 찾기, 여름에는 가로등 밑에서 넓적사슴벌레 찾기, 가을에는 사마귀가 알 낳는 모습 찾기, 겨울에는 가장 먼저 피는 꽃 찾기예요. 이런 생각을 하면서 시골에 갈 때는 부모님을 만난다는 것보다 자연을 관찰할 수 있다는 것에 더 가슴이 설렐 때도 있어요.

얼마 전 여름에 시골에 갔을 때예요. 가로등 밑에서 장수풍뎅이를 만났지 뭐예요. 그것도 수컷 두 마리를요. 장수풍뎅이 수컷은 머리에 커다란 뿔이 하나 있어서 쉽게 알 수 있거든요. 매년 여름에 시골 갈 때 내가 하는 일이 넓적사슴벌레 찾기라고 했잖아요? 그런데 넓적사슴벌레가 아닌 장수풍뎅이를 보다니요! 사실 시골에도 아파트가 생기고 도로가 뚫리면서 숲이 많이 없어져서 넓적사슴벌레를 본 지도 오래 되었지요. 넓적사슴벌레와 장수풍뎅이는 나무의 수액을 핥아먹고 사는데 나무 중에서도 참나무류를 좋아하지요. 참나무류는 상수리나무, 신갈나무, 굴참나무 등을 말하는데 우리는 보통 이들을 통틀어서 참나무라고 해요.

시골 집 근처에 분명히 참나무들이 사라졌는데 어떻게 장수풍뎅이가 날아왔을까요? 장수풍뎅이는 우리나라에서 살고 있는 가장 큰 곤충이에요. 애벌레는 참나무 숲의 부엽토나 썩은 나무를 먹고 자라는데 잘 먹고 자란 애벌레가 나중에 어른벌레가 되었을 때 크고 늠름하지요. 나는 장수풍뎅이를 보고 두 가지를 생각했어요. 하나는 그래도 시골의 어딘가는 장수풍뎅이가 자랄 수 있는 곳이 남아 있다는 거예요. 또 하나는 누군가 키우는 장수풍뎅이가 도망쳤다는 거예요. 요즘은 장수풍뎅이를 직접 기르는 곤충 애호가들이 많거든요. 어떤 것이 맞는지는 모르겠지만 나는 수박을 한 덩이씩 주고 다시 숲으로 가서 잘 살기를 빌었지요.

어린이 과학 잡지 기자 일을 하면서 식물, 곤충, 새들에 대해 관심을 많이 가지고 있었어요. 지금도 마찬가지고요. 그래서 야생 탐사도 많이 다녔지요. 그중에서 가장 기억에 남는 장면이 있어요. 말매미가 땅속에서 나와 나뭇가지를 움켜잡고 날개돋이를 하는 모습을 처음부터 끝까지 지켜본 거예요. 또 하나는 달맞이꽃이 꽃봉오리였다가 꽃잎이 활짝 열리는 것을 처음부터 끝까지 지켜본 거예요. 이때의 감동이란 무엇으로도 표현할 수 없는 일이었어요. 말매미의 날개돋이나 달맞이꽃의 개화 과정을 2시간 이상 꼼짝 않고 기다려야 하는데 그 기다림에 대한 대가는 장엄한 자연의 신비를 눈으로 직접 보는 즐거움이었지요.

또 배추흰나비를 집에서 길러 본 적이 있어요. 배추흰나비의 알이 붙어 있는 케일 화분을 사서 기르면 알에서 깨어 나와요. 눈에 보이지도 않을 정도로 작은 애벌레가 꼬물꼬물 기어다니며 케일 잎을 갉아먹으면서 점점 자라지요. 4번 정도 허물을 벗으면 애벌레가 입에서 실을 토해 케일 줄기에 달라붙어요. 며칠을 꼼짝 않고 번데기로 있다가 어느 순간 속에서 작은 움직임이 느껴지지요. 좀 더 기다리면 마침내 번데기의 등이 갈라지고 하얀 배추흰나비의 어른벌레가 날개를 펼치고 나오지요. 이것을 '날개돋이' 또는 '우화'라고 한답니다.

◈ 시기에 맞춰 모습을 바꾸는 삶

곤충은 자라면서 시기별로 모습이 많이 달라요. '알 – 애벌레 – 번데기 – 어른벌레' 시기를 거치면서 자라는 곤충을 '갖춘탈바꿈' 곤충이라고 해요. 또 번데기 시기 없이 '알 – 애벌레 – 어른벌레'로 자라는 곤충은 '안갖춘탈바꿈' 곤충이라고 하지요. 갖춘탈바꿈 곤충의 대표는 나비이고 안갖춘탈바꿈 곤충의 대표는 매미예요. 곤충은 사람처럼 몸속에 뼈가 있는 것이 아니고 단단한 껍질이 몸을 감싸고 있어요. 이 껍질은 커지지 않기 때문에 몸이 자랄 때마다 허물을 벗고 새로운 껍질을 갖게 되는 거예요. 즉, 몸이 커질수록 몸에 맞는 옷으로 갈아입는 거죠.

나비는 알에서 깨어나 애벌레가 되고, 애벌레는 자라면서 옷을 갈아

입듯 허물을 벗고, 번데기가 되지요. 애벌레가 점점 커지면서 몸에 맞는 옷을 입는 거지요. 나비 애벌레는 풀잎이나 나뭇잎을 갉아먹을 수 있는 입과 움직일 수 있는 다리를 가지고 있어요. 기어다니는 모습을 보면 전차의 무한궤도를 닮아 영어로 캐터필러(Caterpillar)라고 하지요. 애벌레를 뜻하는 영어에 라바(Larva)도 있는데 유명한 애니메이션도 있죠. 나비의 애벌레는 좀 징그러운 편이에요. 그런데 애벌레가 번데기가 되고 번데기에서 어른벌레인 나비가 되면 어마어마하게 변신해요. 다리와 입도 애벌레 때와는 전혀 다른 모양이고 화려하고 커다란 날개가 생겨요. 애벌레 시기, 번데기 시기, 어른벌레 시기가 너무나 달라요.

앞에서도 말했지만 곤충의 특징은 몸이 '머리, 가슴, 배'로 나누어져 있다는 거예요. 머리에 더듬이 한 쌍이 있고, 가슴에 세 쌍의 다리와 두 쌍의 날개가 있어요. 물론 다리 또는 날개가 퇴화되어 그 수가 작은 곤충도 있기는 하지만요. 그리고 곤충을 포함한 모든 생물이 세상에 존재하는 이유는 종족을 보존하기 위해서예요. 자라면서 짝을 만나 새끼를 낳아 자신의 유전자를 세상에 남기는 거지요. 그래서 어른벌레가 되면 여기저기 날아다니며 짝을 찾기 위해 날개가 필요한 거예요. 애벌레처럼 느리면 짝을 만나기 어렵겠죠?

《꽃들에게 희망을》이라는 책은 두 마리의 나비 애벌레 이야기예요. 이 책의 글을 쓰고 그림을 그린 트리나 폴러스는 국제여성운동단체에서 활동하는 여성 운동가이며 작가예요. 공동 농장에서 일하며 유기 농법으로 재배한 식품의 우수성을 알리는 데 노력하고 있다고 합니다. 1972년에 처음 출간한《꽃들에게 희망을》은 우리나라에서는 1991년에 나왔으며 50년이 지나는 동안 전 세계적으로 번역 출간되어 수백만 부가 판매되었어요. 트리나 폴러스는 책을 시작하면서 이렇게 이야기하고 있어요.

> "내가 나비에 대한 믿음을 갖도록 도와주신 전 세계의 모든 분들께 감사를 드립니다. 이 책은 온갖 어려움을 겪으면서도 진정한 자아를 찾아 나선 한 애벌레의 이야기입니다. 그 애벌레는 나 자신, 그리고 우리 모두를 닮았습니다."

이 이야기만큼 이 책을 명확하게 표현하는 말은 없을 거예요. 맞아요. 이 책은 알에서 깨어난 애벌레가 화려한 날개를 가진 나비로 변신하는 과정에서 갈등, 방황, 믿음, 확신, 혁명을 통해 새로운 삶을 살게 되는 이야기랍니다. 나비는 모양이 변할 때마다 허물을 벗는데 사실 그때가 나비에게는 가장 위험한 시기랍니다. 왜냐하면 허물을 벗을 때는 움직일 수 없기 때문이에요. 특히 번데기가 되면 날개돋이를 할 때까지 꼼짝할 수 없지요. 무사히 날개돋이를 했다하더라도 나비를 노리는 천적이 수없이 많지요. 한살이를 거치는 동안 살아남아 다음 세대를 이을 수 있는 알을 낳았다는 것은 대단히 성공적인 삶을 살았다는 거예요.

◈ 결국 우리에게 남은 것은 희망

우리도 마찬가지예요. 사람의 알은 엄마 배 속에 있어요. 배 속에서 알이 점점 자라서 사람의 모습이 되면 엄마에게서 태어나지요. 엄마 배 속에 있을 때가 가장 안전한 시기라 할 수 있었지요. 태어나서 아기일 때는 스스로 할 수 있는 것이 별로 없잖아요. 엄마의 보살핌이 없이는 아주 위험한 시기지요. 점점 자라서 사춘기가 되면 때로 방황하기도 해요. 이 어려운 시기를 잘 겪어야 올바른 사람으로 성장할 수 있어요. 따지고 보면 나비의 한살이나 사람의 인생은 닮은 점이 많아요. 시기마다 어려움을 잘 겪어야 성공적인 한살이와 인생을 이룰 수 있는 거 같아요. 지은이 트리나 폴러스는 애벌레 두 마리의 삶을 통해 우리의 진정한 삶을 다음과 같이 이야기하고 있어요.

"우리 모두 가장 중요한 것에 시간을 씁니다. 사랑하고 창조하는 것은 가장 간단하고 손쉬운 일입니다. 돈 한 푼 들지 않을 뿐만 아니라, 베풀수록 늘어납니다. 삶에서 가장 중요한 것은 삶 자체입니다. 그러므로 삶을 선택합시다."

다른 사람에 의해 선택된 삶이 아니라 자신이 직접 어떤 삶을 살 것인지 선택하라는 거예요. 우리 삶이 100년이라고 해도 결코 길다고 볼 수 없어요. 삶의 어느 시기, 나비로 말하면 '알 – 애벌레 – 번데기 – 어른벌레' 시기 중 하나라도 잘못되면 제대로 된 삶을 살기 어려워요. 오죽하면 '이생망'이라는 말까지 나왔을까요? '이생망'은 요샛말로 '이번 생은 망했다'라는 말의 줄임말이에요. 이생망이 되지 않으려면 자신의 삶은 자신이 선택하세요.

그리고 이 책을 우리말로 옮겨 쓴 김석희 선생님은 소설가이며 전문

번역가예요. 번역을 끝내고 김석희 선생님은 이렇게 말해요.

"나비가 되는 것이야말로 진정한 자아에 이르는 길이며, 나비가 되기 위해서는 죽을 위협을 무릅쓰고 단단한 고치 속으로 들어가야 합니다. 삶은 때때로 죽음보다 더 고통스러울 수 있습니다. 그러나 그 고통스러운 상태를 지나지 않고는 좀 더 아름답고 새로운 삶으로 나아갈 수 없습니다. 우리에게 그런 삶으로 나아가게 만드는 힘은 무엇일까요? 사랑과 희망입니다."

지은이와 옮긴이의 공통적인 말은 '사랑'이에요. 사랑만큼 중요한 것이 또 있을까요? 두 애벌레도 결국 사랑의 힘으로 진정한 삶을 이룰 수 있었답니다.

3-2 동물의 생활 5-2 생물과 환경

• Science Book 07 •

개미 박사의 비글호에 탑승해 보세요
《최재천의 동물대탐험》

황혜영 | 다산어린이(2022)

🎁 찰스 다윈과 최재천

1817년 잉글랜드 슈루즈베리의 한적한 교외에서 곤충을 관찰하던 여덟 살 찰스 다윈은 커서 생물학자가 되어요. 1962년 강원도 강릉의 한 시골 개울에서 가시고기를 관찰하던 여덟 살 최재천은 커서 생물학자가 되고요. 이 둘의 아버지는 아들이 커서 의사가 되기를 원했대요. 다윈은 의대에 입학했지만 어려서부터 좋아하는 곤충을 쫓아 생물학자 중 박물학자가 되었어요. 최재천은 동물학과에 입학하여 어려서부터 좋아하는 가시고기를 좇아 생물학자 중 동물행동학자가 되었고요. 다윈과 최재천의 공통점은 결국 자기가 좋아하는 일을 열심히 해서 훌륭한 과학자가 되었다는 거예요.

　최재천 교수님은 내가 아는 한 우리나라에서 과학자이면서 가장 인문학적 소양이 뛰어난 분이라고 생각해요. 최재천 교수님은 내가 2004년 〈어린이 과학동아〉 편집장으로 있을 때 인터뷰를 한 적이 있어요. 당시 교수님은 서울대학교 생명과학부 교수로 재직하고 있었지요. 연구실에 들어갔을 때 가장 크게 느낀 것은 문학 관련 책이 많았다는 거예요. 그래서 인터뷰를 하면서 인문학 관련 질문을 했더니 교수님은 어렸을 때부터 국어에 관심이 많아 책 읽고 글 쓰는 것을 좋아했다고 해요. 그 말을 들으니 낮에는 들이나 산에 나가 동물과 식물을 관찰하고 밤에는 책을 읽으며 어린 시절을 보내는 모습이 눈에 선하게 보였어요.

　최재천 교수님은 강릉에서 태어났지만 학교는 서울에서 다녔고 방학 때만 되면 시골 할머니 댁에 내려가 가시고기를 관찰하면서 논 거예요. 그런데 나 같았으면 개울에서 볼 수 있는 물고기가 가시고기인지 송사리인지 구분조차 못했을 거예요. 내가 아는 물고기는 송사리, 붕어, 피라미, 가물치가 전부였거든요. 가시고기라는 물고기는 교수님에게 처음 들었어요.

🎲 동물행동학자 3명

나중에 알고 보니 가시고기 수컷은 암컷이 낳은 알을 부화할 때까지 지키고, 새끼가 잘 자랄 때까지 기르는 '부성애'의 아이콘이었어요. 그래서 많은 과학자들이 연구를 해온 물고기였어요. 《가시고기》라는 소설도 있는데, 아주 유명해요. 1973년 노벨 생리의학상은 니콜라스 틴베르헌, 카를 폰 프리슈, 콘라트 로렌츠가 받았어요. 이 3명은 모두 동물행동학자로, 동물행동을 연구하여 노벨상을 받은 것은 이때가 처음이었어요.

일반인들에게 동물행동이라는 용어가 알려진 것도 이 3명의 생물학자가 노벨상을 받은 이유가 크지요. 틴베르헌은 가시고기 연구, 프리슈는 꿀벌, 로렌츠는 거위와 오리에 관해 연구했지요. 그러니까 최재천 교수님이 어렸을 때 관찰했던 가시고기가 노벨상 수상자인 틴베르헌의 연구 대상이었다는 것이 대단하지요? 최재천 교수님은 어렸을 때 가시고기를 관찰하면서 틴베르헌이 가시고기 연구로 노벨상을 받았다는 것은 나중에 알았을 거예요. 교수님이 서울대학교 동물학과에 다니기는 했지만 그때까지만 해도 전공과목보다는 문학과 스포츠에 더 관심이 많았대요. 그러던 중 교수님의 인생을 바꾼 놀라운 일이 일어났어요.

곤충 연구를 하기 위해 우리나라를 방문한 미국의 하루살이 연구 권위자 에드먼즈 박사님을 만났을 때예요. 일주일 동안 에드먼즈 박사님을 도와 전국의 개울을 돌아다니며 하루살이 관찰을 도와주게 된 거예요. 그런데 젊은 최재천 학생은 몇 시간이고 하루살이만 관찰하는 에드먼즈 박사를 이해할 수가 없었대요. 어렸을 때 가시고기를 그렇게 관찰해 본 적이 있었지만 하루 종일 하루살이만 찾아다니던 에드먼즈 박사가 왜 여기까지 와서 이런 일을 하는지 궁금했겠지요?

그래서 왜 이렇게 힘들고, 의미 없는 일을 하고 있냐고 물었대요. 그랬더니, "나는 이 하루살이를 채집하고 연구하는 일을 하는 덕분에 유명한 교수가 되었고, 플로리다에 별장을 가질 만큼 돈도 벌었지. 그리고

102개나 되는 나라를 여행할 수 있었어. 좋아하는 연구를 하면서 명성도 얻고, 돈도 벌고, 여행을 하는데, 어찌 이 일을 안 할 수 있겠나?"라고 대답한 거예요. 이 말에 충격을 받은 최재천 학생은 인생에서 가장 중요한 질문을 던지게 돼요. "어떻게 하면 박사님처럼 될 수 있습니까?"

　에드먼즈 박사의 만남으로 커다란 깨달음을 얻은 최재천 학생은 미국 유학을 가게 돼요. 에드먼드 박사의 추천서를 받아 펜실베이니아주립대학교와 하버드대학교에서 생물학 석사학위와 박사학위를 받게 되었지요. 박사학위를 준 교수가 바로 에드먼스 윌슨 박사로 '개미' 연구의 대가이며 생물학 중에서 '사회생물학'을 연구한 유명한 과학자였지요. 이후 최재천 교수님은 남아메리카의 정글 속에서 목숨을 건 곤충 연구에 몰두하지요.

드디어 개미 제국을 발견하다!

이런 연구 결과를 토대로 쓴 책이 1999년 출간한 《개미제국의 발견》이에요. 이 책은 서울대학교 생명과학부의 교수가 되기 전에 낸 책으로 최재천 교수님의 이름을 알린 인생 최고의 책이 되었답니다. 과학 기자와 과학 관련 종사자들에게 이 책은 큰 관심을 갖게 되었지요. 그때까지 누구도 개미에 관련된 책을 낸 적이 없었기 때문이에요. 2년 후인 2001년 《생명이 있는 것은 다 아름답다》라는 책이 출간되었을 때, 우리나라에 인문학을 겸비한 자연 과학 저술가가 등장했다는 것을 깨닫게 되었지요. 같은 해인 2001년 《알이 닭을 낳는다》라는 책이 출간되었을 때는 이제 우리나라에도 일반인을 대상으로 하는 전문적인 과학책 저자가 있다는 것을 확신하게 되었답니다.

2004년에는 모교인 서울대학교 생명과학부의 교수가 되면서 과학 기술부의 '2004년 닮고 싶고 되고 싶은 과학 기술인'에 선정되기에 이르지요. 그래서 그때 내가 최재천 교수님을 인터뷰한 거예요. 이때부터 교수님은 저술과 강연으로 생명의 아름다움을 전파하는 데 노력하고 있답니다.

또 세계적인 침팬지 연구의 권위자인 제인 구달 박사와의 친분으로 더욱 알려지게 되었고, 환경운동연합 공동 대표, 국립생태원 초대 원장, 생명다양성재단 이사장 등을 지내면서 환경과 생태를 알리고 보존하는 데 앞장서고 있어요. 이화여자대학교 에코과학부 석좌교수로 자리를 옮겨 여전히 저술과 과학책 기획을 하고 있어요.

최재천 교수님은 미국 유학을 하면서 10여 년간 중남미 열대에서 죽을 고비를 넘기면서 동물의 생태를 연구한 것으로 유명해요. 그중에서도 개미를 연구하여 '개미 박사'로도 알려져 있어요. 그때의 연구 경험과 결과를 정리해 개미의 생태와 사회성을 알리기도 했지요. 또한 2016년부터 2019년에 걸쳐 개미의 세계를 그림책으로 그리고 개미에게서 배울 수 있는 지혜를 선정해 《최재천 교수의 어린이 개미 이야기》 시리즈를 출간했어요. 협동, 생명의 탄생, 부지런함, 단체 생활, 지혜, 생존, 창의성, 의사소통, 참을성, 책임감, 판단력, 사고력, 적응력, 나눔, 끈기로 모두 15가지인데, 우리가 이것만 잘 갖추어도 세상 살아가는 데 큰 도움이 될 거예요.

◈ 제2의 비글호는 어디로 가는 걸까?

그런데 최재천 교수님은 어린이들을 위해 또 하나의 역작을 출간했지요. 바로 '지구를 사랑하는 어린이를 위한 생물학 동화'를 내세운《최재천의 동물대탐험》시리즈예요. 최재천 교수님의 기획과 출연, 전문 스토리텔러, 그림 작가, 생태 전문가의 해설로 이루어져 한 권씩 책이 나오고 있어요. 교수님을 비롯하여 전문가 그룹에서 짜임새 있게 만들고 있다는 느낌이 드네요. 등장인물은 생태학자이자 동물행동학자인 개미박사, 인공지능 인격체이자 '비글호'의 핵심 프로그램인 다윈 박사, 호기심 많고 똘똘한 10세 소년 호야, 엉뚱하고 발랄한 호기심 가득한 10세 소년 와니, 동물을 사랑하고 환경 보호에 관심이 많은 11세 소녀 미리 그리고 미리의 한 살 어린 동생 아라예요. 개미 박사는 바로 최재천 교수님이라는 것을 알 수 있겠지요?

이야기는 '재단'으로부터 특별한 임무를 부여받고 비밀리에 이야기하는 장면부터 시작해요. 개미 박사는 어떤 '씨앗'을 찾아야 하는 것 같아요. 이 씨앗에 어떤 비밀이 숨어 있는 것일까요? 주인공들을 정글의 세계로 안내해 주는 비글호와 인공 지능 다윈 박사와 모험을 떠나요. 1831년 1836년까지 다윈을 갈라파고스로 데려다 준 비글호와 그 항해로부터 얻은 연구 결과를《종의 기원》으로 완성한 다윈의 발자취를, 최재천 교수님과 전문가 그룹이《최재천의 동물대탐험》으로 재현하고 있다는 생각이 들어요.

최재천 교수님은 어린이들을 위한 이 시리즈의 책을 내면서 이렇게 이야기하고 있어요.

"산으로 바다로 마음껏 쏘다니며 자연의 품에 안겨 지내던 제 어린 시절을 떠올리며 다음 세대 아이들에게 선물처럼 주고 싶어서 만든 책입니다."

또 학교에서 국어, 영어, 수학만 가르칠 것이 아니라 자연에 대한 감수성을 키워줘야 하지만, 그걸 넋 놓고 기다릴 수 없어서 이 시리즈를 기획했다고 해요. 교수님은 늘 "배우는 줄도 모르며 즐기다 보니 어느덧 배웠더라." 하는 교육이 가장 훌륭한 교육이라고 이야기해요. 이 책도 그냥 흥미로워서 읽다가 보면 저절로 지구에 함께 살고 있는 동물에 대해서 알게 되고 자연의 섭리도 깨우쳐 더욱 현명한 사람으로 성장하리라 기대한다고 밝히고 있어요. 다윈 박사의 비글호는 5년이 걸렸는데, 개미 박사의 비글호는 몇 년이 걸릴까요? 여러분도 비글호에 타볼래요?

4-1 지층과 화석

• Science Book 08 •

멸종 진화도 이유가 있어!
《이유가 있어서 멸종했습니다》

마루야마 다카시 | 위즈덤하우스(2019)

🎲 인간이 가장 큰 문제

나는 물리학을 전공했지만 동물과 식물에 관심이 많답니다. 그래서 아이들을 데리고 산이나 들에 나가 동물과 식물 관찰하는 것을 좋아하지요. 그러다 보니 출판사에서 동물과 식물 관련된 책을 써달라는 요청을 받을 때도 있어요. 그래서 출간한 책이《멸종 위기 동식물, 무엇이 문제일까?》와《외래 동식물, 무엇이 문제일까?》이에요.

 이 책들을 쓰면서 여러 가지 참고 문헌을 찾아보던 중 눈에 띄는 책이 있었어요.《이유가 있어서 멸종했습니다》라는 책이에요. '멸종'하면 떠오르는 동물은 공룡이지요. 공룡은 우리 인류가 지구상에 출현하기 훨

썬 전에 살았다가 약 6,500만 년 전 모두 멸종하고 말았지요. 이렇게 지구에는 아주 오래전에 살다가 지금은 멸종되어 볼 수 없는 동물과 식물이 많아요.

멸종된 동식물들은 멸종된 이유가 있어요. 대개는 운석 충돌과 같은 천재지변, 기후 변화, 인간의 무분별한 포획 등 크게 보면 멸종 원인은 몇 가지밖에 없어요. 그런데 이 책은 멸종된 동물마다 아주 구체적인 이유가 있다는 것을 알려주고 있어요. 책의 제목대로 '이유가 있어서 멸종했다'는 거예요. 나도《멸종 위기 동식물》편에서 멸종 이유를 최대한 자세하게 쓰려고 노력했지요.

또 책의 제목이 너무 좋아서 책의 이모저모를 꼼꼼하게 살펴보았지요. 이 책은 원래 일본에서 출간되었어요. 그리고 부제로 '세상에서 가장 재미있는 멸종 동물도감'이라고 되어 있어요. 책의 저자는 마루야마 다카시인데 동물에 관한 책과 도감을 제작하고 있다고 해요. 이스라엘 네게브 사막 탐사에도 참가했다고 해요. 지금까지 지은 책들의 제목을 보니 좀 독특한 저자인 것 같아요.《안타까운 생물사전》과《속편 안타까운 생물사전》을 집필했고,《불쌍한 동물사전》을 편집했고,《날 때부터 불쌍한 동물사전》의 감수를 맡았다고 해요. 이런 책들을 직접 쓰거나 만들 때 참여해서《이유가 있어 멸종했습니다》같은 제목의 책을 쓴 것 같아요.

이 책은 모두 세 권으로 되어 있는데 2권의 제목은《또 이유가 있어서 멸종했습니다》이고, 3권의 제목은《억울한 이유가 있어서 멸종했습니다》예요. 멸종 위기 동식물에 대한 책을 쓰기 위해 호기심을 가지고 첫 번째 책의 책장을 열어 보니 '멸종 이유 베스트 3'가 있어요. 내용은 내 생각과 크게 다르지 않았어요.

베스트 1위는 압도적으로 '갑작스런 환경의 변화'였어요. 화산이 폭발하거나 운석이 떨어지거나, 무척 더워지거나 반대로 무척 추워지거나, 산소가 부족해지는 거였어요. 이처럼 아무리 기를 써도 생물이 살아남을 수 없는 상황으로 지구의 환경이 변화하여 멸종하는 거예요. 2위는 '경쟁자의 출현'이에요. 자기보다 더욱 몸이 날랜 동물, 더욱 머리가 좋은 동물, 더욱 효율적으로 살아가는 동물 등 경쟁자가 나타나 먹이나 보금자리를 빼앗기면서 멸종한 거예요. 심지어 이 경쟁자들은 자기 자손 중에서 나타나기도 했지요. 3위는 '사람의 잘못'이에요. 사람만큼 다른 생물을 많이 멸종시킨 생물은 없지요. 사람들이 모조리 사냥하거나 환경을 바꾸어 멸종시킨 거예요. 다만, 1위와 2위에 비하면 그 비율은 낮은 편이지요.

그렇다면 '베스트 3'처럼 커다란 이유 말고 저자가 말하는 좀 더 구체적인 멸종 이유는 뭐가 있을까요? 1권의 차례를 보니 방심해서 멸종, 해도 너무해서 멸종, 솜씨가 영 꽝이라서 멸종, 운이 나빠서 멸종된 동물이 나오고, 멸종할 것 같았지만 멸종하지 않은 동물도 나와요. 그리고 각각의 멸종된 동물에게는 더 자세한 이유가 설명되어 있어요. 멸종된 이유를 아주 자세하게 이야기해 주니 더 호기심이 가고 더 읽어보고 싶어지더라고요. 책을 읽다 보니 조금 특이한 이유로 멸종된 동물이 있네요. 간단하게 소개할게요.

다른 동물들은 멸종 이유가 그럴듯한데 '매우 강해서 멸종'이라는 수

식어가 붙은 메가테리움이 있어요. 메가테리움은 남아메리카에서 100만 년 전부터 대장 노릇을 한 가장 크고 가장 강한 동물이었어요. 몸길이 6미터, 몸무게는 무려 3톤에 거대한 발톱을 가지고 있었지요. 길고 날카로운 엄니를 가진 고양잇과 동물이었던 스밀로돈도 함부로 어쩌지 못했던 강자였지요. 그런데 왜 멸종했을까요? 움직임이 느리다는 것을 알게 된 사람들이 사냥을 한 거예요. 메가테리움은 나무늘보와 비슷한 땅늘보 종류였기 때문에 느렸지요. 이 책이 재미있는 것은 멸종된 동물의 한마디 말이 실려 있어요. '이럴 걸 그랬어'라는 작은 코너인데, 메가테리움의 '이럴 걸 그랬어'는 "나무를 기어오르거나 빨리 달릴 줄 알았다면 살아남았을지도 몰라."예요. 좀 안타깝지요?

이 시리즈 2권《또 이유가 있어서 멸종했습니다》는 고생대부터 현대에 이르러 멸종된 동물들의 그 이유를 소개하고 있어요. 2권의 이유도 참 독특해요. 고생대에 멸종은 '어중간한 진화는 힘들어!', 중생대에 멸종은 '무한 생존 경쟁은 힘들어요!', 신생대에 멸종은 '엉터리 진화는 힘들어!', 현대에 멸종은 '사람 때문에 힘들어!', 멸종할 줄 알았는데 멸종하지 않은 생물은 '살아남았지만 힘들어!'라는 부제가 붙어 있어요. 저자는 제목을 재미있게 짓는 것을 아주 좋아하나 봐요. 현대에 멸종을 다룬 '사람 때문에 힘들어!' 부분을 읽어보니 나도 사람으로서 부끄러운 생각이 들었어요. 사람이 살아남기 위해 다른 동물들을 멸종시켰으니 말이에요.

3권은《억울한 이유가 있어서 멸종했습니다》예요. 이 제목 역시 그럴듯하지요? 자세히 보면 잘해보려다 멸종에는 '최선을 다했는데 억울해!', 예상치 못해서 멸종에는 '앞날을 어떻게 다 알겠어, 억울해!', 사람 탓에 멸종에는 '사람은 제멋대로야, 억울해!', 조만간 멸종에는 '이렇게 멸종하면 억울할 거야!' 멸종 직전에 생존에는 '살아서 다행이야!', 이유가 있어서 번성에는 '앞으로도 우리는 살아남을 거야!'라는 부제들이 달렸어요. 3권에는 멸종된 동물들만 이야기하지 않고 다행히 살아남은 동물과 번성한 동물도 소개하고 있어요. '번성'한 것도 '이유'가 있어서지요.

똥이 없어서 멸종했습니다

전체적으로 책을 읽으며 생각나는 것은 우리나라 이야기가 없다는 아쉬움이에요. 우리나라에서 살던 동물들도 이제는 볼 수 없는 동물들이 많거든요. 내가 이 책에 우리나라 멸종 동물을 추가한다면 '소똥구리'를 이야기하고 싶어요. 물론 소똥구리는 1970년대 이후로 우리나라에서는 볼 수 없다지만 다른 나라에서는 볼 수 있게 때문에 전 세계적으로 볼 때 멸종된 동물은 아니지만요. 그래도 굳이 추가한다면 멸종 이유는 '똥이 없어서 멸종했어!'일 거예요.

우리나라에서는 1970년 이전까지만 해도 농사를 짓는 데 소를 많이 이용했지요. 그래서 전국에 소똥이 풍부했어요. 소똥구리는 소똥이나 말똥을 구슬처럼 만들어 자기 집으로 가지고 간 다음 구슬 안에 알을 낳아서 새끼를 길러요. 그런데 1980년을 지나면서 소 대신 경운기 같은 기계로 농사를 짓다 보니 농촌에 소가 점점 줄었지요. 소는 대규모 농장에서 한꺼번에 기르게 되었고, 소똥구리가 필요한 소똥이 너무도 귀해졌어요. 소똥이 없으니 소똥구리가 살 수 있겠어요? 그래서 소똥구리는 우리 곁을 떠나고 말았지요. 소똥이 없어서 멸종되다니! 많이 억울하겠어요.

아, 잠깐! 억울하게 멸종된 동물 중 특이하게 생긴 동물을 소개할게요. 이름은 '할루키게니아'. 부드러워 보이는 길고 날씬한 몸에 일곱 쌍의 가시를 지닌 동물로 삼엽충과 같은 절지동물의 먼 친척이에요. 삼엽충은 몸의 표면 전체를 딱딱하게 만든 반면, 할루키게니아는 긴 가시만 딱딱하게 만드는 전략을 선택했지요. 처음에는 가시가 작아서 별 쓸모가 없었지만 우연히 천적으로부터 몸을 지키는 데 도움이 되었기 때문에 가시가 점점 길어졌지요. 하지만 너무 길고, 무겁고, 걸리적거려서 돌아다니기도 불편하게 되었어요. 결국 가시를 만들고 유지하는 데 드는 부담이 커졌고, 노력에 비해 좋은 결과를 얻지 못하고 멸종하고 말았답니다. 그야말로 잘해보려다 억울하게 멸종한 거지요. 3권 마지막 부분에는 '이유가 있어서 번성한 동물' 10종이 소개되어 있어요. 어떤 동물은 이유가 있어서 멸종하고, 어떤 동물은 이유가 있어서 번성하다니! 지구의 동물들이 죽고 사는 데는 이유가 아주 많네요.

진화하는 데도 이유가 있다!

여러 가지 자료를 찾던 중에 《이유가 있어서 진화했습니다》라는 책을 보게 되었어요. 마루야마 다카시라는 저자가 이 책도 썼나 보다 하고 자세히 보니 저자가 다른 사람이었어요. 책이 출간 시기를 보니 《이유가 있어서 멸종했습니다》는 2019년 4월이고요, 《이유가 있어서 진화했습니다》는 2020년 1월이에요. 이 책도 일본에서 출간되었는데 출판사가 달랐어요. 그런데《이유가 있어서 진화했습니다》의 일본어 제목을 번역해 보니《늘어놓고 비교하는 멸종과 진화의 동물지》라는 뜻이더군요. 아마도 한국어로 출간하면서《이유가 있어서 진화했습니다》로 바꾼 것 같아요. 2021년에는 또 다른 출판사에서《깜짝 놀랄 이유가 있어서 진화했습니다》라는 책도 출간되었지요. 일본인 저자도 물론 다르고요. 언뜻 보면 모두 같은 시리즈로 착각할 것 같아요. 그래도 이 책들은 제목과 글이 아주 독특하고 재미있으니 읽어보면 좋을 것 같아요.

　멸종과 진화는 아주 오랫동안 서서히 일어나요. 물론《이유가 있어서 멸종했습니다》1권에서 가장 먼저 등장하는 스텔러바다소는 사람들에게 알려진 지 불과 27년 만에 멸종했지만 말이지요. 스텔러바다소는 북극과 가까운 바다에서 2,000여 마리만 살고 있었어요. 다시마만 먹어도 행복하게 살았는데, 어느 날 사람들이 배를 타고 와서 스텔러바다소를 잡아먹어 본 후 맛이 좋다는 소문이 돌아 처음 발견된 지 27년이 지난 1768년 끝내 멸종되었지요. 하지만 대개의 경우 쉽게 멸종되지는 않아요. 진화도 마찬가지지요. 그렇지만 더 잘 살아남으려고 오랫동안 진화해 왔는데 사람들 때문에 멸종된다는 것은 불공평한 일인 것 같아요. 지금이라도 애꿎은 사람들 때문에 동물들이 멸종되는 것을 막을 수는 없을까요? 물론 저자 마루마야 다카시는 책 속에 그 방법을 제시하고 있어요. 꼭 읽어보고 그 방법을 찾아보아요.

4-1 지층과 화석

• Science Book 09 •

과학자가 그리는 만화는?
《만화로 배우는 공룡의 생태》

김도윤 | 한빛비즈(2019)

🎲 만화로 그리는 과학

과학책을 읽다 보면, 특히 어린이를 대상으로 하는 과학책에는 그림이 많은 것을 볼 수 있어요. 여기서 어린이는 주로 초등학생이에요. 과학책은 주로 초등학교 2~4학년들이 많이 읽고 있는 것으로 보여요. 그래서 그 나이 대에 볼 수 있는 과학책은 종류도 많고 구성 방식도 다양하지요. 10세 전후의 어린이들은 재미가 있고 자신이 관심이 있는 내용이라면 3~4시간이면 한 권은 읽을 수 있어요. 공부를 하거나 숙제를 하라면 아마도 3~4시간은 무척 긴 시간일 거예요. 하지만 자신이 좋아하는 책을 읽으라면 밥 먹는 것도 마다할 정도지요. 이때는 집중력도 상당히 뛰어나게 돼요. 이렇게 한 권의 책에 집중하게 만드는 책은 보통 과학 학습 만화일 거예요.

　우리나라의 과학 학습 만화는 세계적으로 잘 알려져 있어요. 과학이라는 학습 내용을 재미있는 만화를 통해 익힐 수 있다면 나이가 좀 어려도, 아직 자기 학년에 나오지 않는 내용도 어느 정도 알기 쉽거든요. 과학 학습 만화는 어린이들을 과학의 세계로 안내해 주는 아주 좋은 징검다리 역할을 하지요. 내가 지은 《초등학생을 위한 양자역학》도 그 어렵다는 양자역학을 어느 정도까지 알려주기 위해 만화로 구성하는 거예요. 물론 만화로 구성한다고 다 쉽고 재미있는 것은 아니랍니다. 전체적인 내용의 난이도, 이야기의 흐름, 학습 내용의 적절한 배치 등 책의 여러 가지 구성 요소들이 조합되어 이루어져야 하지요.

　학습 만화라고 하면 보통 캐릭터, 말풍선과 해설, 그림 상자가 있고 스토리와 학습 정보가 있어요. 캐릭터는 주인공들이고 말풍선은 그들의 대화이고, 그림 상자는 스토리의 흐름에 따라 크고 작게 하여 집중력을 유지할 수 있게 해주죠. 하지만 모든 학습 만화가 이렇게 구성된 것은 아니에요. 학습 내용을 설명하는 글과 만화가 적절히 구성되기도 하고, 설명 글과 만화 같은 삽화로 구성하기도 하지요. 또 설명 글, 만화, 삽화 등이 모두 나오기도 해요. 구성 방법은 그 책의 성격을 결정하는 중요한 기준이 돼요.

　《만화로 배우는 공룡의 생태》는 초등학생들이 흔히 보는 학습 만화의 구성 방식과 달라요. 스마트폰이나 태블릿 PC를 통해 보는 웹툰 형식이지요. 캐릭터, 말풍선, 해설이 있지만 그림 상자는 없어요. 선으로 된 구획이 없는 만화책이지요. 웹툰 형식의 학습 만화는 사실 흔하지 않아요. 초등학생들에게 학습 만화는 전형적인 그림 상자 형식이 대부분이잖아요. 이것은 보통의 과학 학습 만화는 과학을 전공한 사람이 글을 쓰고, 만화가가 글을 스토리에 맞게 콘티를 만들고, 거기에 맞게 대사와 해설을 넣는 형식으로 구성되지요. 또한 글 작가와 만화가 사이에 콘티를 만드는 구성작가가 있는 경우도 있어요.

◆ 글 작가와 그림 작가가 같다면?

그런데 만약 과학을 전공한 글 작가가 만화가처럼 그림과 구성을 잘 할 수 있다면 어떨까요? 글 작가 따로 만화가 따로인 책은 두 사람의 생각이 다를 수도 있고, 책을 기획하고 최종적으로 편집하는 사람의 생각이 다를 때 시간과 노력을 더해 수정하고 보완하는 과정이 필요해요. 하지만 글 작가와 만화가가 같은 사람이라면 이런 과정이 필요 없겠죠? 자신의 생각을 자신이 직접 그려서 보여주면 되니까요. 그래서 학생들에게 과학을 가르치는 교수나 교사 그리고 과학 전문 저자 중에는 자신이 직접 글을 쓰고 그림을 그려 책으로 내기도 한답니다.

《만화로 배우는 공룡의 생태》를 출간한 김도윤 작가님은 대학교에서 생명과학을 전공하고 곤충학자의 길을 걷고 있는 젊은 과학자예요. 남자 어린이가 대부분 7~8세에 곤충과 공룡에 빠지듯이 저자도 그런 어린이였다고 해요. 공룡학자가 되고 싶어 놀이터 흙을 열심히 팠지만, 공룡화석을 발견할 수 없었대요. 그래서 배신감에 치를 떨기도 했대요. 이 말만 들어도 저자의 만화가다운 어린 시절이 눈에 보이는 것 같아요. 또

'갈로아'라는 이름으로 과학 웹툰 작가와 과학 유튜버로 아주 열심히 활동하고 있는 아주 특별한 저자예요.

그리고 곤충학자답게 《만화로 배우는 공룡의 생태》 전에 《만화로 배우는 곤충의 진화》를 2018년 10월에 출간했지요. 1997년생이 만 20세에 '곤충의 진화'를 주제로 책을 내다니 절로 감탄이 나왔어요. 더 놀랄 만한 일은 그보다 5개월 전인 2018년 5월에 《오디세이》라는 다섯 권짜리 SF 웹툰을 출간했다는 거예요. 이게 정말 가능한 이야기인가요? 만 20세면 갓 대학에 입학할 나이인데요. 《오디세이》는 한때 우주비행사가 되고 싶은 꿈을 가졌던 기억을 되살려서 그렸다고 해요. 이 웹툰은 SF어워드 대상을 받을 정도였지요.

'곤충의 진화'가 출간되고 1년도 채 되지 않은 2019년 6월에 '공룡의 생태'가 출간되었으니 이 또한 대단하네요. 어려운 공부도 해야 할 텐데 그림을 이렇게 빨리 잘 그리다니! 작가님은 보통 유치원 때 졸업한다는 '공룡기'를 지나 고등학교 때 제2의 공룡기를 맞아 후유증을 앓다가 이 책을 그렸다고 해요. 정말, 공룡을 엄청나게 좋아하나 봐요.

《만화로 배우는 곤충의 진화》와 《만화로 배우는 공룡의 생태》는 둘 다 일본에서도 출간되었어요. 외국의 좋은 책을 우리나라에서도 수입해서 출간하는 것처럼 우리나라의 책도 외국에 수출하기도 하거든요. 우리나라의 학습 만화는 그림의 질이나 내용의 신뢰성이 높아 외국으로 수출이 많이 되는 편이에요. 그런데 만화하면 일본을 떠올리지요. 만화의 종주국이라 할 수 있는 일본에 학습 만화를 수출하는 것은 흔하지 않은 일이에요. 우리나라의 학습 만화는 주로 중국, 대만, 태국, 말레이

시아 등에 많이 수출되는 것을 생각해 보면 일본의 수출은 그만큼 의미가 크다고 할 수 있어요.

🔶 공룡의 모습이 자꾸 달라지는 이유

《만화로 배우는 공룡의 생태》는 시작부터가 독특해요. 시작 부분을 살짝 이야기하는 것은 이 책의 전체 내용이 얼마나 재미있고 믿을 만한지를 보여주는 거니까 소개할게요. 어린왕자가 작가에게 티렉스 한 마리를 그려 달라고 부탁을 해요. 티렉스를 그려본 적이 한 번도 없어서 영화에서 본 대로 그려주지요. 그런데 어린왕자는 〈쥬라기 공원〉 속 공룡과 현실 공룡을 잘 구별하지도 못한다고 면박을 주며 이것은 〈킹콩〉에 나오는 바스타토사우루스라고 해요. 그러니 다시 그려 달라고 해요. 작가는 이번에 공룡책을 읽어보고 다시 티렉스를 그려서 보여줘요. 어린왕자는 백악기 북아메리카에 살던 티렉스는 깃털이 풍성하지 않았대요. 깃털 달린 대형 티라노사우루스상의 유티란누스를 보고 착각한 거냐고 따져요. 티라노사우루스가 아무리 깃털 공룡이 속하는 코엘루로사우루스류라고 해도 어린 개체만 깃털이 있지 성체는 깃털이 없었을 거라는 게 지금의 정론이라며, 다시 그려 달라고 해요. 그래서 작가는 이번에 인터넷을 참고하여 티렉스를 다시 그려요. 어린왕자는 다시 그린 그림들 보고 티렉스의 팔은 거동 범위를 볼 때 너무 올라가 있지 않았다며 또 면박을 해요. 또 티렉스에게 입술이 있었을 거라는 가설을 선호하고, 파충류다우면서 조류를 아우르는 질감을 살려 다시 그려 달라고 해요. 짜증이 난 작가는 대충 그림을 끄적인 뒤 한마디 툭 던져요.

"이건 상자야, 네가 원하는 티렉스는 이 안에 있어." 어린왕자가 상자를 열어서 보니 안에는 '골격도'가 들어 있었어요. 어린왕자는 아주 만족하지요. 여기까지가 여섯 쪽에 걸쳐 그린 시작 부분이에요.

이 이야기는 실제로 본 적이 없는 공룡의 복원도를 그리는 것이 얼마나 어렵고 실제의 모습과 달라질 수 있는지 알려주는 거라고 생각해요. 공룡을 복원하여 그림으로 그리는 것은 골격 화석, 먹이, 서식지 등 수많은 정보를 바탕으로 하고 현재 살아 있는 유사한 파충류나 조류의 구조와 생김새 등을 파악해 종합적으로 이루어지는 어려운 과정이에요. 그러니 어린왕자가 쉽게 만족할 수 없었던 거지요. 하지만 어린왕자는 '골격도'를 보고 만족하지요. 정확한 티라노사우루스의 모습에 대한 완전한 해답이 없기 때문이에요.

왜 이렇게 어린왕자 이야기로 시작했는지는 책의 맺음말에서 밝히고 있어요. 실제로 이런 그림을 그려 달라는 의뢰를 받았던 경험담이라고 해요. 이전에 서울대학교 고생물학 연구실에서 신종 공룡의 복원도를 의뢰받았는데요. 어려운 일이지만 새로운 공룡이라는 것이 흥미로워 복원도를 그리기 시작했대요. 이 책 〈외전 1편〉에 그 경험담이 자세히 나와요. 공룡의 복원도를 어떻게 그리는지 잘 알 수 있는 내용이에요. 〈외전 2편〉을 보니 저자가 왜 곤충과 공룡을 연구하는 길을 걷게 되었는지 한눈에 알 수 있었어요.

◈ 가슴을 두근거리게 만드는 일 찾기

다니는 학교가 서울 서대문자연사박물관 근처에 있어서 언제든 가서 입구에 있는 '아크로칸토사우루스'의 커다란 수각류 공룡의 골격을 볼 수 있었대요. 나도 취재하러 가서 본 적이 있는데, 저자는 이 골격을 보는 눈이 좀 다른 것 같아요. 이 자연사박물관을 방문하는 무수히 많은 어린이가 이 골격 앞에서 사진을 찍는대요. 가족사진도 찍고 단체 사진도 찍지요. 이 공룡의 골격은 저자도 어릴 때 보았고 사진도 찍고 그랬대요. '어쩌면 저 공룡은 무수히 많은 과학자를 길러냈을지도 모른다. 얼마나 많은 아이들이 저 공룡을 보고 가슴이 두근거렸을까?' 두근거리는 가슴으로 저자는 곤충과 공룡을 연구하는 과학자가 된 거지요. 그것도 그림을 잘 그리는 과학자 말이에요.

세상에는 만화가가 많아요. 하지만 곤충이나 공룡의 생태를 잘 알고 그리는 만화가는 드물지요. 생명과학자이면서 만화가이기도 저자는 다른 만화가들에 비해 좋은 점이 있다고 해요. 그것은 바로 남이 안 하는 것을 하니 오래 할 수 있는 거래요. 보통 만화가는 한 장르의 만화를 가지고 오래 그리기 어렵대요. 하지만 생명과학을 그리는 만화가는 자신만의 콘텐츠를 만들 수가 있어서 새로운 분야를 개척하는 것과 같다고 해요.

여러분도 김도윤 작가님처럼 무엇인가를 보고 두근거리는 마음을 가졌으면 좋겠어요. 곤충이든 공룡 화석이든 별이든 바다든 말이지요. 누가 아나요? 두근거림을 좇아 노력하다 꿈을 이룰 수 있을지.

3-1 동물의 한살이 3-2 동물의 생활 5-1 다양한 생물과 우리 생활

• Science Book 10 •

1년 동안 한 장소를 관찰하면?
《두꺼비 논 이야기》

임종길 | 봄나무(2005)

🎲 아하! 두꺼비 올챙이였군!

어렸을 땐 문만 열면 자연이 펼쳐져 있었어요. 우리 놀이터는 밭이고 논이고 냇가이며 저수지였지요. 봄이면 올챙이 잡고, 여름이면 헤엄치고, 가을이면 메뚜기 잡고, 겨울이면 썰매 타고 놀았어요. 시골에 살면서 가장 신나는 일은 여름에 사슴벌레 잡으러 이 산 저 산 돌아다니는 것이었고, 가장 싫어하는 일은 뙤약볕에서 밭에 난 잡초를 뽑은 일이었어요. 보통 논 한가운데 물웅덩이가 있었어요. 가로세로 10미터 정도 되는 그렇게 작지 않은 웅덩이인데, 우리는 '포강'이라 불렀어요. 나중에 국어사전을 찾아보니 포강은 '늪'의 충청도 사투리, '연못'의 강원도 사투리,

'저수지'의 전라도 사투리라고 나오더라고요. 내 고향이 충청도이니 포강이 '늪'의 사투리라고 하는데, 우리 집 논에 있는 포강은 늪이 아니라 좀 큰 연못이었어요.

연꽃도 피고 검정말도 있고 붕어, 가물치, 우렁이도 있고 참게도 살고 있었어요. 호기심 많고 뭐든지 잡기 좋아하는 시골 꼬마들에게는 아주 기가 막힌 놀이터였지요. 또 낚시도 할 수 있었으니까요! 어렸을 때 그 포강을 생각하면 소중한 추억이 떠오르지만 궁금한 것이 있었어요. 포강에는 올챙이가 많이 살았고, 그 주변의 논에도 올챙이가 많았거든요. 그런데 논에서 볼 수 있는 올챙이는 갈색이었고, 포강에서 볼 수 있는 올챙이는 검은색이었어요. 논에서 자란 올챙이는 나중에 커서 아주 흔하게 보던 참개구리가 되었어요. 잡아서 닭에게 먹이로 주기도 했지요.

그런데 포강에서 볼 수 있었던 올챙이는 자라서 어떤 개구리가 되었는지 알 수가 없었어요. 올챙이 색깔로 보아 분명히 다른 개구리가 되었을 텐데 말이지요. 이런 의문을 가지고 우연히 《두꺼비 논 이야기》라는 책을 보다가 마침내 그 의문이 해결되었어요. 포강에서 볼 수 있었던 그 까만 올챙이가 바로 두꺼비였던 거예요. 시골에서 비 오는 날 흔히 보았던 많은 두꺼비들이 그 포강에서 자랐던 거예요. 더 깜짝 놀란 것은 올챙이는 색깔만 다르고 거의 비슷했지만 자라고 나면 하나는 참개구리가 되고, 다른 하나는 두꺼비가 된다는 거예요. 참개구리와 두꺼비를 생물학적으로 분류해 볼게요.

참개구리는 '동물계 – 척삭동물문 – 양서강 – 개구리목 – 개구릿과 – 참개구리속 – 참개구리'예요. 한편 두꺼비는 '동물계 – 척삭동물문 – 양서강 – 개구리목 – 두꺼빗과 – 두꺼비속 – 두꺼비'예요. 그러니까 참개구리와 두꺼비는 '목'까지만 같은 '개구리목'이지만 '과'가 달라요. '개구릿과'와 '두꺼빗과'인 거예요. 이 차이는 개와 고양이만큼이나 달라요. 개와 고양이는 모두 '동물계 – 척삭동물문 – 포유강 – 식육목'까지 같아요. 하지만 개는 '갯과'이고 고양이는 '고양잇과'로 과가 다르지요. 올챙이가 비슷하게 생겼지만 참개구리와 두꺼비는 개와 고양이처럼 많이 다른 동물인 거예요. 시골에서는 참개구리와 두꺼비 말고도 그보다 작은 청개구리가 있었어요.

알고 보니 우리나라에서 살고 있는 양서류는 2목 7과에 18종이 있다고 해요. 2목은 개구리목과 도롱뇽목이고 7과는 무당개구릿과, 두꺼빗과, 청개구릿과, 맹꽁잇과, 개구릿과, 도롱뇽과, 미주도롱뇽과랍니다. 쉽게 볼 수는 없지만 우리나라에도 생각보다 많은 양서류가 살고 있답니다.

◆ 두꺼비가 살 수 없다면?

지금은 논도 없어지고 그 포강도 없어졌어요. 옛날에 논이 있던 곳에 졸졸졸 물이 흐르는 도랑만 있고 여기서 적은 수의 참개구리와 두꺼비가 자라고 있어요. 그 도랑이 없어지면 그나마도 사라지겠지요. 그래서 요즘에는 양서류가 더는 사라지지 않도록 지켜주는 환경 보호 활동을 많이 하고 있어요. 《두꺼비 논 이야기》는 그래서 아주 반가운 책이었어요.

두꺼비들이 사는 곳은 내가 어려서 살았던 곳과 아주 비슷했지요. 이 책의 저자인 임종길 선생님은 글도 쓰고 그림도 그렸어요. 원래 화가이고, 고등학교에서는 미술을 가르치는 선생님이에요. 미술 선생님이면서 '환경과 생명을 지키는 전국 교사 모임'에서 활동하면서 '녹색손' 이라는 이름으로 자연을 생각하는 작은 배움터인 '도토리 교실'을 운영하고 있다고 해요.

임종길 선생님은 2월의 주말 어느 날, 집 근처에 있는 칠보산으로 봄꽃이라도 볼 수 있을까 하여 산책을 나갔답니다. 산 어귀까지는 계단식 논이 길을 따라 펼쳐져 있었지요. 사람들이 많이 다니는 길보다는 밭둑이나 논둑길로 걷는 것을 좋아한다고 해요. 흙길을 밟는 것도 좋지만 냉이와 꽃다지 같은 봄꽃을 보고 싶었기 때문이지요. 실개천도 졸졸졸 흐르고 오목눈이와 노랑턱멧새 소리도 들을 수 있었어요. 바로 그때 임종길 선생님은 논물 속에서 이상한 것을 발견했어요. 기다란 실타래 모양을 하고 있는 알을 본 거예요. 보통 개구리 알 같지 않아서 궁금증을 안고 집에 돌아와 양서류와 파충류를 연구하는 심재한 박사님에게 전화를 했어요. 심재한 박사님은 나도 취재를 한 적이 있어서 반가운 이름이었어요.

"아마 두꺼비 알일 겁니다. 두꺼비는 요새 빠르게 수가 줄고 있어요. 두꺼비 알을 잘 지켜 주십시오."

임종길 선생님은 황소개구리가 아니어서 다행이라고 생각했지만, 두꺼비 알이 무사히 어른 두꺼비로 자랄 수 있을지 걱정되었답니다. 이 걱정을 함께 활동하고 있는 '도토리 교실' 선생님들과 함께 나누고 논 주인인 농부 할아버지에게 얘기해서 논을 지키기로 했다고, 책 머리말에서 쓰고 있어요. 이 책의 내용은 이 '두꺼비 논'에서 일어난 일들을 세심하게 관찰하면서 쓴 거예요. 이런 일을 할 수 있다는 것이 나로서는 너무 부러웠어요. 그래서 어린 시절 논 한가운데 있었던 포강의 두꺼비 올챙이를 생각하면서 꼼꼼하게 읽기 시작했지요. 책은 그 상황을 그림으로 보여주고 있어요. 얼마나 세심하게 관찰했는지 잘 알 수 있었어요. 하지만 저자와 도토리 교실 선생님들이 첫해부터 두꺼비들을 잘 지킨 것은 아니라고 해요. 처음 보았던 그 두꺼비 올챙이들은 제초제 때문에 많이 죽었대요. 그래서 앞으로 어떻게 하면 이 올챙이들을 살릴 수 있을까 궁리를 하게 되었지요.

농부들이 봄부터 가을까지 하는 일 중 가장 많이 하는 것은 김매기예요. 김매기는 밭이나 논에 난 잡초를 뽑는 거예요. 나도 어렸을 때 농사일을 도와주며 가장 힘든 게 김매기였지요. 밭이나 논은 농부들이 곡식과 채소를 재배하여 먹고 팔기 위한 땅이지요. 그래서 농부들은 곡식과 채소가 잘 자라기 위해 퇴비도 주고 거름도 뿌리고 밭에는 물도 주고 논에는 물을 잘 가두어 두지요. 그런데 이런 밭과 논은 잡초들도 잘 자랄 수 있는 환경이 되어요. 잡초들도 영양분이 많은 밭이나 논에서 자라고 싶은가 봐요. 그래서 밭과 논에 잡초가 많은 거예요.

농부에게 농사는 잡초와의 전쟁인 셈이지요. 하루 종일 김매는 것이 일이었어요. 그런데 언제인가부터는 제초제가 등장해서 농부들의 일손을 덜어주었어요. 곡식과 채소는 그대로 두고 잡초만 제거할 수 있으니 얼마나 좋아요. 농부들은 밭둑이나 논둑의 풀도 베어야 하니 제초제는 그야말로 없어서는 안 될 고마운 존재였죠. 하지만 제초제를 쓰다 보면 잡초뿐만 아니라 동물들까지도 죽게 된답니다.

농부들은 모내기가 끝나면 다른 풀들이 자라지 못하게 제초제를 뿌려요. 그러면 벼만 자라서 가을에 벼를 많이 거둘 수 있거든요. 이렇게 해서 '두꺼비 논'에도 제초제를 뿌렸고 그로 인해 두꺼비 올챙이들이 모두 죽었다고 해요. 뒷다리는 물론 앞다리도 나와 있어 조금만 더 살았더라면 산으로 올라갈 수 있었을 텐데 말이지요. '알을 낳은 엄마 두꺼비는 이 사실을 알까?' 하며 안타까워하는 저자의 표정이 떠올랐어요.

배를 하늘로 향한 채 물에 둥둥 떠 있는 올챙이 그림을 보니 나 또한 시골 포강의 두꺼비 올챙이들이 생각났어요. 안타까운 마음으로 두꺼비 논을 지켜보면서 1년을 보냈대요. 그리고 다시 2월이 되니 논에 두꺼비들이 돌아왔고 또 알을 낳았어요. 임종길 선생님은 반갑고도 대견한 두꺼비들을 보고 마음속으로 이야기했대요.

'올해는 너희 새끼들이 죽게 내버려 두지 않을게……'

이런 생각으로 저자는 도토리 교실 식구들과 의논하고 두꺼비 논을 지키기로 한 거예요. 이 책은 이때부터 1년 동안 논을 지키며 두꺼비들을 살리는 이야기예요. 그러면서 두꺼비 논의 봄, 여름, 가을, 겨울의 모습을 생생하게 표현하고 있어요. 또 두꺼비가 논과 그 주변에서 사는 동물과 식물을 그대로 보여주고 있어요. 시골 출신인 내가 보아도 참으로 많은 동물과 식물이 있다는 것이 놀라워요.

이 책은 '봄나무 자연 책'의 두 번째 책으로 나왔어요. 첫 번째 책은 《콩알 하나에 무엇이 들었을까?》이고, 세 번째 책은 《물고기랑 놀자》예요. 이 책이 자연 책인 것은 이야기 중간중간 나오는 정보 글 때문이에요. 숲의 탄생과 변화, 숲이 우리에게 주는 것들, 두꺼비의 한살이, 논의 사계와 벼의 한살이, 두꺼비 텃밭에서 자라는 식물과 곤충, 벼를 키우는 것들, 두꺼비 논에서 자라는 물풀과 작은 동물들, 두꺼비 논을 찾는 새들을 잘 설명해 줘요. 이것만으로도 논과 밭의 생태계를 생생하게 알 수 있어서 좋았어요.

◈ 자연 관찰은 가까운 곳도 좋아!

작가는 자연의 어느 한 곳을 오랫동안 관찰한 결과를 글로 쓴 거예요. 나도 집 주변 야트막한 산을 오르내리면서 오랫동안 식물과 동물을 관찰하고 있어요. 여러분도 집 근처에 작은 산이라도 있다면 산책할 겸 오랫동안 관찰해 보아요. 개천도 좋고 공원도 좋아요. 한 곳을 오랫동안 관찰해 보면 자연의 모습을 좀 더 이해할 수 있을 거예요. 그때마다 다른 모습을 보여주는 자연의 모습을 글로 쓰거나 사진을 찍으면 그 자체가 바로 자연 관찰 일기가 되는 거지요. 과학의 길은 멀리 있는 것이 아니에요. 호기심, 질문, 관찰, 기록만으로도 과학을 하는 것이랍니다.

3-2 동물의 생활 5-1 다양한 생물과 우리 생활

• Science Book 11 •

봄이 왔는데도 돌아오지 않는 새들
《레이첼 카슨》

황의방 역 | 두레아이들(2016)

🎲 추장새 후투티를 만나다!

2021년 봄, 정확하게 3월 28일, 내 고향인 충남 당진시에서 '후투티'라는 새를 만났어요. 10여 년 전 강화도 식물 탐사 때 보고 오랜만에 만났지요. 그것도 고향에서도 볼 수 있다는 것이 신기하고도 반가웠어요. 후투티는 머리꼭대기의 깃털이 길고 세울 수 있어서 굉장히 화려하고 특이한 새예요. 머리 깃을 세우면 인디언 추장과 같아서 '추장새'라고도 불러요. 우리나라에서는 중부 이북 지역에서 볼 수 있는 흔하지 않은 여름 철새예요.

여름 철새는 주로 동남아시아에서 겨울을 나고 봄에 우리나라에 와서 새끼를 길러 가을에 다시 동남아시아로 떠나요. 강남 갔다 다시 오는 제비도 바로 여름 철새예요. 여기서 강남은 동남아시아를 말해요. 그런데 이런 후투티나 제비가 봄이 왔는데도 우리 곁으로 돌아오지 않는다면 어떨까요? 실제로 돌아오지 않는 동물들도 있어요. 따오기와 뜸부기가 그 대표적인 동물이에요. 둘 다 우리나라에 오는 여름 철새였는데 1950년대부터 보이지 않았고, 뜸부기도 1990년대에 자취를 감추고 말았어요. 원인은 서식지 감소와 농약 사용으로 인한 먹이 부족 등이지요.

우리나라는 예전에 농사지을 때 소를 이용해서 밭이나 논을 갈았어요. 퇴비를 이용했고, 잡초도 손으로 일일이 뽑았지요. 논에서 김매기할 때는 송사리, 붕어, 미꾸라지, 개구리, 우렁이, 거미 등이 엄청 많았어요. 그야말로 울타리 없는 동물원이었지요. 그러니 '벼 – 메뚜기 – 개구리 – 뱀 – 솔개'로 이어지는 먹이사슬이 탄탄하게 갖추어져 있는 생태계였지요. 교과서에 나오는 생태계를 매일 눈으로 보면서 살아온 거예요.

그런데 차츰 소가 없어지고 경운기가 생기고, 퇴비가 없어지고 비료가 들어왔고, 김매기는 제초제로 대신하게 되었어요. 소가 없어지면서 그렇게 흔하던 소똥구리가 없어지고, 비료와 제초제 때문에 송사리, 메뚜기, 거미들이 사라졌지요. 또 이런 동물들을 잡아먹고 사는 따오기, 뜸부기가 사라졌고, 제비의 수는 날로 줄어 들었지요. 그래도 제비는 지금도 우리 시골집 처마 밑에 둥지를 만들고 새끼를 키우고 있어요. 하지만 언제 없어질지도 모르지요.

내 부모님은 농부예요. 농부들은 보통 부지런하잖아요. 그런데 아버지는 별로 부지런한 것 같지 않았어요. 그래서 우리 논은 병충해나 잡초를 제거하기 위해 농약을 덜 뿌렸어요. 이것이 오히려 농사에는 좋았나 봐요. 잡초가 있기는 했지만 논에는 여러 동물들이 잘 살았어요. 해충은 거미와 잠자리가 잡아먹고, 논의 물길마다 개구리, 송사리가 많으니 새들이 밟고 다녀 잡초도 잘 자라지 못했지요. 이런 모습을 보고, 마을 사람들이 우리 아버지를 '농학 박사'라고 불렀어요. 조금 게으른 것이 의외의 결과를 낳은 셈이지요. 하지만 어머니는 아주 부지런해서 밭일과 논일을 하면서 집 주변에 꽃을 많이 가꾸었어요. 그러니 제비에게도 논과 집 주변에 먹을 것이 많아 해마다 우리 집을 찾아온 게 아니겠어요?

그러나 이제는 농촌에 농사를 짓는 사람 자체가 줄었어요. 그러니 더욱 비료와 제초제를 많이 쓰게 되지요. 특히 병충해를 막기 위해 논에 뿌리는 농약 때문에 논에는 벼 말고는 아무 것도 없게 되었어요. 농약은 흔히 DDT로 알려져 있었어요.

🔶 기적의 약, DDT

DDT는 Dichloro-Diphenyl-Trichloroethane의 머리글자를 딴 거예요. 읽을 때는 '다이클로로 다이페닐 트라이클로로에테인'이지요. 복잡하지요? 화학 물질이 어떤 원소들로 이루어져 있는지 알려면 화학식을 보면 돼요. 물의 화학식이 H_2O잖아요. 이것은 물이 수소 원소와 산소 원소로 되어 있다는 거예요. DDT의 화학식은 $C_{14}H_9Cl_5$예요. 화학식도 복잡하지요? DDT는 탄소, 수소, 염소로 되어 있음을 알 수 있어요. DDT는 가장 유명한 살충제예요. 1874년 오스트리아의 화학자 오트마르 자이들러가 처음 만들었어요. DDT가 처음부터 살충 목적으로 만들어진 것은 아니었대요.

제2차 세계 대전 때 말라리아와 티푸스 등을 일으키는 모기와 질병을 유발하는 여러 가지 곤충을 없애기 위해 사용되었어요. 특히 1948년 노벨 생리의학상은 스위스의 화학자 파울 헤르만 뮐러가 받았어요. 수상 업적은 '살충제 DDT의 발견'이었어요. 발견이라고 한 것은 뮐러가 DDT를 발명한 것은 아니고 살충 능력을 발견했기 때문이에요. 뮐러는 소량의 DDT는 인체에 안전하다는 것을 증명했고, 황열병, 뎅기열, 말라리아 등 모기가 일으키는 질병에 효과가 아주 좋았다고 해요.

실제로 우리나라에서도 6·25 전쟁 때 이와 빈대를 잡기 위해 사람들에게 DDT를 뿌렸으며 '기적의 약'이라 불렸지요. 한동안 DDT는 없어서는 안 됐어요. 또한 농업 분야에서도 해충을 박멸하는 데 사용하면서 살충제의 대표가 되었어요. 그런데 1962년 미국의 해양생물학자인 레이첼 카슨은 《침묵의 봄》이라는 책을 써서 DDT의 위험성을 알렸어요. 무분별한 DDT 사용으로 생태계에 미치는 나쁜 영향뿐만 아니라 인체에도 암을 일으킬 수 있다는 것을 과학적으로 설명했지요. 이 책으로 환경 운동을 시작하게 되었으며, 1972년 미국에서 DDT 사용은 금지되었지만, 곤충으로 인한 질병 퇴치에는 아직도 쓰이고 있어 논란이 되기도 해요. 진저 워즈워스가 쓴 《레이첼 카슨》은 DDT의 위험성을 밝히고 환경 운동을 시작하게 한 레이첼 카슨의 일대기를 그린 거예요.

🟧 생물학을 전공하는 대학원생

레이첼 카슨은 1907년 미국 펜실베이니아주 스프링데일에서 태어났어요. 학교 선생님이었던 어머니의 영향으로 어려서부터 책 읽기를 좋아했고, 어머니와 산책하면서 자연과 동물에 관심을 갖게 되었다고 해요. 저녁이면 가족들이 난로 주변에 모여 어머니가 읽어주는 소리에 귀를 기울이곤 했지요. 레이첼은 존 메이스필드의 〈바다의 열병〉과 같은 시를 좋아했다고 해요. 열한 살 때는 어린이들에게 인기 있었던 아동 잡지 〈성 니콜라스〉를 구독했는데, 레이첼은 거기에 〈구름 속의 전투〉라는 글을 써서 보냈대요. 그 글은 잡지에 실리게 되었고 상금으로 10달러를 받았어요.

이때 레이첼은 작가가 되겠다는 꿈을 가지게 되었답니다. 그래서 레이첼은 고등학교를 졸업하고 영어를 전공했어요. 그런데 2학년 때 생물학 강의를 들으며 어렸을 때 생각했던 자연에 대한 사랑이 떠올랐어요. 레이첼은 3학년 때 전공을 생물학으로 바꿨는데 이런 일은 당시로써는 아주 드문 일이었어요. 전공을 바꾸면서 공부를 더 많이 해야 했음에도 레이첼은 1929년 수석으로 대학을 졸업했어요.

레이첼은 우즈홀 해양생물연구소의 연구생으로 과학 공부를 계속할 수 있었고, 1930년에는 장학금을 받으며 존스홉킨스대학에서 대학원을 다니게 되었어요. 그 당시로써는 여성으로 대학에 입학한 것도, 과학을 전공한 것도, 수석으로 대학을 졸업한 것도, 대학원 과정을 밟게 된 것도 굉장히 드문 것이었어요. 이렇게 해서 레이첼 카슨은 글도 잘 쓰면서 과학을 연구하는 생물학자의 길을 걷게 된 거예요. 바다 동물을 연구하는 해양동물학을 공부해서 석사학위를 받았어요.

레이첼은 학생들을 가르치며 미국 어업국에서 만드는 〈물속의 로맨스〉라는 라디오 프로그램의 대본을 쓰게 되었어요. 이 일을 계기로 레이첼은 어업국에서 신입 수생생물학자를 채용하는 시험에서 유일한 여성으로 100점 만점에 97점을 받아 정식 공무원이 되었어요. 레이첼은 라디오 프로그램 대본을 쓰는 한편 어업국의 직원들을 위한 소책자에 바다의 신비를 설명하는 글을 쓰게 되었는데, 이 글은 〈아틀란틱 먼슬리〉라는 권위 있는 잡지에 '바다 밑'이라는 제목으로 실리게 되었어요. 이 글은 독자들에게 바닷속에서 일어나는 일들에 대해 호기심을 자극했어요.

"누가 대양을 아는가? 당신도 모르고 나도 모른다. 육지에 사로잡힌 감각을 지닌 우리들은 그 누구도 바다를 모른다. 바다 생물들만이 알고 있는 이 물의 세계를 알기 위해서 우리는 길이와 넓이, 시간과 공간에 대한 인간의 인식 방법을 떨쳐버리고 온통 물로만 이루어진 우주 속으로 여행을 떠나야 한다."

이 글을 읽은 출판사의 편집자는 바다에 관한 책을 쓸 것을 제안했고, 이렇게 해서 1941년에 나온 레이첼의 첫 책이 《바닷바람 아래에서》예요. 하지만 책이 출간된 지 한 달 정도 지난 1941년 12월 7일, 일본이 하와이 진주만을 폭격했고 전쟁이 시작되었지요. 전쟁은 다른 모든 일과 마찬가지로 《바닷바람 아래에서》도 사람들에게서 잊혔어요.

전쟁이 시작되면서 이탈리아에서는 장티푸스를 막기 위해 병사들에게 DDT를 뿌렸는데, 레이첼은 이런 화학 물질이 인체나 다른 생물에게 미치는 영향을 연구해야겠다고 생각했어요. 1945년 8월 미국은 일본에 원자 폭탄 2개를 터트렸고 전쟁이 끝났지요. 레이첼은 원자 폭탄과 화학 물질을 보고 삶에 대한 철학을 바꾸기 시작했어요. 이제 레이첼의 관심은 전부터 생각해 온 DDT에 쏠리고 있었어요. 왜냐하면 DDT를 점점 더 많이 사용해 해안뿐만 아니라 지구 전체가 위험에 빠질 것 같은 우려가 있기 때문이지요.

◈ 새들을 노래하게 하려면?

사람들은 DDT가 장기적으로 가져올지도 모르는 심각한 결과에 별 관심이 없었어요. 살충제 제조 회사들은 DDT를 '신묘한 효능'이 있는 물질로 선전했어요. 때문에 농부들은 시간과 돈, 노동력을 절약해 준다는 DDT를 사용했어요. 그러던 중 레이첼은 신문기자 출신인 친구 올가 오웬스 허킨스로부터 편지 한 통을 받았어요. 올가는 남편과 함께 직접 '새 보호 구역'을 설치해 놓았어요. 그런데 그 지역에 모기를 없애기 위해 공중에서 살충제를 살포한 거예요. 편지 내용은 레이첼에게 충격적이었어요.

> "무해한 소나기 목욕이 아름다운 소리를 들려주던 우리의 새 일곱 마리를 죽여버렸다."

이것이 올가가 〈보스턴 헤럴드〉라는 신문사에 보낸 편지인데, 이것을 레이첼에게도 보낸 거예요. 여기서 소나기 목욕이란 DDT 공중 살포를 말해요. 레이첼은 그때 직접 살충제에 대한 글을 쓰기로 마음먹었어요. 수많은 참고 문헌과 살충제와 관련된 재판 등의 자료를 수집하면서 집필에 전념한 레이첼은 1962년 마침내《침묵의 봄》을 출간하게 되었지요. 과학자들은 1859년 찰스 다윈의《종의 기원》이후 세상에 큰 영향을 미친 책이라 평가했지요.

 책의 영향으로 국민들의 항의가 빗발치자 미국 정부는 엄격한 환경 기준을 시행하고 DDT와 많은 살충제의 사용을 금지시켰어요.《침묵의 봄》이 조금 어렵다면 먼저 이 책《레이첼 카슨》을 먼저 읽어보세요. 레이첼 카슨을 소개하는 책들은 여러 가지가 있기 때문에 다른 책들을 보아도 좋아요. 그런 다음 언젠가《침묵의 봄》을 읽어보세요. 레이첼 카슨이 평생 생각해 온 '생명의 경의'가 무엇인지 공감하게 될 거예요. 나도 봄이면 언제나 고향인 당진에서 후투티를 다시 볼 수 있기를 기대하며 후투티가 올 수 있는 환경을 만들기 위해 노력하고 있답니다.

> 3-2 동물의 생활 5-1 다양한 생물과 우리 생활

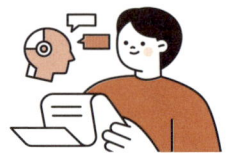

• Science Book 12 •

영장류와 세 여인, 그중의 한 여인
《제인 구달의 내가 사랑한 침팬지》

제인 구달 | 두레아이들(2013)

🟫 영장류란 무엇일까?

사람을 흔히 '만물의 영장'이라고 해요. '영장'을 국어사전에서 찾아보면 '영묘한 힘을 가진 우두머리라는 뜻으로, 사람을 이르는 말'이라고 나와요. 사람을 생물분류학적으로 보면 '동물계 – 척삭동물문 – 포유강 – 영장목 – 사람과 – 사람속 – 사람(종)'이에요.

분류를 할 때도 '영장목'이 들어가지요. 영장목을 영장류라고도 해요. 영장목에는 우리가 아는 보통 원숭이, 유인원 등이 포함 되어 있어요. 유인원이라고 하는 것은 꼬리가 없는 원숭이 종류인데 긴팔원숭이과와 사람과로 나누어져요. 또 사람과에는 고릴라, 오랑우탄, 침팬지, 사람이

속해 있어요. 그러니까 생물학적으로 보면 고양잇과에 호랑이, 사자, 치타, 고양이 등이 있는 것과 마찬가지로 사람, 고릴라, 오랑우탄, 침팬지의 관계가 아주 가까운 편이에요. 유전자로 볼 때도 사람과 침팬지 또는 고릴라와 99퍼센트 정도 일치한다고 해요. 단 1퍼센트의 차이가 이렇게 달라지는 거예요.

사람과 아주 비슷한 침팬지, 고릴라, 오랑우탄을 연구한 유명한 영장류 학자들이 있어요. 모두 여성 과학자인데, 침팬지는 제인 구달, 고릴라는 다이앤 포시, 오랑우탄은 비루테 갈디카스예요.

먼저 다이앤 포시는 1932년 미국에서 태어나 영국 케임브리지대학교에서 동물학으로 박사학위를 받았어요. 31세 때 아프리카 사파리여행 중 인류학자인 루이스 리키 박사를 만난 이후 영장류 학자의 길을 들어서면서 고릴라를 연구하게 되었지요. 아프리카 르완다에서 고릴라를 연구하면서 인간과 고릴라가 우호적 관계로 접촉한 최초의 사례를 만들었어요. 그런데 둘도 없이 지내던 수컷 고릴라가 밀렵꾼들에게 죽임을 당하는 것을 본 후 고릴라 보호 운동을 적극적으로 펼쳤어요. 이런 과정에서 다이앤 포시가 의문의 죽음을 당하게 되었지요. 다이앤 포시가 쓴 《안개 속의 고릴라》는 전 세계 사람들에게 고릴라 보호 문제에 관심을 불러 일으켰으며 같은 이름의 영화로도 만들어져 유명 인사가 되었지요.

비루테 갈디카스는 1946년 독일에서 태어나 미국 캘리포니아대학교 로스앤젤레스(UCLA)에서 인류학으로 박사학위를 받았어요. 이후 인도네시아 국립대학교 교수, 캐나다 사이먼프레이저대학교 고고학 교수로 있으면서 인도네시아의 오랑우탄을 연구했지요. 비루테 갈디카스는 루이스 리키가 UCLA에서 한 강연을 듣고 오랑우탄을 연구하기로 마음을 먹었다고 해요. 무리를 지어 다니는 침팬지와 고릴라와는 달리 오랑우탄은 다른 오랑우탄을 한 번도 만나지 않고 한 달 이상을 지내기도 한대요. 그래서 오랑우탄 연구는 특히 어렵고 오래 걸려서 비루테 갈디카스는 오랑우탄이 도구를 사용하는 모습을 8년 만에 처음 발견했다고 해요. 도구를 사용하는 장면은 바로 어떤 수컷 오랑우탄이 25초 동안 나무토막으로 엉덩이를 긁은 것이었다고 하니 좀 우습기도 하지요?

세 명의 영장류 학자 중 우리나라 사람들에게도 가장 잘 알려진 학자는 침팬지를 연구하는 제인 구달이에요. 2023년 7월 아홉 번째로 방문할 만큼 우리나라와 관계가 깊어요. 제인 구달은 1934년 영국에서 태어났고 케임브리지대학교에서 동물행동학으로 박사학위를 받았어요. 어려서 선물 받은 침팬지 인형을 가지고 놀면서 동물에 관심을 가지게 되었고, 《타잔》이라는 소설을 읽고 아프리카로 가겠다는 꿈을 가지게 되었다고 해요.

🧊 인류학자 루이스 리키 박사를 만나다!

케냐에 있던 친구의 초대를 받고 열심히 돈을 모아 마침내 아프리카 여행을 하게 되었지요. 친구는 제인 구달이 동물에 관심이 많은 것을 보고 당신 케냐 나이로비의 국립자연사박물관 관장이던 루이스 리키 박사를 소개해 주었어요. 이 일을 계기로 제인 구달은 루이스 리키의 비서가 되었고, 루이스 리키는 제인 구달에게 침팬지를 연구해 볼 것을 추천했어요. 이것이 바로 제인 구달이 침팬지와 인연을 맺게 된 과정이지요. 이렇게 해서 영장류 학자 세 명은 모두 인류학자 루이스 리키와 특별한 인연을 맺게 되었지요.

루이스 리키 박사는 영국의 인류학자로 1931년 탄자니아의 올두바이 협곡에서 석기를 사용한 것으로 생각되는 최고 원인의 두개골 화석을 발견하고 '진잔트로푸스'라고 이름을 붙였어요. 또 1963년 같은 협곡에서 호모 하빌리스의 화석을 발견했어요. 그의 뒤를 이은 아들 리처드 리키도 인류학자로 인류의 기원을 밝히는 데 큰 업적을 남겼지요.

《제인 구달의 내가 사랑한 침팬지》는 제인 구달의 자서전이에요. 2023년에는 제인 구달, 다이앤 포시, 비루테 갈디카스를 모두 한꺼번에 다룬 《유인원과의 산책》도 출간되었으니 영장류와 여성 영장류 학자들에 관심이 있다면 읽어볼 것을 추천해요.

'뿌리와 새싹'에 관심을 가져 볼까?

제인 구달은 난폭하고도 조심성이 많은 침팬지를 끈기 있게 연구하면서 침팬지가 도구를 사용한다는 사실을 처음으로 발견했어요. 그 전까지 도구는 오직 인간만이 사용한다고 믿었기 때문에 침팬지가 도구를 사용한다는 사실은 충격적인 것이었어요. 이 일을 계기로 동물과 인간을 구분 짓는 판정이 근본적으로 바뀌었지요. 이후 제인 구달은 세계적으로 유명한 영장류 학자의 길로 들어섰으며 책과 신문, 방송 등을 통해 전 세계에 알려졌어요. 제인 구달이 직접 쓰거나 제인 구달의 일대기와 업적을 소개하는 수많은 책들이 있는데 여러분과 같은 독자들에게 가장 먼저 추천하고 싶은 책이 바로 《제인 구달의 내가 사랑한 침팬지》예요. 이 책의 부제는 '어린이들을 위한 제인 구달 자서전'이거든요. 이 책에서 얻은 수익금은 모두 '뿌리와 새싹'을 지원하는 데 쓰인다고 해요.

'뿌리와 새싹'은 'Roots & Shoots'로 1991년 제인 구달이 만든 전 세계적인 환경 운동 모임이에요. 동물, 이웃, 환경을 위해 생각하고 실천하고자 노력하고 있어요. 우리나라는 최재천 교수가 대표로 있는 생명다양성재단에서 '뿌리와 새싹'을 운영하고 있어요. 제인 구달과 최재천 교수의 특별한 인연으로 지금까지 이어지고 있어요.

제인 구달이 지은 책은 《제인 구달의 내가 사랑한 침팬지》외에 《인간의 그늘에서》, 《희망의 이유》, 《제인 구달의 사랑》 등이 있어요. 2023년에는 제인 구달의 인터뷰집인 《희망을 책》이 출간되었어요. 이 책은 제인 구달의 '희망' 시리즈로 《희망의 밥상》, 《희망의 씨앗》, 《희망의 자연》에 이어 나온 거예요. 제인 구달이 자연과 희망을 이야기하고 있는 책이어서 어렵지 않으니 읽어보면 좋을 거예요.

🟧 침팬지도 제인 구달을 사랑했다!

《제인 구달의 내가 사랑한 침팬지》는 제인 구달의 어렸을 적의 모습과 아프리카로 가게 된 일, 침팬지를 처음 보았을 때의 느낌, 곰베 연구소의 생활, 박사학위를 받기 위한 공부, 끊임없는 연구, 침팬지에 대해 알게 된 사실 등이 아주 자세하게 나와 있어요. 침팬지를 연구하면서 침팬지가 도구를 사용한다는 것과 육식을 한다는 것을 발견하여 세상을 놀라게 했지요.

또 침팬지가 인간처럼 전쟁과 비슷한 행동을 하고 울음소리, 얼굴 표정, 몸짓과 자세 등으로 의사소통을 한다는 것도 밝혔어요. 내가 책을 읽으며 특이하게 생각한 것은 제인 구달이 만난 침팬지마다 모두 이름을 붙여 주었다는 거예요. 마치 사람들처럼 이름을 붙여 주고 침팬지들 사이의 혈연관계를 정리한 거예요. 나도 식물 공부를 할 때 가장 먼저 한 것이 식물의 이름을 아는 것이어서, 침팬지에게 이름을 붙여 주는 것이 얼마나 중요한지 알 것 같았어요. 책의 시작 부분에는 제인 구달이 연구하는 곰베 국립공원의 연구소 주변 이야기가 나와요. 여기에는 침팬지를 비롯해 비비, 붉은꼬리원숭이 등과 같은 동물들과 영양, 수풀돼지, 들소 등도 있고, 악어, 왕도마뱀, 뱀 같은 무서운 동물들도 많다고 해요. 특히 초록맘바나 검은맘바와 같은 독사는 아주 위험해서 물리면 목숨을 잃을 수도 있다고 해요. 어떻게 이렇게 위험한 야생에서 연구를 할 수 있을까요? 제인 구달이 얼마나 동물들을 사랑하고 관심이 있었는지 알 수 있겠지요?

이 책에는 제인 구달의 삶을 담은 생생한 사진 80여 장이 있어요. 침팬지의 습성이나 침팬지와 교감을 나누는 장면들이 그대로 담겨 있어요. 처음에는 멀리서 관찰만 하다가 언젠가부터는 손을 잡고 털을 골라 주고 포옹까지 하는 모습을 볼 수 있어요. 또 침팬지들이 밀렵꾼들에게 희생당하거나 우리에 갇혀 있는 사진을 보면 가슴이 아프지요.

◈ 나에게도 원숭이의 피가?

책을 보다가 재미있는 생각이 났어요. 책상에서 책을 보거나 글을 쓸 때

나도 모르게 발가락을 구부리고 발가락 마디를 바닥에 대고 있을 때가 있거든요. 그러다가 갑자기 '내가 왜 발가락을 구부리고 있지?'라는 의문이 들었어요. 특별한 답변을 찾기보다는 '가끔은 이것이 편한가 보다' 하고 지나갔지요. 책에 침팬지가 걸을 때 이야기가 나와요. 침팬지와 같은 대형 민꼬리원숭이들은 너클(손가락 마디) 보행을 한대요. 손가락 가운데 마디로 땅을 짚으며 걷는 거지요. 가까운 거리는 똑바로 서서 두 발로 걷기도 하고, 두 손에 먹을 것을 들고 있거나 비가 올 때도 두발로 선대요. 제인 구달은 차갑고 축축한 땅에 손을 대기 싫어서 그럴 거라고 얘기하네요. 물론 나는 발가락 마디이고 침팬지는 손가락 마디이지만 인간이나 유인원이나 비슷하다는 생각이 들었어요. 나만 드는 생각일까요?

이 책 끝 부분에 침팬지에 관한 과학적 사실을 알려주는 코너가 있어요. 여기에 '영장류에 대하여'라는 부분을 보면 인간, 침팬지, 보노보, 고릴라, 오랑우탄, 사향원숭이 등이 공통 조상으로부터 갈라져 나온 것을 볼 수 있어요. 인간과 침팬지는 약 700만 년에 갈라졌다고 해요. 46억 년의 지구 역사에서 700만 년이면 그리 길지 않은 시간이에요. 그러니까 겨우 700만 년 전에 인간과 침팬지는 지금과 같은 모습으로 지구에 나타난 거예요. 그래서 침팬지는 어떤 동물들보다 인간과 비슷하지요. 유전자 구조가 겨우 1퍼센트 정도 다르지 않은 거지요. 침팬지 입장에서 보면 고릴라보다 인간에 더 가깝다고 해요. 그리고 인간은 침팬지의 혈액을 수혈 받을 수 있다고 해서 다시 한번 놀랐어요. 내가 발가락 마디로 너클 보행을 할 수 있는 것은 아니지만, 그런 내 모습을 보고 침팬지를 떠올린 것은 그리 과한 생각은 아닌 것 같아요. 겨우 1퍼센트 차이 잖아요? 1퍼센트 차이로 우리는 인간이 되었지만 말이에요. 99퍼센트 나 같은 우리의 친구가 영원히 함께 살았으면 하는 희망을 가져봅니다.

전 세계의 희망 전도사 제인 구달은 이렇게 얘기해요.

"메시지는 희망입니다. 전 세계 수백 수천의 뿌리와 새싹들이, 여러분 같은 젊은이들이 떨쳐 일어나 모든 살아 있는 것들을 위해 노력한다면 세상은 더욱 살기 좋은 곳이 될 수 있습니다."

2부
본질에 대한 탐구

5-1 온도와 열 6-1 여러 가지 기체 6-2 연소와 소화

• Science Book 13 •

촛불 한 자루에 이렇게 많은 과학이!
《촛불의 과학》

마이클 패러데이 | 아이노리(2020)

📦 책을 가까이 한 가난한 마이클 패러데이

과학은 크게 물리학, 화학, 생명과학, 지구과학으로 나눌 수 있어요. 초등학교에서는 3학년부터 과학을 배우기 시작하지요. 초등학교 과학 교과서는 물리학, 화학, 생명과학, 지구과학으로 나누어져 있지 않고 과학이라는 큰 틀에서 배우지요. 물리학은 물리의 물질적 성질과 물질 사이의 관계를 연구하는 학문이고, 화학은 물질의 구성과 구조, 성질과 변화, 제법 등을 연구하는 학문이에요. 물리학과 화학은 비슷한 부분도 많아요. 쉽게 말하면 물질과 물질 사이의 충돌이나 운동을 연구하면 물리학, 물질이 무엇으로 이루어져 있는지 연구하면 화학이라고 할 수 있어

요. 그래서 유명한 과학자 중에는 물리학자이며 화학자인 경우가 많아요. 《촛불의 과학》의 주인공인 마이클 패러데이도 영국의 물리학자이자 화학자였어요.

패러데이는 대장장이 아버지와 농부 집안의 딸인 어머니 사이에서 태어났어요. 집안이 가난하여 읽기, 쓰기, 산수 정도의 기초적인 교육만 받을 수 있었어요. 열세 살이 되던 1804년에 책을 만드는 제본소에서 견습생으로 일하면서 과학책을 많이 읽었다고 해요. 그때 읽은 책 중에는 제인 마셋이 지은 《화학의 대화》가 있었어요. 이 책은 화학 입문서로 교육을 많이 받지 못한 패러데이도 쉽게 읽을 수 있었다고 해요. 또 패러데이의 아버지가 대장장이였기 때문에 어려서부터 여러 가지 도구를 잘 이용해서 제본소 한쪽에서 과학 실험과 전기 실험을 할 수 있었대요. 가난하고 어려운 형편이었지만 제본소에서 일한 덕분에 책을 읽을 기회가 있었고 게다가 과학 실험까지 할 수 있었지요. 이렇게 과학에 관심을 갖자 패러데이는 런던의 왕립협회에서 개최하는 과학 강연을 듣기 시작했어요.

이후 패러데이는 혼자 공부하면서 학생들에게 설명할 수 있을 정도가 되었어요. 또 패러데이는 당시 화학자이며 인기 강연자인 험프리 데이비의 화학 강연을 들었어요. 염소라는 원소의 특성에 대한 강연에 감명을 받아 강연 내용을 글과 그림으로 정리해 데이비에게 보냈어요. 그런데 그 즈음 데이비는 실험 중 사고로 시력이 저하되는 바람에 자신의 실험을 기록해 줄 조수가 필요했고 패러데이가 그 역할을 하게 되었지요. 이 일을 계기로 패러데이는 왕립협회연구소의 실험실 조수가 되었답니다. 연구원들의 실험을 도우며 여러 나라의 연구소도 견학할 수 있었어요. 조수 생활을 하면서 자유롭게 과학 연구를 하면서 마침내 왕립협회연구소의 교수가 되었어요. 교수가 된 패러데이가 1860년 어린이들에게 크리스마스 과학 강연회에서 들려준 양초 이야기를 책으로 펴낸 것이 바로 《촛불의 과학》이랍니다. 원래의 제목은 《양초 한 자루의 화학사》예요.

양초는 무엇으로 만들며, 양초에 불이 어떻게 붙는지, 무엇이 타는지, 타고 나면 무엇이 남는지, 수소와 산소의 성질, 공기와 연소의 관계, 탄소와 이산화 탄소의 성질 등의 실험을 하면서 설명해 준 강연으로 어린이들에게 인기가 많았다고 해요. 이 책은 쌍둥이 남매인 지아와 지우가 괴짜 선생님이 운영하는 촛불과학연구소에서 패러데이가 했던 양초 실험을 하는 이야기예요.

팽대희와 패러데이

초등학교 5학년인 지아와 지우는 1학기가 끝나고 하교하면서 여름 방학 숙제를 어떻게 해야 하는지 고민했지요. 그때 길에서 책 한 권을 발견했어요. 영어로 된 책인데 책갈피에 메모지가 끼워져 있었어요.

"과학을 좋아하게 되는 즐거운 실험 교실! 촛불과학연구소
한 자루의 양초와 함께 물리적 현상을 고찰해 봐요. 여러분은 과학 연구의 즐거움을 알게 될 거예요. 최신 연구 이야기와 비교해도 손색없는, 재미있고 도움이 되는 이야기를 들려줄게요!"

지아와 지우는 메모지에 있는 지도를 보면서 촛불과학연구소를 찾아 갔지요. 촛불과학연구소는 수많은 실험 기구가 갖추어져 있었어요.

"촛불 과학 연구소에 온 걸 환영해요."

너무나 좋아하는 아저씨는 이름이 '팽대희'래요. 패러데이와 발음이 비슷하지요? 맞아요. 팽대희 선생님은 패러데이를 존경해서 이름까지 비슷하게 짓고 실험실을 운영하고 있었던 거예요. 팽대희 선생님은 지아와 지우의 여름 방학 숙제인 '자유 연구'를 잘 할 수 있을까요? 분명 그 주제는 '촛불'과 관련이 있을 것만 같아요.

우리 시골집은 내가 초등학교 4학년 때 마을에 전기가 처음으로 들어 왔어요. 전기가 들어오면서 전등이 켜졌는데 너무 밝아서 눈을 뜰 수가 없었어요. 전기가 들어오기 전에 어둠을 밝히는 기구는 석유 등잔과 양초였어요. 등잔은 실험실에서 쓰는 알코올램프 같은 거예요. 연료를 알코올 대신 석유를 쓰는 것이 다르지요. 심지를 타고 올라온 석유가 타면서 빛을 내는 거예요. 양초는 동물의 기름을 굳히고 속에 심지를 넣어 만든 것인데, 어렸을 때 기억으로는 비싸서 평소에는 쓰지 않고 제사 때나 특별한 경우에만 썼지요.

밝기를 나타내는 단위는 '칸델라'가 있어요. 기호로는 'cd' 라고 하는데 양초 1개의 밝기가 1cd예요. 칸델라(candela)는 '빛나다'라는 뜻인 라틴어 cadela에서 유래 되었어요. 양초를 영어로 'candle'이라고 하는 것도 어원이 같기 때문이에요. 양초 하나가 1칸델라이며 등잔도 그와 비슷하지요.

전구의 밝기는 와트(W)로 나타내는데, 1와트는 1칸델라와 같아요.

보통 전구는 30와트나 60와트를 써요. 와트는 '촉'이라고도 해요. 즉, 1와트는 1촉이고 1칸델라이지요. 그러니까 양초나 등잔의 밝기가 1와트 정도인 거예요. 우리 집에 처음으로 들어온 전구가 30와트였을 테니 등잔의 30배나 되는 셈이어서 어렸을 때 기억으로는 너무 밝았던 거예요. 그런데도 시골 사람들은 전기를 쓰는 것이 아까워서 전기 대신 여전히 등잔을 썼어요. 한참 시간이 지난 뒤에야 등잔이 없어지기 시작했지요.

나는 전기와 전구가 너무 궁금했어요. 어떻게 저렇게 밝을까? 그때부터 과학에 관심이 생긴 것 같아요. 전기와 전구에 대한 책을 학급 문고에서 찾아 읽었어요. 에디슨의 이야기였지요. 전구를 발명하기 위해 어떤 노력을 했는지 알게 되었고, 빛을 내는 부분이 필라멘트라는 것이 정말 신기했지요. 전구의 필라멘트와 같은 것이 등잔이나 양초에서는 심지였지요.

나무나 종이가 타면 빛과 열이 나요. 그런데 나무나 종이가 타고 나면 재가 남아요. 그리고 등잔과 양초가 탈 때는 석유와 양초가 줄어 들기는 하지만 재가 남지 않아요. 왜 그런 걸까요?《촛불의 과학》은 양초의 연소에 대한 비밀을 패러데이가 직접 실험하면서 어린이들에게 설명해 주어요.

🟧 양초는 무엇이 타는 걸까?

양초를 만들어본 적 있나요? 체험 학습을 하면서 모양 틀에 심지를 넣은 다음 파라핀을 붓고 양초를 만들어보았을 거예요. 그리고 자기가 만든 양초에 불을 붙였을 때 꺼지지 않고 타오르는 불꽃을 보고 신기했을 거예요. 그런데 그때 의문이 들지 않았나요? 양초는 무엇이 타는 건지요? 왜 타고 나면 재가 생기지 않는 건지요?

나는 이 의문을 풀기 위해 이 책 저 책 찾아보면서 양초가 열에 녹아 액체가 되고, 그 액체가 심지를 타고 올라오면서 기체가 되고, 그 기체가 타는 거라는 걸 알게 되었어요. 하지만 나무나 종이가 타는 것은 고체가 타는 거예요. 그런데 양초에서는 어떻게 기체가 탄다는 말일까요? 그 궁금증은 대학교에서 과학을 공부하면서 해결되었어요. 바로 《촛불의 과학》이라는 책을 통해서였지요.

마이클 패러데이는 물리학자이자 화학자라고 했지요? 화학 분야에서의 업적은 여러 가지 기체를 발견하고, 화합물을 만들어낸 거예요. 염소 원소에 대한 연구, 탄화수소의 발견, 나프탈렌의 분자 구조를 밝히는 등 셀 수 없을 정도예요. 물리학 분야에서의 업적은 망원경에 사용되는 광학 유리 제작, 전기와 자기의 성질 연구, 자석의 성질과 자기력선 연구 등 화학에서의 활약 못지않았어요.

자신을 태워 세상을 비추는 양초처럼

패러데이는 가난했던 어린 시절을 생각하며 어린이들에게 과학의 재미와 소중함을 알리기 위해 '양초 한 자루의 화학사'에 대한 여섯 번의 강연을 했어요. 양초가 있고 심지에 불을 붙이면 큰 바람이 불지 않는 한 조용히 타면서 어둠을 밝히지요. 자기 몸이 타서 줄어들면서 우리에게 빛을 주는 양초, 이 단순해 보이는 양초 한 자루에 여섯 번이나 강연을 할 정도로 많은 과학 이야기가 담겨 있다는 것도 참으로 대단하지요. 패러데이는 마지막 강연에서 다음과 같은 말을 했다고 해요.

"저는 이 강연의 마지막 말로 여러분의 생명이 양초처럼 오래 계속되어 이웃을 위한 밝은 빛으로 빛나고, 여러분의 모든 행동이 양초의 불꽃과 같은 아름다움을 나타내며, 여러분이 인류의 복지를 위한 의무를 수행하는 데 전 생명을 바쳐주시기를 간절히 바랍니다."

쌍둥이 남매 지아와 지우는 6일 동안 팽대희 선생님과 양초를 소재로 여러 가지 실험을 하면서 많은 것을 알게 되었어요. 그리고 귀찮게만 느꼈던 과학 실험도 재미를 느끼게 되었고, 팽대희 선생님처럼 과학의 즐거움을 사람들에게 전하고 싶다는 생각까지 들었어요. 지아와 지우가 여름 방학 자유 연구 숙제를 잘할 수 있었는지는 여러분이 책을 읽으며 확인해 보아요. 그리고 지아와 지우는 커서 어떤 사람이 되었을까요?

시간이 흘러 다시 촛불과학연구소를 찾던 지우는 숲속에 떨어져 있는 《촛불의 과학》을 다시 발견하게 되었어요. 그 책갈피에는 편지가 끼워져 있었어요. 그것은 팽대희 선생님이 지우에게 보내는 편지였어요.

"모든 일에는 끝이 옵니다. 이제는 여러분의 시대입니다. 여러분이 자신을 밝게 빛내며 주변 사람들을 비추는 촛불 같은 사람이 되기를 바랍니다. 멋지게 자신의 역할을 다하고, 모두에게 도움을 줌으로써 촛불의 아름다움을 증명하길 바랍니다."

패러데이가 마지막 강연에서 한 말과 팽대희 선생님이 지우에게 보낸 편지의 내용이 아주 비슷하지요? 팽대희 선생님은 정말로 마이클 패러데이를 존경했나 봐요.

3-1 물질의 성질

• Science Book 14 •

원소를 알아야 하는 진짜 이유
《세상의 모든 원소 118》

시어도어 그레이 | 영림카디널(2012)

🎲 우리 몸에 필요한 원소 28종

부모님을 모시고 병원에 간 적이 있어요. 진료를 기다리며 병원을 둘러보는데 과학에 관심이 많은 내 눈에 띄는 것이 있었어요. 그것은 '필수 미량 원소 9종'이라는 포스터였어요. 필수는 반드시 필요하다는 뜻이고 미량은 아주 적은 양이라는 뜻이지요. 그러니까 적은 양이지만 우리 몸에 꼭 필요한 원소의 이름을 알려주는 것이었어요. 그 9종의 원소는 Fe, Mn, Mo, Se, Cr, Cu, Zn, F, I였어요.

이 원소의 이름을 읽을 수 있나요? Fe는 iron, Mn은 manganese, Mo는 molybdenum, Se는 selenium, Cr은 chromium, Cu는

copper, Zn은 zinc, F는 fluoride, I는 iodine이에요. 어렵다고요? 그러면 우리말로 어떻게 읽는지 알려줄게요. Fe는 철, Mn은 망가니즈, Mo는 몰리브데넘, Se는 셀레늄, Cr은 크로뮴, Cu는 구리, Zn은 아연, F는 플루오르, I는 아이오딘이에요.

다른 것은 몰라도 철, 구리, 아연과 같은 원소는 들어 보았을 거예요. 우리 몸에서 철 즉, 철분이 부족하면 빈혈 증세가 생겨요. 그래서 철분이 들어 있는 영양제를 먹기도 하지요. 그런데 우리 몸에 왜 이렇게 많은 원소가 필요할까요? 이름도 잘 모르는 원소인데 말이죠. 그리고 또 우리 몸이 이런 원소로 되어 있다는 것일까요?

현재의 연구 결과에 따르면 실제로 우리 몸에 없어서는 안 될 원소의 가짓수는 모두 28종이라고 해요. 미량의 원소 9종은 알아보았고, 나머지 19종은 무엇일까요? 우선 원소 기호를 써 보면, H, Li, B, C, N, O, Na, Mg, Si, P, S, Cl, K, Ca, V, Co, Ni, As, Br이에요. 여기서 쉽게 알 수 있는 원소가 있나요? H(수소), C(탄소), N(질소), O(산소) 같은 원소는 잘 알지요? 맞아요. 이 네 가지 원소는 우리 몸에 가장 많이 존재하는 원소들이에요. Li(리튬), B(붕소), Na(나트륨), M(마그네슘), Si(규소), P(인), S(황), Cl(염소), K(칼륨), Ca(칼슘), V(바나듐), Co(코발트), Ni(니켈), As(비소), Br(브로민)도 적은 양이라도 있어야 한다고 해요.

그런데 여기서 좀 의아한 원소가 있네요. 바로 As로 표시되는 비소인데요, 이 비소는 보통 비상이라고도 하며 독성을 가지고 있어 사람을 죽일 수 있어요. 텔레비전의 드라마나 영화에서 사극을 보면 죄인을 사형시킬 때 사약을 마시게 하는 장면을 볼 수 있죠? 사약의 '사'는 죽을 사

(死)를 의미하는 것이 아니에요. 사약의 '사'는 보통 임금이 신하에게 '하사'한다는 의미예요. 즉, 왕족이나 사대부가 죽을죄를 지었을 때 몸을 온전히 보존하며 죽을 수 있도록 '약을 하사하는 것'이지요. 다른 방법으로 죽게 되면 몸을 보존하지 못할 수도 있기 때문에 임금이 내려주는 은혜라는 의미가 있는 거랍니다. 이 사약을 만드는 재료가 대개 비상 즉 비소였지요. 독초나 독버섯을 사약 재료로 썼다고도 하지만요.

주기율표에서 알 수 있는 것들

원소 이야기를 하다 보니 우리가 잘 모르는 원소가 아주 많다는 생각이 들어요. 사실 자연계에 존재하는 원소는 모두 92종이에요. 정말 많다고요? 하지만 92종으로 우리가 보는 모든 물질이 이루어진다고 생각하면 많아 보이지도 않지요. 그런데 원소의 주기율표를 보면 원소는 모두 118종으로 나와요. 왜 92종이 아닐까요?

원자 번호 1번은 수소(H)이고 92번은 우라늄(U)인데요, 93번부터는 초우라늄 원소라고 해요. 이들은 모두 인공 원소예요. 그러니까 사람이 만든 원소라는 뜻이지요. 그래서 현재까지 118번째 원소인 오가네손(Og)까지 공식 원소로 알려져 있어요. 93번부터 118번까지는 자연계에 거의 존재하지 않고 실험실에서 만들어낼 수 있는 원소인 거예요. 실험실에서 만들 수 있기 때문에 언제든지 119번째 원소도 만들어질 수 있고요.

그렇다면 원소들은 어떤 모양을 하고 있을까요? 산소는 우리가 숨을 쉬는 데 꼭 필요하지만 눈에 보이지 않아요. 수소나 질소도 마찬가지지요. 그렇지만 철, 구리, 은, 금과 같은 원소는 주변에서 쉽게 볼 수 있어요. 우리 몸에서 뼈를 튼튼하게 해준다는 칼슘(Ca)은 어떤 모습을 하고 있을까요?《세상의 모든 원소 118》이라는 책에는 원자 번호 1번인 수소부터 118번인 오가네손까지 원소의 모습을 눈으로 볼 수 있게 해주지요. 보이지도 않은 원소들도 많지만 그들이 어떤 모습으로 존재하는지 볼 수가 있어요.

　글을 쓴 시어도어 그레이는《매드 사이언스》의 저자이며, 과학 전문지〈파퓰러 사이언스〉에 '물질'에 대한 글을 연재한 과학 칼럼니스트이기도 해요. periodictable.com이라는 사이트를 운영하며 주기율표를 소재로 한 포스터를 제작하기도 해요.

🎲 멘모육천지교

주기율표는 원소를 원자 번호 1번부터 118번까지 정해진 순서에 따라 배열한 거예요. 그러면 이 주기율표는 누가, 언제, 어떻게 만들었을까요? 현재 우리가 보는 주기율표의 원조는 러시아의 화학자인 드미트리 이바노비치 멘델레예프(1834~1907)예요. 14남매 중 막내아들로 태어났고 아버지는 교육자였으며 외삼촌이 유리 공장을 운영한 덕분에 독서와 화학적 현상에 관심이 많아 자연스럽게 과학자의 길로 들어서게 되었지요. 멘델레예프가 학자로 우뚝 서기까지는 어머니의 교육열이 한몫했지요. 열세 살 때 아버지가 돌아가시고 유리 공장이 화재로 잿더미가 되었지만 어머니는 실의에 빠지지 않고 멘델레예프를 6,000리나 떨어져 있는 모스크바로 유학을 보냈다고 해요. 맹자 어머니의 '맹모삼

천지교'가 떠오르네요. '멘모육천지교'라고나 할까요?

멘델레예프는 러시아에서 가장 오랜 역사를 가진 상트페테르부르크대학교에서 화학 교육을 공부했어요. 특히 그는 원소의 성질과 기체의 특징들에 관심을 가지고 연구하기 시작했지요. 1869년 멘델레예프는 그때까지 알려진 63개의 원소들 사이에 분명히 어떤 규칙이 있을 것으로 확신했다고 해요. 그래서 63개의 원소 이름을 적은 카드를 가지고 다양한 방식으로 배열하다가 잠깐 잠든 사이에 꿈을 꾸었다고 해요. 꿈 속에서 원소들이 있어야 할 자리에 정확하게 위치해 있는 표를 보았던 거예요. 잠에서 깨자마자 꿈에서 본 것을 정리한 것이 바로 멘델레예프의 주기율표랍니다. 멘델레예프가 만든 주기율표는 중간중간 비어 있는 곳도 있었어요. 언젠가는 발견되리라 예언한 거예요. 정말로 나중에 그곳에 들어갈 원소들이 차례차례 발견되어 멘델레예프의 예언이 맞았다는 것이 증명되었지요. 이렇게 해서 만들어진 것이 지금 우리가 보는 108개 원소의 주기율표예요.

자, 그러면 문제를 하나 풀어볼까요? 객관식 문제이니 정답이라고 생각하는 것을 골라 보세요. 다음 중 원자 번호를 결정하는 것은 무엇일까요?

① 원자에 있는 전자의 개수
② 원자핵 속에 있는 양성자의 개수
③ 원자핵 속에 있는 중성자의 개수
④ 먼저 발견된 순서

정답을 맞혔나요? 정답은 ②번 원자핵 속에 있는 양성자의 개수예요. 원소의 주기율표에서 볼 수 있는 번호는 양성자의 개수랍니다. 이 양성자의 개수는 원자핵 주위의 전자가 어떻게 분포하는지 결정하는 중요한 요소예요. 전자의 분포에 따라 원소의 성질이 달라지거든요. 주기율표의 세로줄에 있는 원소들은 그 성질이 비슷한 것들을 모아놓은 거예요. 그래서 나는 학교 다니면서 주기율표를 외울 때 세로줄의 첫 글자를 모아 외웠지요. 예를 들어 '수리나칼루세프'는 첫 번째 세로줄에 있는 원소들로 순서대로 수소, 리튬, 나트륨, 칼륨, 루비듐, 세슘, 프란슘이 되는 거예요. 두 번째 세로줄은 '베마칼스바라'로 베릴륨, 마그네슘, 칼슘, 스트론튬, 바륨, 라듐이 되지요. 헬륨(He)이 포함된 맨 오른쪽 세로줄은 '헬레아크제라'로 이것은 헬륨, 네온, 아르곤, 크립톤, 제논, 라돈의 첫 글자로 쉽게 외울 수가 있어요. 이렇게 외우면 쉽게 외울 수도 있지만 화학적 성질이 비슷한 원소들을 함께 알 수 있어 화학을 공부하는 데 도움이 많이 되지요. 오랜 세월이 지났는데도 원소를 외울 수 있는 것은 자신만의 비법을 가지고 있기 때문이에요. 앞으로 화학 공부를 하다 보면 원소를 기본적으로 외울 수 있어야 해요. 물론 118개의 원소를 다 외울 필요는 없지만요.

원소 사진을 실제로 보면?

각 원소가 어떻게 생겼는지, 어떤 성질이 있는지, 어디에 쓰이는지 아는 것이 중요해요. 원자 번호가 25번인 망가니즈(Mn)는 앞서 우리 몸의 필수 미량 원소 9종에도 포함되는 원소예요. 그런데 이름이나 원소 기호,

원자 번호만 알면 망가니즈가 뭔지 와닿지를 않지요. 그런데 이 책에서 망가니즈 항목을 보면 생김새와 쓰임새 등을 자세히 알 수 있어요. 또 요즘 화제가 되고 있는 '망가니즈단괴'도 어떻게 생겼는지 한눈에 알 수 있어요. '백문이 불여일견'이라고 하는 것처럼 아무리 들어도 아무리 설명을 읽어도 망가니즈가 어떻게 생겼는지 사진을 보면 느낌이 너무나도 다르답니다.

원자 번호 92번인 우라늄도 우리가 잘 알고 있는 원소지요. 원자 폭탄이나 원자력 발전 그리고 핵폐기물, 오염수 방류 등이 모두 우라늄과 관련이 있어요. 그런데 우라늄이라는 말만 아는 것과 우라늄이 어떻게 생겼는지 아는 것은 큰 차이가 있어요. 실제로 우라늄 광산에 가서 볼 수는 없지만 사진으로 보아도 느낌이 올 거예요. 이 책은 우리가 흔히 쓰고 있고 들어 본 원소의 모습을 특징과 함께 보여주어요. 여러분이 지금 초등학생이고 과학에 관심이 많아 과학자나 과학 관련 일을 하는 사람이 되고 싶다면 《세상의 모든 원소 118》이 도움이 될 거예요.

참, 원소와 원자의 개념은 잘 알고 있지요? 집에 과일이 사과 2개와 배 1개가 있다고 해보아요. 그러면 각각의 사과와 배는 원자와 같고, 과일은 원소와 같다고 보면 돼요. 그러니까 물질을 구성하는 기본 단위는 원자이고, 한 종류의 원자로만 구성된 물질을 원소라고 하는 거예요. 원자는 '입자' 자체이고, 원소는 입자의 '종류'인 것이 다르지요. 《세상의 모든 원소 118》을 통해 이 세상을 이루고 있는 물질에 대해 알아보세요. 커서 화학자가 되어 130번째 정도 되는 새로운 원소를 발견하게 된다면 노벨 화학상도 받을 수 있을 거예요.

3-1 물질의 성질 3-2 물질의 상태

• Science Book 15 •

물질은 무엇으로 이루어져 있을까?
《물질 좀 아는 10대》

장홍제 | 풀빛(2019)

🎲 물체와 물질의 차이

아침에 잠자리에서 일어나면 목이 말라요. 그래서 냉장고를 열어 플라스틱 물병을 꺼내죠. 유리컵에 물을 따라 마시니 갈증이 싹 사라져요. 책상 위의 나무 연필을 헝겊으로 된 필통에 넣고 플라스틱 밥그릇에 담긴 맛있는 밥을 먹고 학교에 가지요.

우리는 이렇게 여러 가지 물체를 쓰면서 살고 있어요. 물병, 컵, 연필, 필통, 밥그릇과 같이 구체적인 모양을 가지고 있으며 일정한 공간을 차지하는 것을 물체라고 해요. 그런 물체는 무엇으로 이루어져 있을까요? 같은 물병이라는 물체도 플라스틱으로 되어 있는 것도 있고, 유리로 된 것도 있고, 철로 된 것도 있어요. 컵도 마찬가지예요. 유리컵, 플라스틱 컵, 스테인레스컵 등이 있어요. 이렇게 물병이나 컵이라는 물체를 이루고 있는 재료를 물질이라고 해요.

그렇다면 물질은 무엇으로 이루어져 있을까요? 이 질문이 과학의 시작이라고 해도 틀린 말이 아니에요. 고대 그리스의 철학자 엠페도클레스(기원전 493~기원전 433)는 이 세상의 모든 물질은 물, 공기, 불, 흙으로 이루어져 있다는 '4원소설'을 주장했어요. 지금 생각해 보면 모든 물질이 물, 공기, 불, 흙으로 되어 있다는 것이 아주 초보적인 주장으로 보여요. 하지만 지금으로부터 약 2,500년 전 아무런 실험 장치 없이 그저 관찰과 논리적 사고로만 4원소설을 주장한 것은 커다란 의미가 있었던 거예요.

물질은 원자로 이루어져 있다!

물질이 무엇으로 이루어져 있는지 밝히기 위해 노력하는 과학자들에 의해 화학과 물리학이 만들어진 거예요. 이런 4원소설은 플라톤이나 아리스토텔레스 같은 위대한 철학자들의 지지를 받으면서 2,000년 동안이나 이어져 왔지요. 1803년 영국의 화학자, 물리학자, 기상학자인 돌턴(1766~1844)의 '원자론'이 나올 때까지요. 돌턴은 물질이 물, 공기, 불, 흙이 아니라 더 이상 쪼개지지 않는 '원자(atom)'로 되어 있다고 주장한 거예요. 물, 공기, 불, 흙과 원자는 그 차이가 엄청 크지요. 물, 공기, 불, 흙은 우리에게 없어서는 안 되는 물질이고 늘 가까이에서 볼 수 있는 거예요. 그런데 원자라니요! 볼 수도 느낄 수도 없는 원자가 이 세상의 모든 물질을 이루고 있다는 생각은 쉽게 할 수 없는 것이었죠.

엠페도클레스의 4원소설은 플라톤과 그의 제자인 아리스토텔레스에 의해 수정되고 발전되었어요. 플라톤은 4원소의 형상과 운동에 의해 물질의 성질이 결정된다고 생각했어요. 4원소의 형상은 불은 정사면체, 흙은 정육면체, 공기는 정팔면체, 물은 정이십면체로 되어 있다고 주장했지요. 또 4원소 사이에 전환이 가능한 것은 불, 공기, 물은 모두 정삼각형으로 이루어진 다면체이기 때문이라는 거예요. 하지만 흙은 정사각형으로 이루어진 정다면체여서 변하지 않는다고 주장했어요. 그래서 불은 공기로 변할 수도 있고, 공기는 물로 변할 수 있고, 물이 불로 변한다고 생각했답니다.

아리스토텔레스는 플라톤과 조금 다르게 형상이 성질을 결정하는 것이 아니고 성질이 형상을 결정한다고 생각했지요. 그리고 그 성질은 네 가지인데 더움, 추움, 젖음, 마름이라고 주장하면서 불은 더움-마름으로, 물은 추움-젖음으로, 공기는 더움-젖음으로, 흙은 추움-마름으로 나타냈지요. 차고 마른 얼음이 물로 변하는 것은 차고 습한 성질로 변했기 때문인 것으로 설명했지요.

아리스토텔레스는 또 이 4원소는 위계질서가 있어서 흙은 가장 낮은 위치에 있고 물은 그 위에 있으며, 공기는 물 위에 있으며 불이 가장 높은 곳에 있다고 했어요. 그런데 이들은 고유의 위치로 돌아가려는 성질이 있어 흙과 물은 아래로 내려오려고 하고, 공기와 불은 위로 올라가려고 하지요. 여기에 덧붙여 아리스토텔레스는 천상의 세계는 4원소의 성질과 달라 영원히 변하지 않는 원운동을 하는데 천상의 세계는 4원소가 아닌 제5의 원소인 에테르 때문이라고 주장했어요. 이 아리스토텔레스의 4원소설은 2,000년 동안이나 아무런 의심없이 받아들여져 왔지요.

그런데 갈릴레오 갈릴레이에 의해 천상의 세계나 지상의 세계나 모두 같은 운동을 한다는 것이 밝혀졌어요. 또 돌턴이 원자론을 제창함으로 아리스토텔레스의 4원소설은 역사 속으로 사라지게 되었어요. 그렇다면 돌턴의 원자론은 무엇일까요? 돌턴을 살펴보기 전에 더 중요한 사람을 만날 필요가 있어요.

◈ 원자는 더 이상 자를 수 없는 물질이라고?

플라톤과 아리스토텔레스보다 먼저 태어나 선배격인 데모크리토스(기원전 460~기원전 380)는 '원자설'을 주장했어요. 엠페도클레스의 4원소설이 널리 받아들여지고 있을 때 원자설을 최초로 주장한 거예요. 데모크리토스가 말한 원자는 눈에 보이지 않는 '분할 불가능한 입자'라는 뜻이에요. 분할은 'tom'이고 불가능한은 'a-'로 원자를 'atom'이라고 부르며 '원자설'을 주장한 거예요. 어떤 내용인지 궁금하지요? 《물질 쫌 아는 10대》라는 책에 자세히 소개되어 있어요.

이 책은 '과학 쫌 아는 십대' 시리즈 중 2권으로 2019년 2월에 출간되었지요. 이 시리즈의 1권은 《인공지능 쫌 아는 10대》로 2019년 1월에 출간되었으며 2023년 16번째 책인 《양자역학 쫌 아는 10대》가 출간되었지요. 지금까지 출간된 주제들은 보면 인공지능, 물질, 환경과 생태, 빅뱅, 빛, 원소, 중력, 전자기, 기후 변화, 신소재, 지진과 화산, 바이러스, 미래 에너지, 인류세, 양자역학이에요. 이 중 몇 가지는 과학 교과 과정에서 다루는 주제와는 약간의 거리가 있는 것이 있네요. 하지만 과학 전반에 걸쳐 주제를 선정하고 계속 출간될 것으로 보여요.

　여러분들은 더 관심이 가는 주제부터 읽어보면 좋을 것 같아요. 나는 '물질'에 관심이 많아서 가장 먼저 보게 되었지요. 인류는 처음부터 물질에 대한 호기심이 많았던 거 같아요. 아마도 원시인들도 돌도끼나 돌칼을 만들면서 이 돌은 무엇으로 이루어져 있을까 궁금해했을 거예요. 돌에서 떨어져 나온 작은 돌을 더 작게 자르면 무엇이 남을까 생각했던 거예요. 데모크리토스는 이것이 더 이상 자를 수 없는 '원자'라고 주장한 거죠.

　데모크리토스가 주장한 원자설을 잠깐 들여다볼까요? 첫째, 모든 물질은 원자라고 부르는 독립적인 입자로 이루어져 있다. 둘째, 원자는 파괴되지 않는다. 셋째, 원자는 견고하게 꽉 차 있지만 눈에 보이지 않는다. 넷째, 원자는 균질하다. 다섯째, 원자는 크기, 모양, 위치, 배열 등이 다르다. 보이지도 않는 원자에 대해 이렇게까지 구체적으로 생각했다는 것이 참 대단한 일이지요. 약 2,000년이 지나 돌턴이 새롭게 정립한 원자론을 살펴보고 데모크리토스의 원자론과 비교해 보아요.

　우선 돌턴의 원자론은 첫째, 모든 물질은 더 이상 쪼갤 수 없는 원자로 이루어져 있다. 둘째, 원자의 종류가 같으면 원자들의 크기, 모양, 질량이 같다. 셋째, 화학 변화가 일어날 때 원자는 배열이 달라질 뿐, 새로 생기거나 없어지지 않고 다른 종류로 변하지 않는다. 넷째, 원자들이 결합하여 새로운 물질을 만들 때, 항상 일정한 비율로 결합한다. 어때요? 질량이나 화학 변화 그리고 비율 같은 말이 등장하면서 좀 더 과학적인 실험에 의해 원자론이 새롭게 정립되었음을 알 수 있어요. 하지만 돌턴 이후에도 원자와 관련된 여러 가지 사실들이 발견되면서 돌턴의 원자론도 수정되게 되었지요.

현대의 과학은 원자가 원자핵과 전자로 이루어져 있고, 원자핵은 다시 양성자와 중성자로 되어 있으며, 양성자, 중성자, 전자도 그보다 더 작은 입자인 쿼크로 이루어져 있다는 것도 밝혀졌어요. 하지만 이런 결과는 엠페도클레스, 데모크리토스, 탈레스, 아리스토텔레스, 돌턴 등 많은 학자들이 물질이 무엇으로 되어 있는지에 대한 근본적인 질문을 해결하는 과정에서 이루어진 거예요. 《물질 쫌 아는 10대》에는 물질이 어떻게 탄생하게 되었는지, 원소와 원자의 개념, 물질의 모습, 물질의 상태, 물질의 변화, 화학 반응 등을 꼼꼼하게 짚어주므로 화학이 걸어온 길을 보여주고 있어요.

⬢ 고체, 액체, 기체 말고 또 다른 상태는?

학교 다닐 때 물리와 화학을 좋아했던 나는 화학 공부를 하면서 궁금한 것이 있었어요. 물질의 대표적인 상태는 고체, 액체, 기체예요. 얼음은 고체이고, 물은 액체이고, 수증기는 기체이지요. 세 가지 상태를 한꺼번에 볼 수 있는 것은 '물'이라는 물질이지요. 그런데 양치질을 하면서 갑자기 의문이 들었어요. '치약은 고체일까 액체일까'하는 것이었어요. 물론 기체는 당연히 아니지요. 그리고 보니 상처가 났을 때 바르는 연고나 맛있는 젤리는 무슨 상태일까요? 또 혈액, 잉크, 페인트 같은 것들은 액체처럼 보이지만 정말 완전한 액체라고 할 수 있을까요?

물론 나는 그때 의문을 가졌었고 바로 그 물질들이 무슨 상태인지 알았지요. 이 세상에는 고체, 액체, 기체로 확실하게 분류하기 애매한 물질이 있다는 것을 알게 되었지요. 《물질 좀 아는 10대》에도 이에 대한 설명이 자세히 나오니 한번 찾아보도록 해요. 더 나아가 집에서 요리를 하시는 부모님에게 '두부'가 액체인지 고체인지 물어 보세요. 부모님의 답변에 따라 화학 실력을 판단할 수도 있을 거예요. 화학은 이렇게 신기한 것이 많아요.

딸아이가 아주 어렸을 때예요. 집에 수은으로 된 체온계가 있었는데요. 잠깐 다른 데를 쳐다보고 있는 사이에 아이가 글쎄 수은 체온계를 깨물어 버린 거예요. 수은이 몸에 들어가면 정말 안 좋은 것은 다 아는 사실이잖아요. 깜짝 놀라서 아이의 입을 보니 다행히 삼키지는 않았더라고요. 그래서 입 안에 있는 수은을 모두 꺼냈지요. 정말 큰일 날 뻔했지요. 그리고 방바닥에 떨어져 있는 수은을 보고 또 한 번 놀랐어요. 액체인 수은이 쇠구슬처럼 굴러다니는 거예요. 만약 물이 방바닥에 떨어진다면 굴러다니지는 않잖아요. 알고 보니 수은은 금속이면서 평상시의 온도에서 액체 상태로 존재하는 보기 드문 물질이었어요. 오히려 입안에서 물처럼 퍼지지 않고 구슬처럼 뭉쳐 있어서 꺼내기도 쉬웠던 거예요. 아이는 그 후 아무렇지도 않고 건강하게 자랐답니다.

옛날에도 사람들은 수은과 황이라는 물질을 신비롭게 생각했대요. 우리가 아는 금속인 금, 은, 구리, 철, 아연, 니켈, 알루미늄 등은 단단한 고체 상태로 존재하지요. 그런데 수은은 보통의 온도에서 액체 상태로 존재하는데도 금속이라는 거예요. 또 수은은 자연 상태에서 '진사'라고 부르는 붉은색 돌 형태로 존재해요. 이 진사에 열을 가해 온도를 높여 주면 금속 형태의 수은이 되지요. 그러니 사람들이 돌이 금속으로 변하는 것처럼 느꼈던 거예요.

황이라는 물질은 노란색 고체 형태를 띠고 있어요. 화산 지대에서 노란색 황 덩어리를 채취하는 모습을 다큐멘터리 같은 영상에서 볼 수 있어요. 황도 노란색 고체 상태였다가 온도를 높여 주면 얼음이 녹아 물이 되듯이 붉은색 액체가 되지요. 이 붉은색 액체에 온도를 더 높여 주면 어떻게 될까요? 이 책의 저자인 광운대학교 화학과 장홍재 교수님이 주는 힌트는 황의 옛날 이름이 '불타는 돌'이라는 거예요. 그래서 정답은 '활활 타오른다'예요. 더 신기한 것은 불은 붉은색이 아니라 파란색으로 타오른다는 거예요. 물질에 대해 아는 척 좀 하려면《물질 좀 아는 10대》를 보는 것이 좋을 것 같아요. 그러면 물질 자랑도 하고 과학 성적도 올라갈 것 같네요.

3-1 물질의 성질 4-1 물체의 무게 5-2 물체의 운동

• Science Book 16 •

노트 필기를 잘하면 무슨 일이 일어날까?
《과학 천재의 비법 노트 물리 화학》

브레인 퀘스트 | 우리학교(2017)

🔲 천재들은 노트 필기를 어떻게 할까?

시골의 한 작은 초등학교 교실. 빽빽하게 앉아 있는 학생들 앞에서 선생님이 열심히 수업을 하고 있어요. 칠판에 글을 쓰면서 말이지요. 모두 노트에 필기를 하면서 수업에 열중하고 있는데 나는 노트를 찾고 있어요. 분명히 학교에 올 때 교과서와 노트를 챙겼다고 생각했는데 아무리 찾아도 노트가 없는 거예요. 결국 선생님에게 혼났지요. 이것은 사실 실제로 있었던 일을 아니고 꿈이에요. 나는 이런 꿈을 가끔 꾸지요. 또 물감이나 스케치북을 안 가지고 가는 꿈도 꾸지요.

그런데 실제 나는 노트 필기를 잘 하는 편이었어요. 친구들에게도 노

트를 빌려주기도 했지요. 그런데도 이런 꿈을 꾸는 것을 보면 노트 필기를 잘해야 한다는 스트레스가 있었나 봐요. 여러분은 어떤가요? 수업 시간에 노트 필기를 잘하나요? 노트 필기 잘 하는 것이 어렵다고요? 맨날 친구의 노트를 빌리지는 않나요? 그렇다면《과학 천재의 비법 노트》라는 책을 한번 보세요.

이 책은 처음 미국에서 나왔어요. '노트 한 권으로 과학을 잘 하는 데 필요한 모든 것'이라는 제목으로 출간된 것인데, 우리나라에서는 우리학교 출판사에서 번역 출간한 거예요. '생각하는 힘을 키워 주는 나만의 비법 노트 시리즈'를 만들자는 생각으로 출간되고 있는 거예요. 미국에서 출간된 책을 보면 저자가 '브레인 퀘스트'예요. 브레인 퀘스트는 미국의 교육 커리큘럼 브랜드로 책뿐만 아니라 교구 등을 잘 만들어 널리 알려져 있어요.

'비법 노트' 시리즈는 2021년까지 모두 19권이 출간되었어요. 과목별로는 과학 3권, 수학 3권, 세계사 3권, 어휘 4권, 한국사 3권. 코딩 3권이지요. 이중 과학, 수학, 세계사, 코딩은 미국의 브레인 퀘스트가 지은 이로 되어 있고, 어휘와 한국사는 우리나라의 작가들이 지은 거예요. 수업을 들으면서 노트 필기가 어렵다거나 어떻게 해야 할지 모르는 학생들이라면 '비법 노트' 시리즈를 가까이 해보세요.

《과학 천재의 비법 노트》를 예로 들어 설명해 볼게요. 우선 이 책은 초등학교와 중학교에서 배우는 기본적인 개념을 모두 소개하고 있어요. 교과 과정에서 과학은 운동과 에너지, 물질. 생명, 우주와 지구로 나누어져 있는데 이것은 결국 물리, 화학, 생명과학, 지구과학이에요.《과학 천재의 비법 노트》 1권은 물리와 화학, 2권은 지구과학, 3권은 생물(생명과학)의 개념을 다루고 있어요. 이 책을 펴낸 도서출판 우리학교에서는 '남들보다 과학을 잘하고 싶은 초등학생', '과학의 기본기를 다지고 싶은 예비 중학생', '나만 과알못인 것 같아 고민 중인 중학생'에게 권하고 싶다고 해요. 나는 여기에 한 가지를 더 추가하고 싶어요. 노트 필기를 잘 해서 언제 어디서든 꺼내 보고 싶은 학생에게 추천하고 싶어요. 그러면 혹시 알아요? 좋아하는 이성 친구가 부러워하며 빌려달라고 할지요. 과학 공부도 잘하고 인기도 얻고 일석이조가 확실해요.

이 책은 디자인 자체가 노트처럼 되어 있어요. 가로줄이 있어 중요한 부분에는 여러 색깔의 형광펜으로 강조되어 있어요. 삽화나 아이콘 등도 우리가 흔히 낙서하듯이 그린 그림 같아요. 책 전체의 글자 모양도 손으로 쓴 글자체여서 정말 필기 노트처럼 친근하게 느껴지네요. 여러분들이 학교에서 배우는 과학 과목은 물리, 화학, 생명과학, 지구과학이라고 표현되어 있지는 않지만 크게 보면 이 네 가지 영역에 포함되는 거예요.

그리고 과학 과목에는 이 네 가지 영역에 공통적으로 필요한 '탐구 영역'이 있어요. 과학은 쉽게 말해 자연에서 일어나는 현상을 이해하려고 연구하는 학문이에요. 던진 공이 왜 하늘로 날아가지 않고 땅으로 떨어지는지, 얼음이 녹는 것과 설탕이 물에 녹는 것이 같은 것인지 다른 것인지, 어떤 회로에는 전구에 불이 켜지고 어떤 회로에는 불이 켜지지 않는지 실험과 관찰을 통해 탐구하는 거지요. 지금까지 알려진 과학의 모든 원리와 개념 그리고 이론들은 탐구 과정을 거쳐 완성되었고, 지금도 과학자들은 탐구를 계속하고 있지요.

과학은 탐구로 탄생한다!

그렇다면 탐구란 정확하게 무엇이고, 탐구는 어떻게 그리고 어떤 과정을 통해 하는 걸까요? 이런 탐구 단원은 교과서에서 가장 먼저 그리고 가장 중요하게 다루고 있어요.《과학 천재의 비법 노트》에도 1권 맨 처음에 '과학적 탐구'를 설명하고 있어요. 예전에는 초등학교 과학 교과서는 국가에서 만드는 한 종류밖에 없었어요. 지금은 여러 출판사에서 과학 교과서를 만들 수 있어서 교과서마다 다루는 내용이 조금씩 다를 수 있어요. 그렇지만 물리, 화학, 생명과학, 지구과학과 관련된 내용은 크게 다를 수 없어요. 교과서마다 원리와 개념을 설명하는 방식만 조금씩 다를 뿐이지요. 하지만 탐구는 설명하는 방식과 다루는 예들이 많이 다를 수 있어요. 물론 탐구 단원도 근본적인 내용은 같지요.

이 책은 과학 영재들의 노트를 참고하고, 과학 선생님들의 감수를 받아서 만들었대요. 즉, 과학을 잘 하는 친구가 자신의 과학 노트를 여러분에게 빌려 주는 것과 같지요. 과학 영재들이 과학 노트를 어떻게 만들었는지, 어떤 내용을 알 수 있도록 정리했는지 잘 볼 수 있어요. 그러면 과학 영재들이 이야기하는 과학 탐구 과정은 무엇일까요? 먼저 의문을 갖고, 선행 연구와 조사를 하고, 가설을 세우고, 실험과 관찰을 통해 가설을 검증하고, 결과를 분석하고, 가설에 대한 결론을 내리는 거래요. 만약 가설이 거짓일 경우는 새로운 가설을 세워서 같은 과정을 새로 하는 거지요. 그리고 그 결론을 다른 사람들과 공유하는 것이 과학 탐구의 전 과정이지요.

 우리 인간은 어떤 사물이나 자연 현상에 대해 알고 싶어 하는 욕망이 있어요. 이것은 무엇이고 저것은 무엇인가? 먹을 수 있는 어떤 것이고, 먹을 수 없는 것은 어떤 것인가? 주변에 있는 모든 것이 의문투성이지요. 사람과 동물의 차이는 여기서 오는 거예요. 사람은 알려고 하거나 생각하려고 하지만 동물은 먹을 수 있는 것은 먹고 그렇지 않은 것은 안 먹으면 그만이지요. 그래서 사람의 알고자 하는 욕망이 '과학'으로 탄생한 거예요. 무엇인가에 의문이 들면 먼저 연구를 하는 거예요. 왜 이런 현상이 일어나는가? 무엇 때문에 일이 이렇게 되었는가? 그 다음에 '가설'을 세우는 거예요. 가설은 검증이 가능한 예측이나 설명을 말해요. 가설을 세우면 실험이나 관찰을 통해 그 가설이 맞는지 틀리는지 검증을 하는 거지요.

 근대 과학을 완성한 영국의 천재 물리학자 아이작 뉴턴은 사과가 땅으로 떨어지는 현상을 관찰하고 이것을 설명하기 위해 가설을 세우고 검증과 실험을 거쳐 '만유인력의 법칙'을 세운 거예요. 과학 법칙이나 이론들은 모두 이런 과정을 통해 만들어지는 거예요. 또 검증을 할 때 실험을 하는데 실험을 하는 방법도 중요해요. 학교에서 과학 시간에 실험을 많이 하지요? 실험을 할 때는 먼저 어떤 주제의 실험을 하고 어떤 방법으로 할지 설계를 해야 해요. 어떤 조건을 어떻게 바꾸면 결과가 어떻게 달라지는지 실험을 통해 알 수가 있어요. 강낭콩 기르기 같은 실험 관찰을 해본 적이 있지요? 아마도 여러 모둠으로 나누어 함께 기르면서 관찰했을 거예요. 그때 어떤 조건을 같게 하고 어떤 조건을 다르게 했는지 기억할 거예요. 이렇게 실험을 할 때는 조건에 따라 결과가 어떻게 달라지는지를 알면 자연 현상을 이해하는 데 도움이 되지요.

하지만 자연 현상을 이해하는 데 반드시 어떤 기구나 도구를 이용하여야 하는 것은 아니에요. 상대성 이론을 완성한 20세기 최고의 물리학자 알베르트 아인슈타인은 '사고 실험'으로 엄청난 이론을 만들어냈지요. 사고 실험은 말 그대로 머릿속에서 생각만으로 하는 실험이에요. 왜 이런 자연 현상이 일어나는지를 생각해 보는 거예요. 예를 들어 '내가 빛의 속도로 움직이면 사물이 어떻게 보일까?'와 같은 같은 생각이지요. 여러분도 사고 실험을 해보세요. 사고 실험만 잘 해도 훌륭한 물리학자가 될 자질이 있는 거예요.

◈ 용어를 아는 것이 절반?!

'과학적 탐구' 단원이 끝나면 물리와 화학 관련된 단원의 비법 노트가 나와요. 물질이 무엇인지, 화학 반응은 어떻게 일어나는지. 용액을 무엇인지에 대한 개념은 화학 분야에 속하지요. 또 운동, 힘, 일, 에너지 등은 물리 분야에게 속하고요. 물리와 화학은 물질의 구조와 상호 작용에 대해 연구하는 학문이지요. 과학 공부를 할 때 용어를 잘 알아두면 도움이 아주 많이 되지요. 과학 공부를 한다는 것은 용어를 공부하는 것과 같다고 할 수 있어요. 개념 정리라는 것도 따지고 보면 용어를 잘 정리하는 것과 같아요.

그런데 다른 과목의 용어도 마찬가지지만 우리말은 한자어를 많이 써서 어려운 용어가 많아요. 그래서 한자를 어느 정도 알아두면 용어를 이해하는 데 훨씬 쉽지요. 예를 들어 모든 물질은 세 가지 상태가 있어요. 기체, 액체, 고체가 그거예요. 이것은 모두 한자어지요. '기'는 기운이나 공기를 뜻하며 기체는 고정된 부피나 모양이 없고 담고 있을 용기를 가득 채우는 물질이지요. '액'은 진액이나 즙을 뜻하는 글자로 액체는 물처럼 담고 있는 용기에 따라 모양이 달라지지요. '고'는 굳거나 단단하다는 뜻이나 고체는 얼음처럼 정해진 모양과 부피를 가진 물질이지요. 기체, 액체, 고체는 열을 가하거나 빼앗으면 상태가 바뀌지요.

　기체 → 액체는 '액화', 액체 → 고체는 '응고', 고체 → 액체는 '융해', 액체 → 기체는 '기화'라고 하지요. 그리고 기체가 고체로 또는 고체가 기체로 바뀌는 현상은 모두 '승화'라고 하지요. 용어 자체가 한자로 되어 있어 어렵지요? 액화에서 '화'는 '되다'라는 뜻이에요. 그래서 액화는 '액체가 되다'라는 뜻이지요. 수증기가 물방울이 되는 것이 액화예요. 기화란 말 그대로 '기체가 되다'라는 뜻으로 물이 끓어 수증기가 되는 것이 기화지요. 응고에서 '응'은 '엉기다 또는 뭉치다'라는 뜻이지요. 물이 얼어 얼음이 되는 것이 응고예요. 융해에서 '융'은 '녹다'이고 '해'는 '풀다' 또는 '녹이다'라는 뜻이에요 그래서 융해는 얼음이 녹아 물이 되는 것을 말하지요. 또 승화에서 '승'은 '오르다'라는 뜻이고, '화'는 '되다'가 아니고 '빛나다'라는 뜻이에요. 따라서 승화는 어떤 단계를 거치지 않고 단숨에 올라가는 의미를 가지고 있어요. 즉, 기체가 액체 상태를 거치지 않고 고체가 되거나, 고체가 액체 상태를 거치지 않고 기체가 되는 것을 승화라고 하지요. 수증기가 바로 얼음이 되거나 얼음이 바로 수증기가 되는 것이 승화예요.

이렇게 한자로 된 용어는 물리와 화학뿐만 아니라 생명과학과 지구과학 용어도 마찬가지예요. 동물의 '동'은 '움직인다'라는 뜻이고, 식물의 '식'은 '심다'라는 뜻이어서 뿌리나 줄기가 땅속에 심어져 있다는 뜻이지요. 행성에서 '행'은 '다니다'라는 뜻이므로 하늘에서 이리저리 돌아다니는 별이라는 천체지요. 실제로 별은 위치가 변하지 않지만 행성은 그 위치가 변하지요. 다시 말하지만 용어를 잘 알면 공부가 쉬워져요.

'비법 노트' 시리즈는 각 과목에서 중요한 용어와 개념들이 잘 정리가 되어 있어요. 수학 분야의 비법 노트도 마찬가지니 이 시리즈를 잘 활용하여 필기 노트를 빌리는 사람이 아니라 빌려주는 사람이 되어보는 것은 어떨까요?

5-1 과학자는 어떻게 탐구할까요? 5-2 재미있는 나의 탐구 6-1 과학자처럼 탐구해 볼까요?

• Science Book 17 •

생각만으로 세상을 만들다!
《아인슈타인의 생각 실험실》

송은영 | 부키(2010)

🔶 위대한 물리학자 네 명

과학의 역사에서 아주 유명한 물리학자가 네 명 있어요. 갈릴레오 갈릴레이, 아이작 뉴턴, 제임스 클러크 맥스웰, 알베르트 아인슈타인이지요. 많은 사람들이 동의할 거예요. 왜냐하면 갈릴레이는 합리성과 논리성에 기반을 둔 최초의 물리학자라고 할 수 있어요. 뉴턴은 만유인력과 운동 법칙을 정리하여 고전물리학(뉴턴역학이라고도 함)을 완성한 물리학자예요. 맥스웰은 전기 현상과 자기 현상을 통합하여 전자기학을 창시한 물리학자지요. 그리고 아인슈타인은 상대성 이론을 발표하여 현대 물리학의 문을 연 최고의 물리학자이고요. 갈릴레이가 사망하던 해인

1642년에 뉴턴이 태어났고, 맥스웰이 사망한 해인 1879년에 아인슈타인이 태어났대요. 참 특별한 인연이죠?

물리학이라고 하면 어렵다는 생각이 드나요? 그럴 수도 있어요. 물리학은 근본적으로 물체 사이에 서로 주고받는 힘과 운동을 연구하는 자연 과학의 한 분야예요. 아주 쉽게 말하면 1시간에 10킬로미터를 가는 자전거를 타고 똑같은 속도로 15분을 가면 몇 킬로미터로 가는지 알려 주는 것이 물리학이에요. 수학이라고요? 네, 물리학은 수학과 아주 밀접한 관계가 있어요. 수학을 잘 해야 한다고 생각하니 물리학이 어렵다는 생각을 할 거예요. 그것은 어쩔 수 없어요. 기본적으로 수학을 해야 물리학도 할 수 있어요. 하지만 수학을 아주 잘 할 필요가 있는 것은 아니에요. 아인슈타인도 어려운 수학은 친구에게서 도움을 받았으니까요. 더 중요한 것은 물리학을 잘 하려면 물리학적 생각을 잘 해야 해요.

물체의 속력 즉, 빠르기는 간단하게 말해 '이동한 거리'를 '이동하는 데 걸린 시간'으로 나누는 거예요. 그러니까 10킬로미터를 이동하는 데 1시간이 걸렸다면 속력은 10÷1=10(km/n)이에요. 여기서 km/h(킬로미터 매 시간이라 읽음)는 속력을 나타내는 단위고요, h는 시간을 의미하는 'hour'의 머리글자예요. 여기까지는 수학으로 계산하면 되지요. 그런데 같은 속력으로 30분 동안 달리면 5킬로미터를 가고, 15분 동안 달리면 2.5킬로미터를 가고, 다시 출발한 곳으로 돌아가면 속도가 0이라고 생각하는 것이 물리학적 생각이에요. 제자리로 돌아오면 이동한 거리가 없어져 0이 되기 때문이지요.

뭔가 이상한가요? 속력 이야기하다 갑자기 속도로 바뀌었지요? 그래요. 속력과 속도는 물리학적으로 다른 개념이에요. 속력은 방향은 생각하지 않고 이동한 거리를 따지기 때문에 제자리로 돌아와도 속력으로 그대로 10km/h이지만, 속도는 방향이 중요하기 때문에 제자리로 돌아오면 이동한 거리 즉, '변위'가 0이 되지요. 이렇게 생각하는 것이 물리학적 생각이에요. 그런데 아인슈타인이 이런 물리학적 생각을 아주 잘한 물리학자 중 한 사람이었어요.

물리학에도 여러 분야가 있는데 크게 이론물리학과 실험물리학이 있어요. 이론물리학은 주로 생각으로, 실험물리학은 여러 가지 실험 기기로 연구해요. 아인슈타인이 대표적인 이론물리학자랍니다. 이론물리학자는 단지 종이와 펜만 있으면 어디에서든지 연구할 수 있어요. 그래서 하얀 가운을 입고 있는 아인슈타인의 이미지는 사실 어울리지 않아요.

◈ 빛과 관련된 게당켄 엑스페리멘트

아인슈타인의 훌륭한 점이 바로 생각하는 것인데 이것을 물리학에서 '사고 실험'이라고 해요. 독일어로는 '게당켄 엑스페리멘트(Gendanken Experiment)'예요. 영어로는 '소트 익스페리먼트(Thought Experiment)'지요. 아인슈타인이 독일 태생 미국의 물리학자이므로 두 가지 언어를 썼겠네요. 사고 실험은 어떤 사물의 실체나 자연 현상의 원리 또는 개념을 이해하기 위해 가상으로 생각하는 거예요. 관찰이나 실험을 통한 '경험적 방법'이 아니라서 사고 실험은 '선험적 방법'이라고 해요.

우리도 한번 사고 실험을 해보아요. 자, 여러분은 지금도 우주에 있어요. 저기 빛이 보이네요. 여러분은 빛을 따라 가요. 속도를 점점 높여요.

빛과의 거리가 좁혀지고 있어요. 곧 따라잡을 것 같아요. 마침내 나와 빛의 속도가 같아졌어요. 그 순간……. 어떤 일이 일어날 것 같아요? 이렇게 생각하면서 사고를 더 넓고 깊게 하는 것이 사고 실험이에요.

아인슈타인이 한 또 하나의 사고 실험도 소개할게요. 여러분은 지금 손거울을 들고 있어요. 자신의 얼굴 앞에 손거울을 드니 얼굴이 잘 보여요. 그 상태로 서서히 움직여도 여전히 얼굴이 잘 비춰 보이지요. 점점 더 빨리 움직여요. 이제 빛의 속도로 움직이고 있어요. 손거울을 보세요. 여러분은 얼굴을 볼 수 있을까요? 여러분 생각은 어떤가요?

아인슈타인은 이 사고 실험을 하면서 특수 상대성 이론을 완성할 수 있었지요. 이 사고 실험의 자세한 내용은 《아인슈타인의 생각 실험실》에 나와요. 이 책의 저자인 송은영 님은 대학과 대학원에서 각각 물리학과 원자핵물리학을 전공하고 전문적으로 과학책을 쓰는 작가예요. 《아인슈타인의 생각 실험실》 1권은 '빛을 쫓아 특수 상대성이론에 이르다'이고, 2권은 '엘리베이터에서 일반 상대성 이론을 만나다'예요. 아인슈타인이 사고 실험으로 상대성 이론을 완성하는 과정을 자세하게 소개하고 있어요. 실제로는 아인슈타인의 생애 전체를 다루는 일대기 같아요.

아인슈타인은 왜 그리고 어떻게 과학사에 길이 빛나는 과학자가 되었을까요? 내 생각으로는 다섯 살 무렵 아버지가 사다 준 나침반이 아인슈타인을 과학의 길로 안내한 것 같아요. 앞서 이야기한 4명의 위대한 물리학자가 있지요? 갈릴레이는 조상 대대로 저명한 집안 출신이었고, 아버지 빈센치오 갈릴레이는 유명한 음악가였지요. 갈릴레오라는 이름도 갈릴레이 집안의 장남이라는 뜻으로 성인 갈릴레이에 '오'를 붙여 갈릴레오라고 이름을 지었다는 이야기도 있어요.

뉴턴도 태어났을 때는 아버지가 돌아가신 후였고 어린 시절을 불우하게 지냈지만, 집안 대대로 영지를 가지고 농장을 경영하는 덕분에 영국의 일류 대학교인 케임브리지대학교를 나올 수 있었답니다. 맥스웰의 집안도 대대로 부유한 집안이었어요. 고조할아버지가 관료 출신이며 유명한 작곡가였대요. 아버지는 변호사였으며 어머니의 집안도 재능 있는 가문 출신이 있어요. 하지만 아인슈타인 가문은 앞의 세 물리학자 가문과 좀 달랐지요. 평범한 엔지니어 겸 세일즈맨인 집안에서 태어났고 아버지와 삼촌이 전기 기술 관련 회사를 운영했지요. 아마도 이런 가정환경에서 자라서 어렸을 때 선물 받은 나침반이 아인슈타인을 물리학자의 길로 들어설 수 있게 한 것으로 보여요.

아인슈타인은 어려서부터 말수가 적고 생각이 깊었던 것 같아요. 나침반을 보면서 '바늘이 왜 북쪽을 가리킬까?' 곰곰이 생각했지요. 호기심이 생기면 사고 실험으로 해결하려는 태도가 어려서부터 생긴 거예요. 또 수학과 물리학에 뛰어난 재능이 있어서 16세 때 스위스 취리히 연방 공과 대학 입학시험에 응시하기도 했어요. 물론 이때 합격하진 않았어요. 다른 과목에서 기준에 미치지 못했고 이후에 합격하게 돼요.

◆ 1905년 아인슈타인의 '기적의 해'

1900년 취리히 연방 공과 대학을 졸업하고, 스위스 연방 특허국에서 일하면서 물리학 연구를 이어가지요. 이 즈음에 아인슈타인은 사고 실험을 통하여 여러 가지 이론을 만들었고, 1905년 아인슈타인에게 '기적의 해'로 불리는 사건이 일어나지요. 박사학위도 이 해에 받았는데, 이때 아인슈타인은 4편의 논문을 독일의 저명한 학술지인 〈물리학 연보〉에 보내요. 이 네 편의 논문 내용은 브라운 운동, 광전 효과, 특수 상대성 이론, 질량-에너지 등가 원리였어요. 특수 상대성 이론을 제시하고 있는 논문은 '운동하는 물체의 전기 역학에 관하여'라는 제목으로 알려지게 되었답니다. 1909년에는 취리히 대학교의 교수가 되었고, 1916년 일반 상대성 이론과 관련된 논문이 〈물리학 연보〉에 실리게 되지요. 이로써 상대성 이론이 완성되게 된 거예요.

하나의 작은 나침반과 사고 실험으로 과학사에 누구도 따라올 수 없는 업적을 남긴 아인슈타인, 그 파란만장한 아인슈타인의 사고 실험 과정을 이 책을 읽으면서 따라가 보아요. 이 책은 2010년 1권과 2권이 동시에 출간되었어요. '부키'라고 하는 출판사에서 냈지요. 그런데 '생각 실험실'이라는 제목이 주는 긍정적인 이미지를 이어 《세종대왕의 생각 실험실》, 《장영실의 생각 실험실》, 《이순신의 생각 실험실》이 해나무 출판사에서 출간되었지요. 출판사는 다르지만 저자는 모두 송은영 님이니 차례대로 또는 좋아하는 위인순으로 읽어보는 것도 좋겠어요.

우리나라의 생각꾼들

세종대왕은 '훈민정음'을, 장영실은 '해시계와 물시계'를, 이순신은 '거북선'을 만들어 조선의 과학 문화를 발전시키는 데 커다란 업적을 남겼지요. 책을 읽으면서 여러분이 세종대왕, 장영실, 이순신이 되었다고 생각하고 그들의 머릿속으로 들어가 보세요. 어떻게 한글을 만들고, 어떻게 해시계와 물시계를 만들고, 어떻게 거북선을 만들지 생각해 보아요. 여러분이라면 어떤 생각 실험실을 열고 싶어요?

세종대왕은 먼저 소리에 귀를 기울이고, 글자를 최대한 단순하게 만들면서, 한글에 인간과 자연을 담으려고 생각했대요. 내가 감히 여기에 한 가지를 추가한다면 '백성을 사랑하는 마음'이에요. 아, 세종대왕에게 백성을 사랑하는 마음은 처음부터 있었다고요? 그렇군요. 아인슈타인, 세종대왕, 장영실, 이순신은 모두 천재라는 소리를 들을 수 있는 위인들이에요. 위인이 되려고 한 것은 아니겠지만, 얼마나 많은 생각을 했는지 짐작이 가요.

아인슈타인은 어릴 때부터 상상을 해왔지요. 머릿속에서 실험을 하는 거지요. 바로 '사고 실험'이지요. 사고 실험만으로 뚱뚱한 사람이 홀쭉해지고, 가벼운 사람이 무거워지고, 시간이 느려지는 상상을 했지요. 그러나 이것은 터무니 없는 상상이 아니었어요. 상대성 이론에 의해 속도가 빨라지면 길이가 수축되고, 질량이 커지고, 시간이 느려진다는 것이 밝혀졌지요. '사고 실험'으로 만든 특수 상대성 이론은 아인슈타인의 상상대로 된 거예요. '사고 실험'의 대가답게 아인슈타인은 이런 말을 남겼어요.

"상상력은 지식보다 훨씬 더 중요하다. 지식은 어디까지나 경계가 있지만, 상상력은 이 세상 전체를 둘러쌀 수도 있다."

4-1 물체의 무게 5-2 물체의 운동

• Science Book 18 •

상대성 원리와 상대성 이론의 차이는?
《상대성 이론은 처음이지?》

곽영직 | 북멘토(2019)

◆ '상대성'은 옛날부터 있었다!

과학에 어느 정도 관심이 있는 사람이라면 앞에서 말한 '상대성 이론'을 한 번쯤은 들어 보았을 거예요. 그리고 상대성 이론하면 아인슈타인이 떠오를 거고요. 아인슈타인은 누구나 인정하는 최고의 물리학자이며 과학자의 대표잖아요. 상대성 이론은 '이런 천재 물리학자가 만들었으니 얼마나 어려울까'라는 생각도 들 거예요. 상대성 이론에도 특수 상대성 이론과 일반 상대성 이론이 있어요. 두 이론의 다른 점의 하나는 '특수'가 붙어 있고 또 하나는 '일반'이라는 말이 붙은 거예요. 어떤 상대성 이론이 더 어려울까요? 그런데 잠깐 '상대성 이론'이 아닌 '상대성 원리'

라는 말을 들어 본 적이 있나요? 여기에도 앞에서 말한 위대한 물리학자들이 줄줄이 나와요.

상대성 원리는 갈릴레오 갈릴레이(1564~1642)가 처음 제시한 개념이에요. '상대성'이라는 이름은 고전 역학의 창시자인 아이작 뉴턴(1642~1727)이 붙였고요. 갈릴레이와 뉴턴은 우리가 지금 알고 있는 '물리학'을 만든 과학자라고 해도 지나친 말이 아니에요. 여기에 전기 현상과 자기 현상을 합쳐 전자기학을 창시한 제임스 클러크 맥스웰(1831~1879)과 상대성 이론을 제시한 알베르트 아인슈타인(1879~1955)에 의해 물리학이 완성되었지요. 아까도 말했지만, 두 학자씩 짝을 이루어 죽음과 탄생이 이어졌다는 건 참 신기하죠?

《상대성 이론은 처음이지?》라는 책은 곽영직 교수님이 썼지요. 곽영직 교수님은 대학과 대학원에서 물리학을 전공해 박사 학위를 받았어요. 이 책은 '과학이 꼭 어려운 건 아니야' 시리즈의 1권이에요. 이 시리즈에는 《상대성 이론은 처음이지?》 말고도 《양자역학은 처음이지?》, 《지구와 생명의 역사는 처음이지?》, 《열과 엔트로피는 처음이지?》가 있어요. 아마도 이 시리즈는 더 나올 것 같아요. 곽영직 교수님은 대학교에서 학생들을 가르치면서 계속해서 어린이와 청소년에게 과학의 재미와 중요성을 알리기 위해 책을 쓰고 있어요.

🔶 과학책을 쓰는 사람들

책을 쓰는 사람들은 대개 자신이 알고 있는 지식을 다른 사람들에게 전달하려고 해요. 책을 읽는 사람들은 책을 통해 지식이나 정보를 얻는 거지요. 우리나라에서 어린이와 청소년을 위해 과학책을 쓰고 있는 사람들은 네 부류로 나눌 수 있는 것 같아요.

첫째는 곽영직 교수님처럼 대학교에서 과학을 전공하고 학생들을 가르치는 분야에 있는 사람들이에요. 대학교 교수님이나 초·중·고 선생님들이지요. 대학교 교수님은 곽영직 교수님 외에 《개미 이야기》를 쓴 최재천 교수님, 《관계의 과학》을 쓴 김범준 교수님, 《김상욱의 과학 공부》의 김상욱 교수님, 《과학 콘서트》를 쓴 정재승 교수님 등이 있어요. 김기명 선생님은 초등학교 교사를 지내면서 《맛있는 자연공부》 등의 책을 냈어요. 손영운 선생님은 고등학교 지구과학교사를 지내면서 《우리 땅 과학 답사기》 등을 펴내고 있어요.

둘째는 연구소, 과학관, 박물관 등 과학 관련 연구를 하면서 과학책을 펴내는 사람들이에요. 이정모 님은 박물관과 과학관 관장을 지내면서 《그리스 로마 신화 사이언스》를 펴냈고, 이강환 님은 자연사박물관 관장을 지내면서 《우주의 끝을 찾아서》를 펴냈지요.

셋째는 대학에서 과학을 전공하고 신문·방송·잡지·출판 분야에서 일을 하면서 과학책을 펴내는 사람들이에요. 정창훈 님은 과학 잡지 편집장을 지내면서 《과학 오디세이》 등을 펴냈지요. 조홍섭 님은 잡지와 신문 기자를 지내면서 《한반도 자연사 기행》 등을 출간했지요. 나는 여기에 속하지요.

마지막으로 넷째는 대학에서 과학을 전공하지는 않았지만 글 쓰는 직업을 가지고 특히 어린이들에게 스토리텔링으로 과학책을 내고 있는 사람들이에요. 황근기 작가님은 《과학 귀신》 등을 펴냈고, 서지원 작가님은《과학을 훔친 수상한 영화관》등을 펴내고 있어요.

물론 이렇게 분류한 것은 나만의 의견이에요. 실제로는 이보다 더 많은 분야의 사람들이 과학책을 쓰고 있을 거예요. 확실한 것은 첫째에서 셋째에 있는 사람들은 과학을 전공한 사람들이기 때문에 정확한 과학을 쓸 수 있다는 좋은 점이 있어요. 넷째에 속하는 사람들은 어린이들에게 과학을 재미있게 이해할 수 있도록 이야기를 만들어내는 능력이 뛰어난 거 같아요. 중요한 것은 어떤 부류에 있는 사람들이든 어린이 청소년이 어디에 관심이 있는지 꾸준히 생각하고 이들이 쉽게 이해할 수 있도록 글을 써야 한다는 거예요.

그런 면에서 이 책을 쓴 곽영직 교수님은 일찍부터 어린이를 위한 글을 써온 거의 1세대 과학책 저자예요. 이보다 더 오래전에도 교수님들이 어린이들을 위한 책을 쓴 적이 있지만 그리 많지는 않지요. 내가 아는 한 본격적인 어린이 과학책은 곽영직 교수님이 시작인 거예요. 기록을 보면 곽영직 교수님의 어린이 첫 과학책은《아빠 달은 왜 나만 따라와?》예요. 1994년에 나온 책이지요. 제목만 보아도 주변에서 일어나는 자연 현상을 아빠의 입장에서 아이에게 과학 이야기를 해주는 책이라는 것을 알 수 있어요.

곽영직 교수님은 1985년부터 대학교에서 물리학을 가르쳤으니 교수 신분으로 어린이 과학책을 써온 거예요. 2023년에 출간된《단위를 알면 과학이 보인다》까지 거의 300여 권에 달하는 책을 쓰거나 번역하고 감수를 보았는데 앞으로도 곽영직 교수님의 과학책은 계속 출간될 거예요.

《상대성 이론은 처음이지?》는 이제 과학의 기본을 익히고 슬슬 좀 더 깊은 과학의 세계로 빠져 들려고 하는 초등 고학년과 청소년이 읽기 좋은 책이에요. 특히 '과학이 꼭 어려운 건 아니야' 시리즈 중 '상대성 이론', '양자역학', '열과 엔트로피'를 주제로 쓴 책은 물리학에서 아주 중요하게 다루는 분야예요. 이 세 가지 주제에 대해 어느 정도만 이해해도 물리학에 성큼 다가서는 거지요.

◈ 아인슈타인에게 노벨상을 안겨준 것은?

1905년 아인슈타인이 깜짝 놀랄 만한 4편의 논문을 발표했다고 말한 거 기억하죠?

첫 번째 논문은 '광전 효과'에 관한 내용인데 광전 효과는 금속에 전자기파를 비쳤을 때 금속에서 광전자가 튀어나오는 거예요. 왜 광전자가 튀어 나오는지 설명하는 것인데 아인슈타인은 이 논문으로 1921년 노벨 물리학상을 받게 되었지요. 두번째 논문은 '브라운 운동'을 설명하는 것이었어요. 브라운 운동은 꽃가루를 물에 띄우면 꽃가루가 불규칙적으로 움직이는데 왜 이런 운동을 하는지 알아낸 거지요. 세 번째 논문은 '움직이는 물체의 전기역학에 대하여'라는 것으로 빛의 속력에 가까울 정도로 빠르게 운동하는 물체는 뉴턴의 고전 역학을 수정해야 한다는 거예요. 이 논문에서 설명하고 있는 것이 '특수 상대성 이론'이에요. 네 번째 논문은 '물체의 관성이 에너지에 의존하는가?'라는 내용인데 이 논문에서 아인슈타인은 에너지와 질량이 동등하다는 유명한 공식인 $E=mc^2$을 만든 거예요. 여기서 E는 에너지, m은 질량, c는 빛의 속도예요. 그러니까 에너지는 질량에 빛의 속도의 제곱을 곱한 것과 같다는 거예요. 이렇게 해서 1905년에 물리학사에 영원히 남을 업적이 만들어진 것이랍니다.

상대성 이론이 뭔지 알려면 먼저 상대성 원리를 알아야 해요. 상대성 원리는 갈릴레이가 체계를 잡은 거예요. 갈릴레이가 활동하던 1500년대와 1600년대의 사람들은 지구가 우주의 중심으로 알고 있었어요. 지구가 태양 주위를 공전한다는 태양 중심설이 받아들이지 않았을 때이지요. 사람들은 '지구가 태양 주위를 공전한다면 왜 우리는 지구의 속력을 느끼지 못하는가?' 또 '지구가 빠르게 움직이고 있다면 위로 던진 공이 왜 제자리로 떨어지는가?'에 대한 의문을 풀 수가 없었어요. 이에 대해 갈릴레이는 《두 우주 체계에 대한 대화》에서 명쾌하게 설명하고 있어요.

🎲 누가 움직이는지 어떻게 알지?

여러분도 갈릴레이의 설명을 잘 생각해 보아요. 커다란 배의 선실에 있다고 가정해 보세요. 선실에는 나비도 있고 어항에 물고기도 있어요. 선실 천장에 물병이 거꾸로 달려 있고 물이 한 방울씩 아래에 있는 그릇으로 떨어지고 있어요. 배가 정지해 있을 때 나비가 날아다니고 어항의 물고기도 헤엄쳐 다니고 물방울도 똑바로 떨어지겠지요? 이제 배가 일정한 속도로 달리는 경우를 생각해 보아요. 선실 안에서 일어나는 모든 일들은 배가 정지해 있을 때와 똑같이 일어나는 것을 알 수 있어요. 따라서 선실 안에서 일어나는 일들로는 이 배가 정지해 있는지 움직이고 있는지 알아 낼 수가 없지요. 이것이 바로 갈릴레이가 사람들의 의문을 풀어준 것이고 후세 사람들은 이것을 '상대성 원리'라고 부르게 된 거예요. 이것을 좀 더 물리학적으로 말하면, 서로 등속도 운동하는 관측자에게 역학 법칙은 동일하게 작용한다는 거예요. 이 상대성 원리는 뉴턴의 운동 법칙과 아인슈타인의 상대성 이론이 만들어지는 데 중요한 원리로 받아들여졌지요.

'원리'는 '이론'보다 더 근본적인 개념으로 이론이 원리를 바탕으로 만들어지지요. 그래서 이론은 틀릴 수 있고 틀리면 버려져요. 하지만 원리는 버려지지 않아요. 물론 원리도 틀리다는 것이 밝혀지면 버려지고 그 원리를 바탕으로 만들어진 이론은 당연히 버려져야 하지요.

앞서 물리학사에 특이한 계보를 소개했지요. 이 책은 갈릴레이의 상대성 원리, 뉴턴의 중력 법칙과 운동 법칙, 맥스웰의 전자기 이론이 어떻게 아인슈타인의 상대성 이론 탄생에 기여했는지 자세하게 이야기하고 있어요. 4명의 천재 물리학들에 의해 탄생한 상대성 이론, 아인슈타인은 사고 실험을 통해 이 위대한 이론을 완성했다고 해요.

아인슈타인은 거울을 들고 자신의 얼굴을 보며 '빛의 속도로 달리면 과연 얼굴이 보일까?'라는 의문을 풀기 위해 사고 실험하면서 상대성 이론을 만들었대요. 여러분 생각은 어때요? 얼굴이 보일 것 같은가요? 한번 사고 실험을 해보세요.

상대성 이론에 두 종류가 있다고 했지요? 특수 상대성 이론과 일반 상대성 이론이지요. 여러분 어떤 상대성 이론이 더 쉬울 것 같나요? 그 비밀은 여러분 직접 책을 읽으며 알아보아요.

3-1 물질의 성질

• Science Book 19 •

21세기는 양자역학의 시대!
《초등학생을 위한 양자역학》

이억주 | 해나무(2020)

🎲 우선 만화로 공부한다!

'양자역학'이라는 말을 들으면 무엇이 떠오르나요? 여자 이름 '양자' 아니면 점치는 공부를 하는 '역학'? 아니면 쿼크와 같은 소립자의 세계를 설명하는 물리학의 한 영역? 맞아요. 양자역학은 물리학의 한 분야예요. 물리학은 크게 고전 물리학과 현대 물리학으로 나눌 수 있어요.

우리가 흔히 볼 수 있는 물질들 사이에서 일어나는 일들을 설명하는 것은 고전 물리학이면 충분해요. 그러니까 야구공이 날아가다가 떨어지는 이유, 로켓이 날아갈 때 작용과 반작용이 필요한 것, 사과는 땅(지구)으로 떨어지고 달은 떨어지지 않는 이유 등은 모두 고전 물리학으로 설명할 수 있어요. 한편 원자를 이루고 있는 전자의 위치, 빛이 가지고 있는 입자성과 파동성, 눈에 보이지 않는 미시 세계에서 일어나는 현상은 현대 물리학으로 설명하지요. 천재적인 물리학자 아이작 뉴턴이 집대성한 뉴턴역학은 고전 물리학의 대표이고, 닐스 보어, 베르너 하이젠베르크, 에르빈 슈뢰딩거 등이 주창한 양자역학은 현대 물리학의 대표예요. 현대 물리학에는 아아슈타인이 만든 상대성 이론도 포함되지요.

《초등학생을 위한 양자역학》은 양자역학이 시작되고 발전되어 완성되는 전 과정에 참여한 과학자들의 이야기를 만화로 구성한 거예요. 글을 쓴 이는 이 책을 쓴 나이고, 만화를 그린이는 홍승우 작가로 〈한겨레〉 신문에 '비빔툰'이라는 제목으로 만화를 연재한 유명 만화작가예요. 비빔툰의 주인공은 평범한 직장인인 정보통, 일본 유학파 출신 생활미가 결혼해 아들 다운이와 딸 겨운이를 낳아 가족을 이루며 살아가는 이야기예요. 이 주인공들이 그대로《초등학생을 위한 양자역학》에 등장하는데 여기에 물리학 교수를 지낸 할아버지 그리고 할머니와 귀여운 강아지 믹스가 나오지요. 또, 다운이의 같은 반 학생이자 여자 친구 김민서가 등장하지요.

이 이야기는 우리나라 유일의 과학 만화 잡지인 〈어린이 과학동아〉에 2년 동안 연재되었던 만화를 단행본 시리즈로 출간한 거예요. 대학교와 대학원에서 물리학을 전공한 내가 오랫동안 생각해 온 과학 이야기를 연재한 거죠. 나는 물리학의 여러 분야 중에서도 원자핵물리학을 전공했어요. 물질을 구성하는 기본 입자인 원자는 원자핵과 전자로 이루어져 있어요. 그중에서도 원자핵의 구성과 관계를 연구하는 분야가 원자핵물리학이지요. 원자핵물리학은 원자핵이 융합하거나 분열하는 현상을 주로 연구하는데 이것을 흔히 핵융합과 핵분열이라고 해요. 핵융합은 태양이 에너지를 만드는 원리나 수소폭탄의 원리로 유명하고, 핵분열은 원자 폭탄과 원자력 발전의 원리로 잘 알려져 있어요. 원자핵물리학은 원자, 원자핵, 전자와 같은 미시 세계에서 일어나는 현상을 연구하므로 양자역학 공부를 많이 해야 해요. 나는 대학교와 대학원에서 정말 많이 공부한 양자역학을 생각하면서 이 책을 썼어요.

◆ 양자역학을 만든 과학자들

하지만 초등학생들이 양자역학을 이해하는 것은 참 어려운 일이에요. 미국의 천재 물리학자이며 1965년 노벨 물리학상 수상자인 리처드 파인만은 "양자역학을 이해했다고 말하는 사람이 있다면 거짓말이다."라는 말을 했을 정도예요. 그래서 내가 생각한 것은 물질을 구성하는 원자의 개념부터 양자역학이 만들어지는 데 관여한 41명의 물리학자에 대해 소개하면서 그들의 이야기를 들려주려고 한 거예요. 이 과학자들의 업적만 알아도 자연스럽게 양자역학에 다가갈 수 있기 때문이지요.

물질을 계속 쪼개다 보면 더 이상 쪼갤 수 없는 '아토모스'가 남는다고 생각한 고대 그리스의 철학자 데모크리토스, 가시광선이 여러 가지 파장의 빛으로 이루어져 있다는 것을 밝힌 뉴턴. 양자역학을 끝까지 인정하지 않았지만 광량자 이론을 만들어 양자역학의 기반을 마련한 아인슈타인. '슈뢰딩거의 고양이'로 널리 알려진 슈뢰딩거. 양자 컴퓨터의 가능성을 연 파인만. 양자 순간 이동을 성공시킨 자일링거. 양자역학은 누구 한 과학자에 의해 만들어진 것이 아니랍니다. 20세기가 막 시작되려는 1900년 12월말부터 독일의 물리학자 막스 플랑크의 '양자가설'로 문을 연 양자역학은 1925~1926년 덴마크의 물리학자 닐스 보어 등의 '코펜하겐 해석'으로 양자역학의 기초가 다져졌어요.

이 책은 다운이가 과학 캠프 잡지에서 주최하는 '스위스 제네바 CERN 견학'에 당첨되면서 시작돼요. CERN(세른)은 '유럽입자물리연구소'를 줄인 말이에요. 이 연구소는 스위스와 프랑스의 국경에 둘레 27킬로미터로 건설된 당시 세계 최대의 가속기 연구소였어요. 가속기는 물질의 구조를 연구하기 위해 입자를 빠른 속도로 움직여 충돌시킬 수 있는 장치예요. 이 연구소 견학 이벤트에 다운이가 당첨된 거예요. 또 다운이 아빠인 정보통은 현대물리학연구소의 연구원인데 스위스 출장과 겹쳐 온 가족이 모두 CREN으로 가게 되는 거예요. 마침내 스위스로 떠난 다운이 가족. CREN 견학이 시작되고 거대한 입자 가속기의 위용에 놀라고 있는데 갑자기 강아지 믹스가 없어졌어요. 믹스를 찾으러 간 다운이는 믹스와 함께 의문의 빛에 쏘이게 돼요. 이때부터 다운이는 어떤 일이 있을 때마다 시간 여행을 떠나게 되지요. 어떤 때 시간 여행을 떠날까요? 그것은 여러분이 책에서 직접 확인해 보세요.

🎲 양자역학은 노벨 물리학상의 터전

《초등학생을 위한 양자역학》 전 5권은 〈어린이 과학동아〉에 2년 동안 연재되었으며 총 48화로 총 41명의 과학자가 등장해요. 이중 노벨 물리학상을 수상한 과학자들은 마리 퀴리(1903년), 존 스트럿(1904년), 조지프 톰슨(1906년), 막스 프랑크(1918년), 알베르트 아인슈타인(1921년), 닐스 보어(1922년), 아서 콤프턴(1927년), 루이 드브로이(1929년), 베르너 하이젠베르크(1932년), 폴 디랙(1933년), 에르빈 슈뢰딩거(1933년), 제임스 채드윅(1935년), 엔리코 페르미(1938년), 볼프강 파울리(1945년), 유카와 히데키(1949년), 막스 보른(1954년), 리처드 파인만(1965년), 도모나가 신이치로(1965년), 머리 겔만(1969년), 안톤 자일링거(2022년)로 모두 20명이에요. 또 어니스트 러더퍼드(1908년), 마리 퀴리(1911년)는 노벨 화학상을 수상했어요.

신기하게도 마리 퀴리는 노벨 물리학상과 노벨 화학상을 받았는데 남편인 피에르 퀴리와 노벨 물리학상을 함께 받았어요. 딸인 이렌 졸리오 퀴리와 사위인 프레데리크 졸리오 퀴리도 1935년 노벨 화학상을 함께 받아 노벨상 가족이 되었지요. 조지프 톰슨과 아들 조지 패짓 톰슨도 부자 노벨 물리학상 수상자가 되었고, 닐스 보어도 아들 오게 닐스 보어와 함께, 부자 노벨 물리학상 수상자예요. 그러니까 《초등학생을 위한 양자역학》의 등장인물 41명 중 21명(러더퍼드는 화학상)이 노벨상 수상자인 셈이지요.

🎲 21세기는 양자의 전성 시대!

앞에서 이야기한 것처럼 양자역학이 세상에 나온 것은 100년 정도 되었어요. 20세기가 시작되면서 양자론이 나오기 시작했고 1925~1926년에 지금과 같은 형태로 정립되었으니까요. 고전 물리학의 대표인 뉴턴 역학과 전자기학은 각각 1600년대 말과 1800년대 말 뉴턴과 맥스웰에 의해 체계가 완성되었지요. 그러니까 양자역학이 100년 정도 된 것은 역사가 짧은 편이지요.

그럼에도 불구하고 양자역학은 컴퓨터, 반도체, 스마트폰 등 현대 생활에서 없어서는 안 되는 중요한 기술의 기초를 만들어주었지요. 텔레비전 이름에도 '퀀텀'이라는 말이 들어가고, 자동차 이름에도 들어가지요. '퀀텀'이라는 말은 영어로 'quantum'인데 '얼마나 많이'라는 뜻이고 우리말로는 '양자'라고 하지요. 양자의 개념은 '더 이상 나눌수 없는 에너지의 최소량 단위'예요. 더 이상 나눌 수 없는 물질을 '원자'라고 하는 것과 비슷하지요? 다만 양자는 에너지 단위예요. 빛의 양자는 '광자' 또는 '광양자'라고 하지요.

양자역학이 만들어지기 전까지 에너지는 '연속적인 양'으로 알려져 있었어요. 하지만 양자론이 생기기 시작하면 에너지도 '불연속적인 양'임이 밝혀졌지요. 이렇게 양자 또는 양자역학이 널리 알려지면서 '퀀텀 점프'라는 용어도 생겼는데 이것은 양자 세계에서 양자가 어떤 단계에서 다음 단계로 갈 때 그 단계의 차이만큼 뛰어오르는 현상이에요. 이 용어는 경제학에서도 쓰이게 되었고, 기업이 어떤 혁신을 통해 짧은 기간에 비약적으로 발전하는 경우의 용어로도 쓰일 정도지요.

또 양자 컴퓨터, 양자 암호, 암호 화폐 등에서도 '양자'라는 말이 많이 쓰일 정도로 양자는 이제 우리 일상생활에 흔한 말이 될 거예요. 그러니 현대를 살아가려면 '양자'라는 말에 익숙해질 필요가 있어요. 양자역학 탄생 100주년 즈음에 더더욱 양자가 유행할 것으로 보여요. 하지만 온라인 서점에서 '양자역학'을 검색해 보면 초등학생들이 볼 수 있는 책들이 별로 없어요.

《초등학생을 위한 양자역학》을 빼고는 《양자역학은 처음이지》, 《양자역학을 좀 아는 10대》, 《양자역학과 현대과학》, 《만화를 쉽게 배우는 양자역학》 정도가 눈에 띄어요.

이 책을 만들 때의 특별한 기억이 떠오르네요. 〈어린이 과학동아〉에 연재를 마치고 몇 년이 지난 후, 단행본 시리즈로 출간하고 싶다고 출판사에서 연락이 왔었어요. 2년 동안 연재를 하면서 고생을 많이 했는데, 책으로 다시 출간될 수 있으니 기대와 기쁨이 가득했지요. 책을 출간하기로 최종 확정된 후, 이 책을 맡아서 편집해 줄 담당 편집자와 얘기를 하다 보니 둘 다 대학원에서 '원자핵물리학'을 전공한 거예요. 그러니 그 편집자도 양자역학 공부를 많이 했겠지요?

이미 연재가 되었던 내용이지만 처음부터 끝까지 세밀하게 읽어보면서 어렵게 설명된 부분이나 그림의 표현이 어색한 것들을 하나하나 바로 잡을 수 있었지요. 《초등학생을 위한 양자역학》은 더할 나위가 없이 딱 맞는 편집자에 의해서 세상에 태어난 거예요. 편집자 입장에서도 학교 다닐 때 열심히 공부했던 양자역학을 초등학생들이 쉽게 읽을 수 있도록 만화로 만들었다는 것에 자부심을 느낄 거예요. 실제로 그 편집자는 지금까지 만든 책 중에서 이 책이 가장 정이 많이 간다고 했답니다.

4-1 물체의 무게 6-1 빛과 렌즈

• Science Book 20 •

물리도 공룡처럼 재미있게 책을 만들 수 없을까?
《물리박사 김상욱의 수상한 연구실》

김하연 | 아울북(2023)

물리학자가 라면을 끓이면?

여러분은 라면을 어떻게 끓이나요? 아, 아직은 라면을 직접 끓이지 않는다고요? 그렇군요. 초등학생이라면 라면 끓이는 일이 위험할 수 있겠네요. 나는 라면을 아주 좋아해서 나만의 비법이 있었어요. 물을 끓이고 스프를 먼저 넣고 좀 더 끓으면 라면과 건더기 스프를 넣지요. 여기에 파, 양파, 계란을 넣지요. 이것이 무슨 비법이냐고요? 물리학을 공부한 사람답게 스프를 먼저 넣어 끓는점을 높이는 것이 비법이지요. 다 아는 사실이라고요?

그런데 이 비법은 이제는 안 써요. 새로운 비법을 알았거든요. 궁금하지요? 새로운 비법을 공개할게요. 사실 비법이란 게 별거 없어요. 찬물과 라면을 동시에 넣고 끓이는 거예요. 면이 끓기 시작하면 스프를 넣고 미리 준비한 파, 양파, 계란을 넣지요. 이렇게 끓인 라면이 내가 보기에 면발이 더 쫄깃쫄깃하고 쫄깃함이 더 오래 가는 것 같아요. 이 방법은 《질문이 답이 되는 순간》이라는 책에서 경희대학교 물리학과 김상욱 교수님이 알려준 비법이에요.

이 책은 방송인 김제동 님이 각 분야의 전문가와 만나 나눈 질문과 답을 정리한 거예요. 물리학자 김상욱 교수, 건축가 유현준 교수, 천문학자 심채경 박사, 경제 전문가 이원재 대표, 뇌 과학자 정재승 교수, 국립과천과학관 이정모 관장, 대중문화전문가 김창남 교수의 이야기지요. 초등학생이라면 좀 더 커서 꼭 읽어보기를 권해요.

김상욱 교수의 라면 이야기는 SNS에서도 화제가 되어 인터뷰 진행자인 김제동 님이 라면 이야기부터 꺼냈는데요, 사실 이 라면 비법의 원조는 서울시립대학교 물리학과 박인규 교수님이라고 해요. "라면을 어떻게 끓여야 가장 맛있는지 논의할 필요 없이 그냥 찬물에 면을 넣고 가열하면 된다."라는 말을 듣고 김상욱 교수님은 헬골란트섬에서 양자역학의 핵심 원리를 깨달은 하이젠베르크처럼 머릿속에 불꽃이 튀었대요. 호기심이 생기면 어떻게 하지요? 끓여 보면 알지요.

이렇게 해서 라면을 끓여 보니 시간과 에너지도 절약하고 쫄깃한 면발도 먹을 수 있었대요. 하지만 이렇게 끓이는 라면이 더 맛이 있다고 일반화할 수는 없지요. 몇 개의 라면을 끓여도 마찬가지인지, 불의 세기에 따라 어떻게 달라지는지는 면밀한 실험이 필요하지요. 하지만 나는 이제 라면을 끓일 때 면을 처음부터 찬물에 넣고 끓여 먹지요.

그러던 어느 날 우연히 기업인이며 요리연구가인 백종원 님이 이 비법에 대해 논란이 있다는 것을 알고 직접 끓여 먹어 보는 방송을 보게 되었지요. 그런데 백종원 님도 한 개를 끓일 때는 찬물에 처음부터 면을 넣고 끓이는 것이 면발이 더 쫄깃하게 느껴진다고 해요. 그런데 식당 같은 곳에서 한꺼번에 여러 개를 끓여야 하는 경우도 있어 열 개를 이 방법으로 끓여 보았어요. 하지만 열 개를 끓일 때는 오히려 시간이 더 많이 들고 라면도 잘 익지 않는 것이 확인되었지요. 결론은 혼자 한 개를 끓여 먹을 때는 그럴 듯한 비법이 될 수 있다는 거였어요.

◈ 물리의 재미를 위해 물리학자가 나서다

김상욱 교수님은 물리학 중에서 특히 어렵다는 양자역학에 대해 강연과 저술 활동을 왕성하게 하고 있어요. 그런데 교수님은 2023년부터 어린이를 위한 물리 학습 동화를 출간하고 있어요. 그동안 어린이 대상의 과학책을 쓰기는 했지만 커다란 이야기의 흐름을 갖는 시리즈는 처음인 것 같아요. 책의 제목은《물리박사 김상욱의 수상한 연구실》이에요. 이 책의 특징을 한마디로 설명해 주는 슬로건은 '어린이를 위한 세상의 모든 과학'이에요.

《물리박사 김상욱의 수상한 연구실 1 빛: 루그의 습격》이 2023년 10월에 출간되었고, 최소한 10권은 출간될 것 같아요. 여러분은 여기까지 읽고 뭐 느껴지는 것이 없나요? 동물행동학자 최재천 교수님, 뇌 과학자 정재승 교수님이 이런 비슷한 생각으로 시리즈를 내고 있거나 냈다는 거예요. 《최재천의 동물대탐험》이 출간되고 있고, 《정재승의 인간 탐구 보고서》가 출간되었지요. 《물리박사 김상욱의 수상한 연구실》도 나온 것을 보면, 이 뒤를 이어 비슷한 시리즈가 또 나올 것 같군요.

이런 시리즈의 공통점은 교수님들이 기획을 하고 전문 스토리텔러가 교수님을 등장시켜 이야기를 만들고, 과학적인 지식과 학습 내용을 전문가들이 설명해 주는 방식이라는 거예요. 이 세 시리즈의 또 하나의 공통점은 만화 스타일의 그림과 캐릭터가 등장하지만 전체가 만화는 아니라는 거예요. 만화적 캐릭터가 만화 밖으로 나왔다고나 할까요?

《물리박사 김상욱의 수상한 연구실》의 이야기는 어느 동네에 '또만나 떡볶이'의 새로운 주인이 이사를 오면서 시작돼요. 주인의 이름은 김상욱 아저씨. 떡볶이 만드는 걸 물리보다 어려워하는 이상한 아저씨지요. 어딘가 어설프고 어리바리해 보이지만, 떡볶이 집에 엄청난 비밀을 숨겨놓은 것 같아요. 이상한 아저씨가 이사 오는 것을 지켜보던 아이들이 있었어요. 떡볶이 동아리 '매콤달콤'의 리더 태리, '매콤달콤'의 브레인 해나, '매콤달콤'의 사고뭉치 건우가 이 이야기의 주인공이지요.

태리는 활발하고 솔직한 성격으로 친구들에게 인기가 많지만, 가끔은 너무 솔직해서 친구들을 난처하게 만들기도 해요. 이상한 아저씨가 괜찮다는데 굳이 도와주겠다며 이삿짐을 날라주는데 이삿짐에는 책만 가득했어요. 그것도 어렵다는 물리책만 있었지요. 앞에서 라면 끓이는 비법 이야기가 있었는데 이제는 떡볶이네요. 물리학자들은 라면과 떡볶이를 특히 좋아하나 봐요.

사실 나도 라면을 잘 끓이는데 이것은 대학원 공부를 할 때 기른 실력이랍니다. 과학 관련 학과의 대학원생들은 연구실에서 밤을 새워 연구나 실험을 하는 경우가 많은데 출출함을 달랠 때는 라면이 딱이지요. 그래서 박인규 교수님이나 김상욱 교수님도 라면을 맛있게 끓이는 데 관심이 많은 것 같아요.

떡볶이 동아리 '매콤달콤'은 블로그를 운영하기도 하는데 떡볶이 맛을 정확하게 평가해요. 이 평가에서 떡볶이가 맛이 없다고 하면 이들이 사는 햇빛 마을에서 버티기 어려워지지요. 하지만 맛이 좋다는 평가를 받으면 대박 떡볶이 집이 되는 거예요. 김상욱 아저씨는 우여곡절 끝에 동아리와 관계를 맺게 되지요. 사실 이 동아리의 목적은 떡볶이 맛을 평가해서 좋다면 블로그에 홍보해 주는 대가로 떡볶이를 싼 값에 먹으려는 속셈이었던 거예요. 튀김은 공짜로요.

이런 이야기를 나누고 있는데 아래에서 무언가 떨어지는 듯한 요란한 소리가 위로 들렸어요. 당황하는 아저씨, 서둘러 아이들을 돌려보내는 행동이 뭔가 수상하네요. 아이들이 돌아가고 혼자 남은 아저씨가 주방의 카펫을 걷어내자 손잡이가 달린 뚜껑이 있네요. 지하로 연결된 비밀 통로인가 봐요. 심각한 표정으로 아저씨는 뚜껑 문을 내려다보며 생각에 빠져 있어요. '이 떡볶이 집과 지하실은 오늘부터 내 책임이다. 둘 다 제대로 지켜야 한다. 같은 사고가 두 번 다시 벌어져서는 안 된다.' 이것이 무슨 이야기일까요?

사실이 떡볶이 집 전 주인의 이름은 이룩한 박사였어요. 무슨 떡볶이 집 주인이 박사일까요? 떡볶이 박사일까요? 이룩한 박사는 성격이 까칠해서 '또만나 떡볶이'가 인기를 잃어버리는 바람에 언제, 어디로, 어떻게 사라졌는지 아무도 모르게 되었지요. 그래서 새로 이사 온 주인이 김상욱 아저씨인 거예요. 뭔가 정말 수상한 일이 생길 것만 같아요. 책의 제목이 《물리박사 김상욱의 수상한 연구실》이니 떡볶이 집 지하실은 수상한 연구실인 것 같군요. 그리고 김상욱 아저씨는 물리박사이고요. 그렇다면 전 주인인 이룩한 박사도 물리박사일까요?

빛으로 시작하는 물리

1권의 주제가 '빛: 루그의 습격'인 것으로 보아 이 이야기는 '빛'으로 시작되는 것 같아요. 떡볶이 집이 있는 동네 이름이 '햇빛' 마을이고, 동아리 아이들이 다니는 초등학교의 이름도 '햇빛' 초등학교인 것으로 보아 이 책은 '빛'이 아주 중요한 거죠.

실제의 물리학의 역사에서 '빛'은 아주 중요한 역할을 했어요. '빛'만 전문적으로 연구하는 학문을 물리학의 한 분야인 '광학'이라고 하지요. 아주 오래전부터 물리학자들은 빛을 연구해 왔으며 현재는 빛에 대해 많은 사실들이 밝혀졌지요. 빛이 어디서 생기는지, 빛은 무엇으로 이루어져 있는지, 빛은 얼마나 빨리 이동하는지, 빛보다 빨리 이동하는 물질이 있는지, 빛은 어떤 성질을 가지고 있는지 등 빛은 신기한 것이 아주 많지요. 당장 빛이 없다면 글을 쓰기도 어렵고 책을 읽기로 힘들 거예요. 물론 지구의 거의 모든 생명체는 살 수가 없고요. 그런데 이런 빛이 보이지도 않는 아주 작은 원자에서 생긴다는 것도 신기해요.

'루그'의 습격이라니, 뭔가 대단한 일이 일어날 것 같지 않나요? 나는 이 책을 보기 전에 '루그'가 무엇인지 생각해 보았어요. 그 속에 어떤 의미가 숨어 있는 것일까? 물론 책을 보면 알게 되겠지만 그 전에 상상을 해보는 것도 하나의 즐거움이지요. 라틴어로 빛은 lux(룩스) 또는 lumen(루멘)이라고 해요. 빛, 광선, 불빛, 광원, 광채, 빛깔 등과 연관이 있는 영어 단어 luminosity, luminance와 더 나아가 light도 결국 lux가 어원이에요. 또 벌레나 작은 곤충을 뜻하는 bug가 떠올랐어요. 그래서 나는 '루그'가 '빛'과 '벌레' 즉 lux(룩스)와 bug(버그)를 합쳐서 만든 말일 것으로 생각했지요. 실제 이 생각이 맞는지 틀리는지는 여러분이 직접 확인해 보세요.

 이 시리즈의 출간을 제안 받았을 때 김상욱 교수님은 과학 학습 만화를 읽었던 어린 시절이 떠올랐대요. 공룡이나 곤충을 다룬 이야기는 재미있어서 푹 빠져서 책을 보았지만, 물리를 다루는 책은 지루한 느낌을 받았대요. 그때 물리 이야기도 공룡이나 곤충 이야기처럼 재미있게 읽었더라면 좀 더 일찍 물리학자의 꿈을 키울 수 있지 않을까 상상해 보았대요. 그래서 김상욱 교수님은 스토리텔러와 그림 작가 그리고 과학 커뮤니케이터와 물리를 재미있게 보여줄 수 있는 방법을 고민하기 시작했어요. 그래서 나오기 시작한 것이 《물리박사 김상욱의 수상한 연구실》이지요. 앞으로 어떤 일이 벌어지고 물리의 재미가 어떻게 펼쳐질까요? 또만나 떡볶이 지하실로 들어가는 뚜껑 문을 함께 열어볼까요?

5-1 태양계와 별

• Science Book 21 •

검은 구멍과 하얀 구멍?
《블랙홀이 뭐예요?》

미네시게 신 | 이성과감성(2020)

🔹 중력이 엄청 커지면 일어나는 일

블랙홀은 영어로 'black hole'로 말 그대로 '검은 구멍'이라는 뜻이에요. 그럼 화이트홀도 있을까요? 그래요. 화이트홀(white hole)도 있답니다. 그렇다면 블랙홀이란 무엇일까요? 전에 어린이 과학 잡지의 기자로 일하면서 '블랙홀'에 대한 특집 기사를 준비한 적이 있어요. 물리학을 전공하고 기자가 된 나도 어린이들에게 블랙홀 기사를 준비하는 것은 쉬운 일이 아니었지요.

그래서 몇 개월 전부터 독자들에게 블랙홀에 대해 알고 싶은 것이 무엇인지 설문 조사를 했답니다. 설문 조사는 '블랙홀'에 대해 가장 궁금한 것 세 가지를 적어 보내는 것이었어요. 조사를 해보니 어린이들은 블랙홀에 대해 다음과 같은 것이 가장 궁금한 것으로 나타났어요. 첫째는 '블랙홀'에 빠지면 정말 죽나요? 둘째는 '블랙홀은 정말 검은색인가요?' 셋째는 '블랙홀에서 빠져나오면 어디로 가나요?'였어요.

여러분 생각은 어때요? 블랙홀에 사람이 다가가 결국은 빠지게 된다면요. 물론 지금까지 어느 누구도 블랙홀에 빠져 본 적은 없지요. 하지만 지금까지 알려진 사실을 토대로 생각해 보면 사람이 블랙홀에 점점 다가가다가 '사건의 지평선'을 넘어가서 이제 돌아올 수 없게 되면 엄청난 중력으로 '스파게티화' 과정을 거치게 된다고 예측하고 있어요. 사건의 지평선이란 블랙홀의 경계라고 생각하면 돼요. 사건의 지평선을 지나면 블랙홀 내부가 되는 거예요. 사건의 지평선을 지나면 사람의 다리 쪽과 머리 쪽의 중력 차이로 인해 사람이 스파게티 면처럼 길게 늘어나게 된다는 거예요. 이렇게 되면 사람이 살 수 있을까요?

블랙홀의 색깔은 정말 검은색일까요? 색깔이라는 것은 우리가 볼 수 있는 빛인 가시광선이 물체에 반사되어 눈에 들어올 때 어떤 색깔의 빛이 들어오느냐에 따라 정해지는 거예요. 가시광선은 무지개의 색처럼 여러 가지 색깔의 빛이 합쳐진 거예요. 잘 익은 사과가 빨간색으로 보이는 것은 사과에서 빨간색 빛이 반사되어 우리 눈에 들어오기 때문이지요. 블랙홀은 중력이 너무나 강해서 빛조차 빠져 나오지 못하는 천체예요. 그러니까 모든 빛을 흡수하기만 하고 반사하지 않으니 검은색으로 보이는 거예요. 하지만 블랙홀의 색깔을 우리가 보는 가시광선으로는 관측을 할 수 없기 때문에 정확하게 색깔을 알 수 없답니다.

블랙홀에 빠졌다가 다행히도 나오게 된다면 어디로 갈까요? 과학자들은 블랙홀과 반대되는 존재인 '화이트홀'로 추측하고 있어요. 블랙홀로 사라진 물질은 출구인 화이트홀로 나온다는 거지요. 블랙홀과 화이트홀을 이어주는 통로는 '웜홀'이라고 하지요. 웜홀(wormhole)이란 '벌레 구멍'을 뜻해요. 사과 표면의 애벌레 한 마리가 반대편으로 가는 방법은 두 가지예요. 하나는 표면을 기어가는 것이고, 다른 하나는 사과 속으로 구멍을 파면서 가는 거지요. 그러면 들어간 쪽은 블랙홀, 나온 쪽은 화이트홀, 지나온 길은 웜홀이 되지요.

◆ 블랙홀은 어디에 있을까?

블랙홀은 수수께끼가 많은 천체예요. 천체는 우주에 있는 모든 물체를 통틀어서 부르는 말인데 블랙홀도 보이지 않지만 천체랍니다. 우리가 살고 있는 지구는 태양계에 속한 행성이에요. 태양계에는 지구를 비롯한 수성, 금성, 화성, 목성, 토성, 천왕성, 해왕성과 같은 행성이 있어요. 또 달과 같이 행성 주위를 도는 위성, 행성보다 더 작은 소행성, 긴 꼬리를 가지고 태양을 찾아오는 혜성 등 많은 천체들이 있어요.

태양계가 속해 있는 우리은하에는 블랙홀이 100만 개도 넘게 있다고 해요. 그런데 빛이 반사되지도 않고 보이지도 않는데 어떻게 블랙홀이 있는지 알 수 있을까요? '초등학생을 위한 세상에서 가장 쉬운 천체 물리학'이라는 부제가 붙은 《블랙홀이 뭐예요?》라는 책에는 블랙홀에 대해 초등학생이 알아두면 좋은 내용이 생생한 그림과 함께 소개되어 있어요.

글을 쓴 미네시게 신 교수님은 대학교와 대학원에서 블랙홀 천문학을 전공하고 교토대학교 교수로 일하고 있어요. 블랙홀이 어떻게 만들어지는지, 블랙홀의 특징은 무엇인지, 우리가 블랙홀이 있다는 것을 어떻게 아는지 등이 설명되어 있어요.

물체와 물체 사이에는 보이지는 않지만 중력이라는 힘이 작용해요. 사람과 물체 그리고 사람과 사람 사이에도 작용하고 사람과 지구 사이 그리고 지구와 달 사이에도 중력이 작용하고 있어요. 그래서 사람들이 지구 표면에서 살 수 있고, 달이 지구 주위를 돌게 되지요. 1666년 영국의 과학자 아이작 뉴턴이 떨어지는 사과를 보면서 '왜 사과가 땅으로 떨어질까?' 연구한 끝에 '만유인력'을 발견했지요. 즉, 모든 물체(만유) 사이에 끌어당기는 힘(인력)이 존재한다는 거예요.

만유인력은 '중력'이라고도 해요. 사과가 땅으로 떨어지는 이유는 지구의 질량이 사과의 질량보다 엄청 크기 때문이에요. 질량이 큰 물체와 질량이 작은 물체 사이에 똑같이 중력이 작용하지만 질량이 작은 물체가 질량이 큰 물체 쪽으로 끌려가지요.

1915년 독일의 물리학자 알베르트 아인슈타인은 질량을 가진 물체가 존재하면 공간이 휘게 되는데 공간이 휘어 있기 때문에 중력이 생긴다는 일반 상대성 이론을 발표했지요. 그러니까 태양과 같이 질량이 큰 물체 주변에는 공간이 휘어 있기 때문에 빛의 진행 방향도 휘어진다는 거예요. 이것은 일식이 일어날 때 태양 주변의 빛이 실제로 휘어진다는 것을 관측하므로써 일반 상대성 이론이 맞다는 것이 증명되었지요. 중력이 너무나 커서 빛조차 빠져 나오지 못하게 되면 그것을 '블랙홀'이라고 하는 거지요. 그런데 질량을 가진 물체가 운동을 하게 되면 중력의 변화가 공간을 통해 파동처럼 퍼져 나가요. 중력이 물결처럼 퍼져나가는 것을 '중력파'라고 하는데 블랙홀에서도 중력파가 나온다는 것이 알려져 있었어요.

◈ 중력이 파도처럼 밀려온다

2015년 9월 중력파 검출기인 라이고(LIGO)에서 최초로 중력파를 검출하는데 성공했어요. 중력파는 1916년 아인슈타인의 상대성 이론으로 예측되었지만, 워낙 미약해서 검출하는 것이 어려웠지요. 100년이 지난 2015년에야 검출할 정도로 힘든 일이었지요. 중력파 검출의 공로로 라이너 바이스, 배리 배리시, 킵 손이 2017년 노벨 물리학상도 수상했지요.

　예전에는 블랙홀이 있다는 것은 X선을 관측해서 알 수 있었어요. 백조자리의 천체 X-1은 블랙홀로 추정된 최초의 천체였어요. 1974년 블랙홀 연구로 가장 유명한 스티븐 호킹과 2017년 노벨 물리학상 수상자 중 한 명인 킵 손은 백조자리 X-1을 놓고 내기를 걸었대요. 스티븐 호킹은 백조자리 X-1이 '블랙홀이 아니다'에 걸고 킵 손은 '블랙홀이다'에 걸었지요. 그런데 1990년에 호킹은 내기에 졌음을 인정했지요. 이 얘기는 백조자리 X-1이 블랙홀이라는 것이 밝혀진 거예요. 백조자리 X-1에 'X'라는 이름이 붙여진 것은 이 천체가 X선을 내뿜기 때문이에요. X선은 우리가 병원에서 병을 진단하기 위해 촬영하는 그 X선이에요. 블랙홀이라는 천체에서 내뿜는 X선을 관측함으로써 블랙홀임을 입증하는 거예요. 블랙홀은 중력이 너무 커서 빛조차 빠져 나오지 못하지만 X선이나 중력파가 나와요. 보이지는 않지만 X선이나 중력파를 관측해 블랙홀이 있다는 것을 알게 되는 것이랍니다.

그런데 '블랙홀'이라는 이름은 어떻게 만들어졌을까요? 1783년 영국의 천문학자 존 미첼은 뉴턴의 중력 이론에 의해 탈출 속도가 빛보다 빠른 천체의 존재에 대해 이야기했어요. 이것을 '어두운 별(Dark star)'이라고 했는데 말 그대로 '빛을 내지 않는 별'이라는 뜻이지요. 그러나 어두운 별은 계산 결과 별의 크기가 터무니 없이 작아져야 했기 때문에 이론적으로만 생각해오고 있었지요. 블랙홀의 현대적인 개념은 아인슈타인의 새로운 중력으로부터 나오기 시작했어요.

아인슈타인은 '질량-에너지 등가 원리'로 인해 빛의 중력장의 영향을 받는다는 것을 예측했어요. 이런 예측 이후 1916년 독일의 물리학자이자 천문학자인 카를 슈바르트실츠는 블랙홀의 존재 가능성을 계산해냈고, 그 블랙홀을 '아무것도 탈출할 수 없는 공간상의 영역'이라고 해석한 것은 1958년 미국의 물리학자 데이비드 핀켈스타인이었어요. '마치 구멍처럼 빛을 포함한(black) 어떤 것도 빠져나오지 못한다'는 의미의 블랙홀(black hole)이라는 이름은 1967년 미국의 물리학자 존 아치볼드 휠러가 붙였다고 해요.

그렇다면 보이지도 않는 블랙홀은 어떤 모습을 하고 있을까요? 이 책의 글을 쓴 미네시게 신 교수님과 그림을 그린 구라베 교코 작가님은 초등학생들에게 블랙홀의 모습은 이해시키기 위해 노력한 끝에 짧지만 명확한 설명과 그림을 완성했어요. 이 책의 그림을 보면 블랙홀의 모습이 머릿속에 잘 떠오를 거예요.

  하지만 미네시게 신 교수님은 아직도 블랙홀에 대한 비밀이 많이 남아 있으므로 여러분들이 천문학자로 자라서 그 비밀을 푸는 주인공이 되었으면 좋겠다고 이야기하고 있어요. 이 책을 읽고 블랙홀의 모습을 마음속에 담아두고 과학 공부를 열심히 한다면 여러분이 블랙홀에 대한 나머지 비밀을 밝힌 사람이 될지도 몰라요.

3-1 지구의 모습 5-1 태양계와 별 6-1 지구와 달의 운동

• Science Book 22 •

천문학과 점성술의 차이는 종이 한 장?
《재밌어서 밤새 읽는 천문학 이야기》

아가타 히데히코 | 더숲(2018)

🟫 보름달은 언제 어디서 뜰까?

보름달을 본 적이 있지요? 반달도 보고 손톱달이라고 하는 초승달도 보았겠지요. 보름달은 언제 볼 수 있나요? 반달이나 초승달은 언제 볼 수 있나요? 달이 뜨는 원리는 교과서에서는 초등학교 6학년 과정에 나와요. 하지만 천문학 관련 책들이 많이 있어서 그보다 어린 초등학생들도 잘 알지요. 우리나라에서 큰 명절은 설날과 추석이지요. 이 명절을 모두 달과 관련이 있어요. 설날도 음력으로 새해가 시작되는 첫날인 1월 1일이고, 추석은 음력으로 8월 15일이지요.

　음력은 지구 둘레를 도는 달을 기준으로 한 달을 정하는 거예요. 그래

서 음력으로 1일이 되면 새로운 달이 시작되는데 달은 태양 쪽에 있어서 보이지 않아요. 음력으로 7일이 되면 달이 반만 보이는 반달이 되는데 이것을 상현달이라고 하지요. 15일이 되면 지구를 기준으로 달이 태양의 반대쪽에 있어서 달의 앞쪽 부분 모두 보여 완전히 둥글게 보여요. 이 달을 보름달이라고 해요. 23일 즈음 되면 달이 다시 반만 보이는데 이것을 하현달이라고 하지요. 30일이 되면 다시 달이 태양 쪽에 있어서 보이지 않게 되는데 이것은 그믐달이에요.

그러면 음력 15일이 되었을 때 보름달은 어디서 몇 시에 뜰까요? 보름달이 무엇인지 알았으니 충분히 생각할 수 있지요? 우리가 하늘에서 볼 수 있는 천체는 모두 동쪽에서 떠서 남쪽을 지나 서쪽으로 지지요. 태양이 동쪽에서 떠오르면 낮이 시작되고 남쪽에 오게 되면 한낮이 되고 서쪽으로 지면 밤에 시작되지요. 태양은 별이어서 스스로 빛과 열을 내지만 달은 그렇지 못해서 태양의 빛을 반사한 것을 우리가 보는 거예요. 그래서 태양이 있을 때는 태양빛이 너무 세서 달이 보이지 않아요. 달이 보이기 시작하는 것은 태양이 지기 시작할 때예요. 보름달은 지구를 기준으로 태양 반대쪽에 있을 때라고 했지요? 그러니까 보름달은 태양이 서쪽으로 질 때 동쪽에서 떠오르는 거예요. 그리고 보름달이 남쪽에 있을 때 한밤중이 되고 서쪽으로 지면 아침이 되어 동쪽에서 다시 태양이 떠오르지요. 달은 지구 주위를 돌고 지구는 태양 주위를 돌기 때문에 지구에서 보는 달의 위치가 매일 조금씩 바뀌지요. 그래서 달의 모양도 매일 달라지는 거예요.

⬢ astronomy와 astrology

이렇게 지구와 달의 운동을 연구하는 학문이 바로 천문학이지요. 물론 천문학은 지구와 달의 운동만 연구하는 것이 아니라 천체의 생성과 진화, 우주의 구조, 천체의 운동과 성질 등을 연구하지요. 천문학의 천은 하늘 천(天)이고 문은 글월 문(文)이고 학은 배울 학(學)이에요. 문(文)은 글을 뜻하기도 하지만 학문이나 법도를 뜻하기도 해요. 그래서 천문학은 하늘을 배우는 학문 또는 하늘의 법도를 배우는 학문이지요. 영어로는 astronomy라고 하는데 astr는 그리스어로 '별'을 의미하고 nomy는 '법칙'을 의미하지요. 그래서 천문학은 우주의 별, 행성, 위성 그리고 다른 천체들에 대해 과학적으로 연구하는 학문이라는 뜻이 되지요.

같은 어원을 가진 말에 점성술이 있어요. 영어로는 astrology라고 하는데 astr는 역시 별을 의미하고 logy는 '과학'이라는 뜻이에요. 즉, 별을 연구하는 과학인데, 점성술은 천체의 운행이 인간에게 미치는 영향을 주로 연구하는 학문이지요. 점성술의 점은 점칠 점(占)이고 성은 별 성(星)이고 술을 재주 술(術)이에요. 그대로 풀어 쓰면 '별로 점을 치는 재주'라는 뜻인데 영어의 의미인 '별을 연구하는 학문'과는 차이가 있어 보이네요.

우리나라의 과학 교육과정에서 천문학은 '지구의 모습', '태양계와 별', '지구와 달의 운동' 단원과 관련이 있는데 지구과학 영역에 분류되어 있어요. 그런데 사실 천문학은 천체의 운동이나 우주의 구조 등을 연구하는 학문이므로 물리학과 관련이 깊어요. 그래서 갈릴레오 갈릴레이나 아이작 뉴턴 등 위대한 물리학자들은 천문학자이기도 하지요. 갈릴레이는 자신이 직접 만든 망원경으로 목성을 관측하면서 4개이 위성을 발견했지요. 위성 4개를 발견한 것이 그렇게 대단한 일인가 생각하겠지만 이 발견은 정말 대단한 사건이 있어요.

아리스토텔레스가 틀렸다!

고대 그리스의 철학자이자 자연과학자였던 아리스토텔레스는 천체는 완벽한 존재라서 지구를 중심으로 원운동을 하고, 지상의 물체들은 완벽하지 못해서 직선 운동을 한다고 주장했지요. 갈릴레이는 목성의 위성이 지구가 중심이 아닌 목성을 중심으로 원운동을 하는 천체를 최초로 발견한 거예요. 이를 계기로 갈릴레이의 발견이 코페르니쿠스의 지동설(태양 중심설)을 지지하는 근거가 된 거예요. 또 아이작 뉴턴도 지구와 달에 중력이 작용하는데 왜 달이 지구로 떨어지지 않는지 설명하므로써 천문학 발전에도 크게 기여했지요.

갈릴레이의 발견은 하늘에서의 천체의 운동이나 지구에서의 공의 운동이 다르지 않다는 것을 밝힌 거예요. 아리스토텔레스는 하늘과 땅에서의 운동이 다르다고 주장했어요. 2,000년이 넘게 믿어왔던 아리스토텔레스의 주장이 갈릴레이의 천문학 덕분에 틀렸다는 것이 밝혀진 거예요. 하지만 아리스토텔레스도 대단한 천문학자였어요. 월식을 관측하면서 지구가 둥글다는 알아냈지요. 태양-지구-달이 순서대로 있게 되면 가끔 달에 지구의 그림자가 생겨요. 그 그림자 때문에 달의 일부 또는 전부가 어둡게 보이는 것을 월식이라고 해요. 태양-지구-달 순서로 있을 때는 언제라고 했지요? 그래요. 바로 보름이에요. 그래서 월식은 항상 보름날 밤에 일어나요. 물론 보름날마다 월식이 일어나지는 않아요. 지구와 달이 공전하는 면이 아주 조금 어긋나 있기 때문이지요.

아리스토텔레스는 월식 때 달에 비친 지구 그림자의 가장자리가 둥근 것을 보고 지구가 둥글다고 생각한 거지요. 그때까지만 해도 지구가 둥글다는 것을 생각하지 못했지요. 아리스토텔레스의 천문학 덕분에 우리는 지구가 둥글다는 것을 알게 되었지요. 하늘에서 일어나는 일을 안다는 것이 재미있고 신기하지 않나요?

◆ 천문학은 재밌지만 무섭기도 하다?!

그렇다면 《재밌어서 밤새 읽는 천문학 이야기》를 읽어보세요. 이 책은 일명 '재있밤' 시리즈 중 한 권이에요. 이 시리즈는 일본에서 나온 책을 우리말로 옮긴 거예요. 제목과 줄임말이 재밌어서 일본어로 된 원서의 제목을 보니 '재밌어서 잠을 잘 수 없게 되는 천문학'이라고 되어 있네요. '잠을 잘 수 없게 되는'을 우리말로 옮기면서 '밤새 읽는'으로 바꾼 거예요. 부정적인 의미의 일본어 원서보다 긍정적인 우리말이 더 와닿는 것 같아요. '재밌밤'이라고 세 글자로 줄이기도 더 좋고요.

이 시리즈의 첫 책은 2013년 2월에 출간된 '화학 이야기'예요. 이후 수학, 물리, 지구과학, 인체, 생명과학, 소립자, 원소, 유전자, 천문학, 해부학, 식물학, 인류 진화, 공룡 등이 계속 출간되고 있어요. 그런데 이 시리즈는 다른 과학책 시리즈와 한 가지 다른 점이 있어요. 나는 이 다른 점이 큰 의미가 있다고 생각해요. 위에 이야기한 주제의 책에는 한 권의 책이 더 있다는 거예요. 바로 '무섭지만'이라는 수식어가 붙은 책이지요. 그러니까 《재밌어서 밤새 읽는 천문학 이야기》가 있으면 《무섭지만 재밌어서 밤새 읽는 천문학 이야기》도 있다는 거예요.

나는 지금까지 과학과 관련된 글을 많이 써왔지만 과학이 무섭다는 취지로 글을 쓴 적은 없어요. 과학은 언제나 호기심의 대상이고, 재미있고, 신기하니 흥미를 가지라는 글을 썼지요. 그런데 이 시리즈에는 제목 자체에 '무섭다'라는 말을 붙인 거예요. 물론 '무섭지만'이라고 붙여서 재밌다는 것을 강조하려고 한 것이 이해되네요. 일본어 원서의 제목은 '무서워서 잠을 잘 수 없게 되는'이라고 되어 있어요. 우리말로 옮길 때 '재밌밤' 시리즈이므로 '무섭지만'이라고 붙인 거지요.

과학이 무서울까요? 사실 과학은 무서운 면이 많아요. 1900년대 초부터 원자의 구조가 점점 밝혀지면서 물리학이 급격하게 발전하게 되었어요. 원자가 원자핵과 전자로 구성되어 있고, 원자핵도 양성자와 중성자를 되어 있다는 것도 밝혀졌지요. 알베르트 아인슈타인도 상대성 이론을 통하여 '질량-에너지 등가 원리'를 밝히므로써 원자핵이 변환하면서 엄청난 에너지가 나온다는 것을 알게 되었어요. 이렇게 해서 만들어진 것이 '원자 폭탄'이에요. 이런 원자 폭탄은 제2차 세계 대전 때 일본의 히로시마와 나가사키에 떨어지면서 순식간에 수많은 사람이 죽게 되었지요. 단 2개의 원자 폭탄이 떨어졌는데 지금까지도 고생하는 사람들이 있을 정도니 정말 무서운 일이지요. 이런 원자핵 반응을 급격하게 일어나게 되면 폭탄이 되고, 서서히 일어나게 하면 원자력 발전소에서 전기를 만들어내지요.

그러니까 과학은 똑같은 원리지만 어떻게 이용하느냐에 따라 고맙기도 하고 무섭기도 한 거예요. 이런 면에서 '무섭지만'이라는 수식어가 붙은 책도 의미가 있다고 생각해요. 그렇다면 '천문학'을 다루는 책에서는 무엇이 무서울까요?

◉ 생물을 멸종시킬 수 있는 천체들

밤하늘은 잘 관측해 보면 가끔 별똥별이 떨어져요. 깜깜한 밤하늘에 한 줄기 빛이 지나가다 사라지지요. 이런 별똥별이 어느 날 비처럼 쏟아질 때도 있어요. 이것을 '유성우'라고 하지요. 사람들은 이런 날 유성우를 보면서 소원을 빌기 위해 먼 길도 마다하지 않고 가지요. 그런데 어느 한 별똥별이 지구의 대기에서 다 타버리지 않고 땅으로 떨어질 때도 있어요. 이것을 '운석'이라고 하지요. 운석의 크기가 작다면 별일이 없겠지요.

하지만 지금으로부터 약 6,500만 년 전 운석과 비슷한 지름 10킬로미터짜리 소행성이 멕시코 유카탄 반도에 떨어졌어요. 이 일로 지구에 어떤 일이 일어났을까요? 그때까지 지구를 지배하며 떵떵거리며 살던 공룡이 한순간에 멸종하게 되었어요. 공룡뿐만 아니라 육상 생물의 75퍼센트가 멸종되었어요. 이 정도면 무서운 정도가 아니지요? 유성우를 보러 가며 유성이 무엇인지, 어디서 떨어지는지를 아는 것은 《재밌어서 밤새 읽는 천문학 이야기》에 나오는 이야기이고, 소행성이 충돌하여 지구를 위협하는 이야기는 《무섭지만 재밌어서 밤새 읽는 천문학 이야기》에 나오는 거예요.

밤하늘에서 몇 개의 별자리를 찾을 수 있나요? 보통 사람들은 세 개도 찾기도 힘들어요. 여러분도 그렇다면 오늘부터라도 밤하늘을 올려다보면서 살았으면 좋겠어요. 저 멀리에 있는 별들을 보면 조금 힘든 일도 사소한 일처럼 느껴지며 하루하루를 더 존중하며 살게 되지요. 그러다 보면 더 많은 별자리도 찾을 수 있을 거예요.《재밌어서 밤새 읽는 천문학 이야기》가 도와줄 거예요.

3-1 지구의 모습 5-1 태양계와 별 6-1 지구와 달의 운동

• Science Book 23 •

소행성 이름에 세종대왕을 붙인 사람은?
《사이다 3 태양계×어린왕자》

박대영 | 상상아카데미(2021)

📦 재미있는 과학책, 과학관이 나섰다

과학관에 가본 적이 있나요? 학교에서 선생님과 견학을 가기도 하고, 부모님과 함께 가기도 했을 거예요. 과학관에서 진행하는 프로그램에 참가할 수도 있어요. 과학관은 과학과 관련된 자료와 물품을 갖추고 과학의 모습과 과학적 정보를 제공해 주는 곳이지요.

경기도 과천에 있는 국립과천과학관, 대전광역시에 있는 국립중앙과학관을 비롯하여 서울의 국립어린이과학관, 서울시립과학관이 있고, 각 지자체별로 과학관이 있어요. 과학관이라는 명칭 말고도 과학전시관, 자연사박물관, 생태원 등 여러 가지 이름을 가지고 있는데 이름에

따라 전시 물품이나 제공해 주는 정보가 조금씩 다르지요.

예전에 어린이 과학 잡지 기자로 미국의 스미스소니언 박물관 단지와 국립뉴욕자연사박물관을 취재한 적이 있어요. 특히 스미스소니언 국립자연사박물관 출입문을 여는 순간 거대한 공룡 화석에 압도되고 말았지요. 미국의 수도인 워싱턴 D.C에는 워싱턴 기념관과 국회의사당 사이에 박물관 단지가 조성되어 있어요. 스미스소니언 국립자연사박물관을 비롯하여 국립항공우주박물관과 미국국립미술관 등 엄청난 규모를 자랑하는 박물관들이 있어요. 이 단지에 있는 박물관, 미술관, 전시관 등이 모두 무료라는데 또 한 번 놀랐지요. 모든 사람들이 언제든지 자유롭게 이용할 수 있게 한 미국의 생각이 부러웠지요. 1990년대 말까지도 우리나라에는 순수한 자연사박물관이 하나도 없었거든요. 물론 작은 규모의 자연사박물관이 없는 것은 아니었지만 2000년대 들어서면서 서울에 서대문자연사박물관과 충남 공주시에 계룡산자연사박물관(현재 명칭은 한국자연사박물관)이 세워졌어요.

과학관이나 박물관에서 일하는 사람들은 대부분 관련 분야를 공부한 전문가들이 많아요. 과학과 자연사에 대해 보여주어 알려주고 설명할 수 있으려면 전문가가 필요한 거예요. 서대문자연사박물관 관장, 서울시립과학관 관장, 국립과천과학관 관장 등 우리나라 중요 과학관 관장을 지낸 이정모 관장님은 대표적인 과학 저술가예요. 국립과천과학관 관장으로 있으면서 각 분야별 전문가와 출판사의 도움을 받아 과학을 쉽고 재미있게 알리고 싶었어요. 그래서 출간되기 시작한 책이 '사이다' 시리즈예요. 과학을 뜻하는 '사이언스(science)'와 모두를 뜻하는 '다'를 합친 말이지요. '과학의 모든 것', '톡 쏘는 사이다처럼 톡톡 튀는'이라는 뜻을 담았다고 해요. 강하게 발음하면 '싸이다'가 되는데 '과학적 지식이 점점 쌓이다'라는 의미도 있어요. 이 모든 의미 위에 과학과 독자 '사이'를 잇고자 하는 마음을 듬뿍 담아 책을 펴내고 있어요.

'털보' 이정모 관장님은 이 책의 펴내는 글을 통해 21세기 핵심 능력인 '과학 문해력'을 키워야 한다고 강조하고 있어요. 과학 문해력이란 과학을 이해하며 즐길 수 있는 문해력인데, 단순히 현상과 공식을 아는 행위가 아니라 사실을 오해 없이 받아들이고 실제로 이해하는 능력이에요. 이런 과학 문해력을 키워줄 사이언스 커뮤니케이터가 직업인 과학자들이 모여 있는 곳이 바로 과학관이에요. 과학관의 과학자들은 전시와 교육을 통해서 과학 문해력을 높이는 일을 한다고 이정모 관장님이 말하고 있어요. 이정모 관장님은 《과학관으로 온 엉뚱한 질문들》이라는 책에서 "과학관은 호기심을 해결하는 곳이 아니라 새로운 질문들 얻어가는 곳이다."라고 말하며 질문을 강조했지요. 호기심, 질문 또 호기심, 질문을 하다 보면 어느새 과학 문해력도 향상될 거예요. 그런 의미에서 사이다처럼 시원하게 즐기는 동안 과학 지식이 차곡차곡 쌓이고 과학 문해력이 껑충 뛰어오르는 경험을 하게 될 것이라며 이정모 관장님이 밝히고 있어요. 우리나라 과학책 대표 저자인 경희대학교 물리학과 김상욱 교수님도 "아이와 부모 그리고 전문가가 모두 만족할 어린이 과학책 시리즈가 등장했다."라며 과학관의 최고 전문가들의 고민이 '사이다' 시리즈에 녹아 있다고 하네요.

◆ 설탕물에 이산화 탄소 녹듯

'사이다' 시리즈는 어떤 주제가 있고 어떤 전문가가 참여하여 글을 썼을까요? 《사이다》 1권의 주제는 '바다탐험×인어공주'예요. 글을 쓴 정원영 님은 환경 교육을 전공하여 박사학위를 받은 환경연구가예요. 《사이다》 2권의 주제는 '인공지능'이에요. 글을 쓴 정은경 님은 대학원에서 과학과 인문학을 융합한 테크노인문학을 전공한 사이언스 커뮤니케이터예요. 《사이다》 3권의 주제는 '태양계×어린왕자'예요. 글을 쓴 박대영 님은 천체사진가이면서 관측천문학과 대중천문학을 전공한 과학문화기획자예요. 《사이다》 4권의 주제는 '바이러스'예요. 글을 쓴 김선자 님은 생명과학을 전공하여 박사학위를 받은 생명과학 분야의 전문 전시기획자예요. 《사이다》 5권의 주제는 '로봇×피노키오'예요. 글을 쓴 박진녕 님은 산업디자인과 인터랙션디자인을 전공한 전시디자이너예요. 《사이다》 6권의 주제는 '열에너지'예요. 글을 쓴 유만선 님은 기계공학의 열과 에너지 연구로 박사학위를 받은 첨단 기술 전시기획자예요. 《사이다》 7권의 주제는 '시간×이상한 나리의 앨리스'예요. 글을 쓴 박은지 님은 과학교육을 전공하여 박사학위를 받고 천문 및 지구과학 분야의 전문 전시기획자예요.

권별로 주제와 지은이들의 전문 분야를 일일이 소개한 것은 이 시리즈가 전문가의 머릿속에서 오랫동안 고민과 전시 경험이 어우러져 태어났다는 것을 강조하기 위해서예요. 국립과천과학관은 과학기술정보통신부에 소속된 우리나라에서 가장 규모가 큰 과학관이에요. 전시관만 해도 과학탐구관, 한국과학문명관, 첨단기술관, 자연사관, 미래상상

SF관 그리고 천체투영관과 천문대 등이 갖추어져 있어요. 그러니까 '사이다' 시리즈는 이런 전시관에서 전문적으로 전시, 교육, 강의 등을 하는 전문가가 저자로 참여하고 있는 거예요.

 이 시리즈는 몇 권이 더 출간될 것 같아요. 한국과학문명관과 관련하여 우리나라의 전통 과학을 주제로 하는 책이 나올 수도 있을 것 같고요. 자연사관과 관련하여 공룡 또는 화석을 주제로 한 책도 충분히 나올 수 있을 거예요. 여러분이 국립과천과학관 관장이라면 어떤 주제로 책을 낼지 생각해 보는 것도 재미있을 것 같아요. 그러기 위해서는 먼저 국립과천과학관을 가봐야겠지요?

 국립과천과학관에서 여러 차례 전시물들을 보았는데 지금도 기억에 남는 것이 천체투영관이에요. 천체투영관을 플라네타륨이라고도 하는데 과학관에 가면 둥글고 커다란 돔을 볼 수 있어요. 국립과천과학관의 플라네타륨 돔은 지름이 25미터로 우리나라에서 가장 커요. 내부에 들어가 의자에 누우면 돔 스크린에 환상적인 밤하늘이 펼쳐지지요. 여기에 음악과 전문 해설사의 별자리 이야기를 들으면 우리 인간이 우주에서 얼마나 작은 생명체인지 깨닫게 되지요. 이런 플라네타륨은 웬만한 천문대라면 갖추어놓는 시설인데요. 언젠가 일본의 어느 한 출판사에 갔을 때 옥상에 플라네타륨이 있어서 깜짝 놀랐어요. 그 출판사에 사람들이 방문했을 때 언제든지 플라네타륨을 이용할 수 있게 한 거예요.

🔹 소행성이 된 B-612

천체투영관과 천문대 관련 과학문화기획자인 박대영 님이 지은 《사이다》3권의 '태양계×어린왕자'는 어떤 내용을 담고 있을까요? 이 책은 리피, 하몽. 은하 그리고 미리내가 주인공으로 등장하는 이야기를 통해 태양계의 행성을 알아가는 과정을 그린 거예요. 리피는 B-612라는 별에 사는 어린왕자이고 하몽은 어린왕자와 함께 사는 장미꽃이에요. 은하는 우주생물학자가 꿈인 열한 살 지구 소녀예요. 할아버지가 만들어 주신 우주선을 타고 우주 여행하다가 우주선에 고장 나 우연히 B-612에 착륙하면서 어린왕자와 하몽을 만나게 되지요. 미리내는 은하의 할아버지가 개발한 로봇으로 우주에 대해서라면 무엇이든지 알려주는 은하의 친구예요.

B-612라는 별에 대해 들어 보았나요? 생텍쥐페리의 책 속 어린왕자가 사는 소행성인데 실제로는 존재하지 않는 천체예요. 그런데 어린왕자를 진심으로 사랑한 에머리와 그리가르라고 하는 두 천문학자가 1993년 10월 15일에 새로 발견된 소행성에 '46610 베시두즈'라는 이름을 붙이자고 제안했대요. '베시두즈'는 프랑스어로 B-6-12라는 뜻이라고 해요.

국제천문연맹의 소행성센터는 두 사람의 제안을 받아들여서 46,610번째로 등록된 소행성에 'B-612'라는 이름을 붙여 주었대요. 하늘나라에 있는 생텍쥐페리가 이 소식을 듣는다면 B-612 소행성으로 갈지도 모르겠네요. 어차피 생텍쥐페리는 하늘나라에 있으니까 쉽게 찾을 수 있을 거예요. 그런데 실제로 소행성의 이름은 어떻게 짓는 걸까요? 궁금하면 '은하의 과학 뽐내기' 코너를 보세요.

지구와 같이 태양 주위를 도는 천체를 행성이라고 하잖아요? 수성,

금성, 지구, 화성, 목성, 토성, 천왕성, 해왕성을 행성이라고 하지요. 예전에는 명왕성을 태양계 아홉 번째의 행성이라고 했지만 2006년부터 '왜소행성'으로 분류하고 있어요. 소행성은 말 그대로 작은 행성을 말해요. 화성과 목성 사이에는 소행성들이 많이 모여 있는 지역이 있어요. 이곳을 '소행성대'라고 해요. 소행성대에서 가장 먼저 발견된 소행성은 '세레스'예요. 1801년 1월 1일에 이탈리아의 천문학자 피아치가 발견했지요. 세레스라는 이름은 로마 신화에 나오는 '농업과 곡물의 여신'이에요. 그래서 첫 번째로 발견된 소행성의 공식 명칭은 '1 세레스'고, B-612는 '46610 베시두즈'가 되는 거예요.

소행성의 이름에는 우리나라 사람의 이름이 붙어 있는 것도 있어요. '63145 최무선', '63156 이천', '68719 장영실', '72021 이순지', '72059 허준' 등 우리나라 과학 분야의 위인들이 있어요. 그런데 우리나라의 위인하면 세종대왕이 떠오르는데 세종 또는 세종대왕 이름이 붙은 소행성을 없을까요? 있어요. '7365 세종'인데요, 일본 사람이 발견했고 세종대왕의 이름을 붙인 거예요. 7,365번째로 발견된 소행성에 세종대왕의 이름을 붙인 것인데요, 1996년 일본의 와타나베 가즈오라는 아마추어 천문가가 발견했대요. 이 사람은 669개의 소행성을 발견했고, 자기 이름도 '4155 와타나베'라고 붙였다니 대단한 사람이네요.

이렇게 '태양계×어린왕자'에는 태양계의 행성과 관련된 재미있는 정보와 지식이 많아요. 국립과천과학관 천체투영관에 가게 된다면 가기 전에 이 책을 읽어보면 도움이 많이 될 것 같아요. 혹시 알아요? 글을 쓴 박대영 님도 만나게 될지요.

3-1 지구의 모습 5-1 태양계와 별 6-1 지구와 달의 운동

• Science Book 24 •

별똥별을 볼 때 가장 필요한 것은?
《별똥별 아줌마가 들려주는 우주 이야기》

이지유 | 창비(2011)

🎲 별똥별 아줌마가 천문대에 가는 이유

초등학생인 딸에게 읽어 줄 그림책을 찾고 있던 중에 아주 이상한 책을 알게 되었지요. 책의 제목도 《이상한 자연사 박물관》이었지요. 어린 딸을 데리고 휴일이면 동네 야트막한 산이나 공원 풀밭에서 곤충과 풀을 관찰하는 것을 좋아했던 나에게도 이 책은 아주 흥미로운 제목이었지요. 설레는 마음으로 딸과 책을 보기 시작했어요.

그런데 이 책의 본문에는 글이 하나도 없었어요. 오로지 그림만 있었어요. 책을 읽는 것이 아니라 보기만 할 뿐이었지요. 그런데 마지막 책장을 넘겼을 때 감동을 받아, 동시에 딸과 나는 서로를 쳐다보았어요.

글이 없어도 감동받을 수 있는 책이 있다니, 그때 처음 경험했지요. 이 책을 아이와 부모가 함께 본다면 서로의 느낌을 주고받으며 이야기하는 데 아주 좋아요. 글이 없고 그림만 있기 때문에 책을 어떻게 보았는지 이야기하고 싶어지니까요.

엄마나 아빠가 설명을 해주어도 좋아요. 그래서 그런지 이 책의 끝에는 과학자의 해설이 담겨 있어요. 해설을 쓴 과학자는 '별똥별 아줌마'로 유명한 이지유 작가님이에요. 이지유 작가님은 이 책이 나오기 몇 개월 전에 《별똥별 아줌마가 들려주는 우주 이야기》를 펴낸 과학 전문 저자로 막 알려지기 시작했지요. 천문학자인 남편과 두 아이를 둔 별똥별 아줌마는 대학교와 대학원에서 지구과학교육과 천문학을 공부한 과학자로 엄마가 아이에게 이야기하듯이 책을 썼어요. '별똥별 아줌마가 들려주는 ○○ 이야기' 시리즈는 우주 이야기를 시작으로 공룡, 지구, 화산, 몸, 사막, 아프리카, 남아메리카가 출간되었어요.

20년이 지난 지금도 이 시리즈는 계속 출간되고 있는 셈이지요. 이지유 작가님이 지금까지 출간해 온 책들을 보면 한마디로 대단하다는 생각이 들어요. 대학과 대학원에서 과학을 전공했으니 과학 분야의 전문 지식은 말할 것도 없고요, 그림을 잘 그려서 자신의 과학책에 직접 삽화를 그려 넣기도 하고요. 그러니 과학책이 더 정확하다고 볼 수 있어요. 또 그림책의 이야기를 쓰고 해설을 하고요, 외국 과학책을 번역하기도 하지요. 그뿐만 아니라 다른 작가들이 쓴 책에 오류가 없는지 합당한 이야기가 펼쳐지고 있는지 감수도 하지요. 또 재미있는 과학 이야기가 과학책에 대해 강연도 하지요. 이지유 작가님 이름으로 출간된 책이 80종

가까이 되니 과학 글을 쓰고 있는 나로서도 놀랍기만 할 뿐이에요. 이지유 작가님의 거의 첫 과학책이라고 할 수 있는 《별똥별 아줌마가 들려주는 우주 이야기》는 어떤 책일지 궁금하지요?

이 책은 2011년 미래M&B 출판사에서 처음 출간되었고, 10년이 지나 2001년 창비 출판사에서 10주년 개정판이 출간되었어요. 책의 시작은 '천문대 가는 날'이에요. 초판과 개정판의 중간 제목들이 아주 조금씩 달라져 있지만 근본적인 내용은 같아요. 물론 10년이 지난 후 그 사이 발전되거나 변한 내용들은 모두 개정이 되었지요. 우주 이야기를 하는 책이므로 '천문대 가는 날'로 시작하는 것이 아주 좋은 시작이지만, 이지유 작가님이 천문대에 가는 이유는 좀 남달라요. 천문대에서 별과 우주에 대해 학습도 하고 별도 관측하기도 하겠지만, 작가님의 남편이 천문대에서 연구하는 천문학자이기 때문에 주말이면 아이들과 함께 연구원들 식사를 챙기러 간다고 해요. 그러니 다른 누구보다도 천문대에 가는 이유가 다르지요.

천문대 하면 나에게도 남다른 추억이 있답니다. 지금 이 책에서 가는 천문대는 경상북도 영천시에 있는 '보현산 천문대'예요. 우리나라에서 가장 큰 망원경을 보유하고 있는 곳이지요. 만원짜리 지폐에 그려져 있는 망원경이 바로 보현산 천문대에 있는 1.8미터 반사 망원경이에요.

◆ 천문대는 왜 산꼭대기에 있을까?

우리나라에서 본격적으로 천문 연구를 위해 세워진 것은 '소백산천문대'가 처음이에요. 충청북도 단양군과 경상북도 영주시 사이에 있는 소백산 연화봉에 지름 61센티미터의 반사 망원경을 보유한 소백산천문대는 우리나라 최초의 국립천문대로 지금도 역할을 하고 있어요. 소백산천문대가 나와 무슨 추억이 있냐고요? 내가 어린이 과학 잡지 〈과학소년〉 기자로 일할 때, 1995년 4월 과학의 달 특별 기획으로 소백산천문대를 취재하여 기사를 쓰는 일을 맡게 되었거든요. 그런데 특별 기획이어서 나만 가는 것이 아니라 어린이 명예 기자 2명을 선발해서 함께 가는 거였어요. 남학생과 여학생 그리고 사진기자와 나는 1박2일 일정으로 취재를 갔지요. 4월호에 실릴 기사여서 1월에 가게 되었어요.

가장 가까운 역까지 기차를 타고 갔고, 기차역에서 우리를 안내해 줄 연구원님과 차를 탔어요. 그런데 눈이 너무 많이 와서 천문대로 가는 산 중간에서 걸어가야 했어요. 눈이 정말 허벅지까지 빠지는데 그렇게 많은 눈은 평생 처음 보았답니다. 지금 기억으로는 3시간 이상 눈길을 헤치면서 소백산천문대에 도착했는데 커다란 돔을 보는 순간 그동안 어려움이 봄 눈 녹듯이 사라지는 느낌을 받았어요. 눈이 부시게 푸른 하늘을 배경으로 보이는 거대한 돔은 취재진의 발걸음을 멈추게 했지요.

우리는 담당 연구원의 안내와 설명을 들으며 취재와 인터뷰를 했지요. 그날따라 밤하늘이 너무 맑아 정말 소금을 뿌려놓은 듯 많은 별을 보았답니다. 그리고 이번 취재의 가장 큰 목적이 '오리온 대성운'을 관측하는 것이었는데 연구원님도 이렇게 오리온 대성운이 잘 보이는 것은 1년에 몇 번 안 된다며 흥분하여 설명해 주었지요. 또한 천체를 관측하기 위해 커다란 돔이 좌우로 갈라지며 열릴 때 우리 취재진은 함성을 질렀지요. 처음 보는 취재진에게는 너무나 신기한 장면이었지요. 돔이 열리면서 로보트 태권V라도 나타날 것 같았지요. 모든 취재가 끝내고 천문대 숙소에서 주는 초코파이는 지금도 그 맛을 잊을 수가 없답니다. 저녁으로 먹은 된장찌개도 너무 맛있었지요.

이렇게 해서 과학 잡지 기자라는 신분 덕분에 특별한 추억을 만들게 되었지요. 12살이었던 두 초등학생은 지금은 28년이 지났으므로 40세 엄마, 아빠가 되었겠네요. 혹시 그때 취재 여행을 계기로 천문학자가 되었을지 모르겠고요. 이 일이 있은 지 1년 정도 지나서 우리나라에는 두 번째 국립천문대가 문을 열게 되었어요. 바로 보현산천문대가 1996년 4월에 개관한 거예요.

이때는 개관 기념으로 과학기술부 장관을 비롯하여 과학 관련 인사와 관련 기자들이 초청되었는데 나도 취재겸 함께 가게 되었지요. 소백산 천문대의 여운이 가시지 않았지만, 보현산천문대를 보고 다시 한번 놀라게 되었지요. 소백산 천문대의 망원경은 지름이 61센티미터인데, 보현산천문대의 망원경은 지름이 1.8센티미터 즉 180센티미터이니까 3배 정도 큰 거예요. 그러니 돔의 크기도 엄청 커 보였답니다.

보현산 천문대는 해발 1,124미터 보현산 정상에 세워졌는데 엄청나게 구불거리는 길을 따라 한참이나 올라가야 도착하지요. 산 전체를 빙빙 돌아가며 길을 내면 구불거리지 않을 텐데라는 생각을 했지만, 이 책을 읽고 나니 왜 구불거리는 길을 만들었는지 알게 되지요. 정답에 대한 힌트는 그 구불거리는 길은 모두 산의 남쪽에 있다는 거예요. 또 하나의 힌트는 보현산에 눈이 많이 온다는 거예요. 이 정도면 왜 길을 구불거리게 만들었는지 알겠지요?

2부 본질에 대한 탐구

이 책은 내가 보기에도 우주에 대해 알아야 할 모든 것이 담겨 있는 것 같아요. 천문대 이야기부터 행성 이야기, 일식과 월식 등 천문 관련 현상, 달과 생체 시계, 외계인과 화성인, 우주 개발과 허블 우주 망원경, 별의 일생과 진화 그리고 블랙홀, 우리은하와 너희 은하, 그리고 여성 천문학자와 천문학과 관련된 음악가와 화가에 관한 이야기가 끊임없이 펼쳐지지요.

유성우를 볼 때는 눕는 것이 최고

1998년 11월 17일 밤에 단군 이래 '최대의 우주쇼'라는 사자자리 유성우가 엄청 많이 떨어진다는 소식으로 나라가 들썩일 때예요. 천문학을 전공한 것은 아니지만, 과학 관련 종사자들과 모임을 만들어 토론도 하며 자연 탐사를 다니곤 했거든요. 그래서 사람들하고 컵라면과 음료수를 준비해서 경기도 이천시에 있는 청소년 수련원으로 갔어요. 그곳은 그날의 우주쇼 관람 극장이었지요. 하지만 엄청난 인파가 몰려서 도로가 주차장이 될 정도로 사람이 많았어요. 겨우 도착하여 유성우를 관측하기 시작했어요. 그렇게 많은 별똥별을 본 적은 그때가 처음이었어요. 하지만 신문과 방송에서 이야기한 것처럼 유성이 비처럼 쏟아지지는 않았어요.

그래도 나와 같은 모임의 사람들은 과학이 관심이 많기 때문에 그 정도로도 만족했지만 일부 사람들이 불만을 터트리기도 했지요. 돌아오는 길에도 차가 너무 막혀서 결국 집으로 가지 못하고 그대로 회사로 출근하고 말았지요. 그런데 그날부터 목이 너무 아픈 거예요. 어디서 유성우가 떨어질지 몰라 고개를 들고 계속 하늘만 쳐다보았으니 그럴만도 하지요. 이지유 작가님도 이날의 유성우 우주쇼에 대해 책에 쓰고 있어요. 책을 읽어보니 유성우 관측에 가장 필요한 준비물은 컵라면이 아니라 '침낭'이었어요. 실제로 천문학자들은 유성우를 관측할 때 4명이 동서남북 방향으로 누워 침낭 속에서 수를 세는 기기로 별똥별의 개수를 센다고 해요. 이런 책이 진작에 있었으면 하는 바람이 들었지요.

그때 그 시각에 이지유 작가님은 보현산 천문대에서 유성우 관측 행사에 참여했다고 해요. 이지유 작가님의 말을 들으니 그때 사자자리 유성우 우주쇼 덕분에 전국에서 망원경 판매량이 늘었다고 해요. 망원경은 멀리 있는 물체를 가까이 볼 수 있게 해주어 천체를 관측하는 데 꼭 필요하지요. 하지만 유성우 관측에는 도움이 되지 않아요. 별똥별은 한순간 빛을 내며 사라지는 천체이기 때문에 맨눈으로 보아야 실감이 나지요. 유성우를 보려고 망원경을 사는 것은 일반인의 천문 지식을 말해주는 거래요. 그만큼 천문 지식이 부족하다는 것이고 그런 면에서 《별똥별 아줌마가 들려주는 우주 이야기》와 같은 책이 필요한 거예요.

그런데 별똥별은 무엇이고 유성우는 무엇일까요? 책을 보면서 직접 확인해 보세요. 책을 읽다 보면 아마도 이지유 작가님의 다른 책도 일부러 찾아서 읽게 될 거예요. 이지유 작가님은 《이지유의 이지 사이언스》 시리즈를 비롯해서 《식량이 문제야!》라는 책도 출간되었어요. 그림책 작가이기도 한 이지유 작가님이 또 어떤 일을 하게 될지 벌써부터 궁금해지네요.

3부
질문에 대한 탐구

5-1 과학자는 어떻게 탐구할까요? 5-2 재미있는 나의 탐구 6-1 과학자처럼 탐구해 볼까요?

• Science Book 25 •

버스에 타는 순간, 과학 마법에 걸린다!
《신기한 스쿨버스》

조애너 콜 | 비룡소(2018)

🎁 어린이 과학책이 세상의 관심을 받다

전 세계에서 가장 많이 팔린 어린이 책은 무엇일까요? 짐작하듯이 《해리 포터》 시리즈예요. 지금까지 5억 부 이상 팔렸다고 해요. 그다음은 4억 부 이상 팔린 《구스범스》 시리즈예요. 《해리 포터》 시리즈는 마법사인 줄 몰랐던 해리 포터가 호그와트 마법학교에 입학하면서 마법 세계의 영웅으로 성장하는 판타지 소설이에요. 《구스범스》 시리즈는 어린이들에게 용기를 북돋아 주는 모험과 공포를 다루는 이야기랍니다.

하지만 주제를 과학으로 좁히면 가장 많이 팔린 책은 《신기한 스쿨버스》 시리즈로 1억 부 이상 팔렸다고 해요. 1944년 미국에서 태어난 조애너 콜은 초등학교 교사, 도서관 사서, 어린이 책 편집자를 거쳐 어릴 적부터 좋아했던 과학을 이야기로 쓰는 동화 작가가 되었어요. 글쓴이가 42세 되던 1986년 《신기한 스쿨버스》가 미국에서 처음을 출간되었고, 우리나라에서는 1999년 나오게 되었지요.

《신기한 스쿨버스》 시리즈(전 12권)가 나온 이후 대상을 좀 더 낮춘 《신기한 스쿨버스 키즈》 시리즈(전 30권)가 나왔고, 탐험에 초점을 맞춘 《과학탐험대 신기한 스쿨버스》 시리즈(전 10권)와 특정 주제를 골라 《신기한 스쿨버스 테마 과학 동화》 시리즈(전 20권)가 나왔어요. 《신기한 스쿨버스》 시리즈는 TV 애니메이션으로 제작되어 미국뿐만 아니라 전 세계 어린이들에게 알려지게 되었어요. 우리나라에서도 1,000만 부가 팔렸다고 하니 어린이들에게 신기한 스쿨버스는 과학 공부를 시작하는 첫 책 역할을 톡톡히 한 것으로 보여요.

2010년 《신기한 스쿨버스》 12권이 출간되면서 끝인가 했더니 10년 만인 2021년 《신기한 스쿨버스》 13권이 출간되어 화제가 되기도 했어요. 특히 저자인 조애너 콜이 76세로 2020년 세상을 떠난 후에 나온 책이라서 더욱 의미가 있었지요. 《과학탐험대 신기한 스쿨버스》 시리즈도 2021년 11권이 출간되어 《신기한 스쿨버스》 시리즈는 아직 끝나지 않았음을 보여주고 있답니다. 실제로 《신기한 스쿨버스 테마 과학 동화》 시리즈의 글쓴이는 조애너 콜이 아닌 여러 명의 작가가 집필했고, 그림 또한 《신기한 스쿨버스》 시리즈의 브루스 디건이 아닌 다른 그림 작가들이 참여하고 있어요.

《신기한 스쿨버스》 시리즈의 주인공은 학교에서 가장 이상하다고 알려진 곱슬머리 프리즐 선생님과 8명의 반 학생이에요. 주인공들은 선생님이 운전하는 스쿨버스를 타고 달리기도 하고 날기도 하면서 구름이 되기도 하고, 초소형 로봇이 되기도 하고, 잠수함이 되기도 하고, 타임머신이 되기도 하지요. 이 시리즈의 미국 책 제목이 'The Magic School Bus'인 것처럼 버스에만 타면 마법의 세계가 펼쳐지는 거예요.

마법의 세계에서 과학 학습을 하고 현실 속으로 돌아오면 선생님은 언제 그랬느냐는 듯이 자신이 기르는 애완동물인 카멜레온에게 밥을 주고 학생들에게 숙제를 많이 내주지요. 하지만 학생들은 견학을 통해 배운 과학 학습 내용을 글과 그림으로 만들어서 교실 여기저기에 붙인답니다. 프리즐 선생님은 매주 다음에 학습할 주제를 말해주고 학생들은 그 주제를 조사하지요. 학생들이 조사한 내용이 페이지마다 메모장처럼 나와 있고 이것은 차곡차곡 쌓여 과학 지식이 되지요. 선생님은 스쿨버스를 운전하여 과학을 학습할 장소로 안내할 뿐 조사하고 확인하고 지식을 쌓아가는 것은 학생들 자신이랍니다.

🚌 마법의 버스에 탑승하세요!

《신기한 스쿨버스 키즈》 시리즈 1권의 제목은 〈케이크에 먹히다 – 부엌에서 찾는 화학의 원리〉예요. 프리즐 선생님의 생일을 축하하기 위해 반 친구들인 도로시 앤, 아널드, 랠프, 팀, 카를로스, 키샤, 피비, 완다는 선생님 몰래 생일 케이크를 만들기로 해요. 프리즐 선생님은 등장부터 항상 반 학생들을 깜짝 놀라게 하지요. 복장이며 가지고 다니는 물건들도 처음 보는 이상한 것들이지요. 그래서 이번에는 친구들이 선생님을 깜짝 놀라게 하기로 한 거예요. 풍선, 리본, 색종이, 뿔피리까지 준비했지만, 가장 중요한 생일 케이크가 빠진 것을 알게 돼요. 학생들은 제과점에 가면 케이크를 만들 수 있다는 것으로 생각하고 프리즐 선생님에게 제과점에 견학 가자고 졸라요. 늘 그렇듯이 스쿨버스는 공중으로 확 튀어 오르고 쭉 늘어났다가 장난감 자동차만 하게 줄어들어요. 운전은 프리즐 선생님이 하고 애완동물인 리즈와 함께 모두는 나방 크기로 줄어들면서 제과점 안으로 들어가지요.

이제부터 학생들은 몰래 선생님이 가장 좋아하는 초콜릿 케이크를 만들기로 해요. 몰래 만들어야 선생님을 더 놀라게 할 수 있기 때문이지요. 선생님이 제과점 옆에 있는 자동차 부품 가게에 간 틈을 타서 본격적으로 케이크를 만들기 시작하지요. 달걀, 밀가루, 설탕, 소금, 베이킹파우더, 식초를 준비하는데 아널드와 도로시 앤이 부딪쳐 베이킹파우더에 식초가 쏟아지자 놀라운 광경이 펼쳐지게 돼요. 바로 부글부글 거품이 일기 시작한 거예요.

이때 다시 돌아온 프리즐 선생님은 도로시 앤과 함께 화학 실험을 시작해요. 그러더니 스쿨버스가 다시 덜커덕거리며 날아오르고 더 작아집니다. 학생들도 마찬가지로 작아져 소금과 설탕 알갱이가 벽돌과 다이아몬드처럼 보이게 되지요. 이제 스쿨버스도 케이크 만드는 일에 참여하여 재료를 섞고 초콜릿을 넣어 반죽을 만들어요. 한쪽에서는 프리즐 선생님과 도로시 앤은 베이킹파우더와 식초를 병에 넣고 병 주둥이에 풍선을 씌워 풍선을 부풀게 해요. 이산화 탄소를 만드는 실험을 하는 거예요.

그런데 제빵사 아저씨는 학생들이 만들어놓은 반죽을 자기가 만든 것으로 착각하고 오븐에 넣고 말아요. "내가 언제 반죽을 했지? 건망증이 심해졌어."라고 말하면서 말이지요. 물론 그 반죽 안에는 스쿨버스도 들어 있었지요. 선생님과 친구들이 모두 스쿨버스에 탄 채 말이지요. 반죽 속에서 친구들이 케이크가 구워지는 과정을 지켜보는 거예요. 스쿨버스는 안 되는 것이 없기 때문에 스쿨버스 전체에 열 차단막이 씌워져요. 친구들은 케이크 반죽이 점점 부풀고 반죽 속의 수분이 증발하고 익으면서 케이크가 만들어지는 것을 보게 되지요. 하지만 반죽 속에 스쿨버스가 갇혀 버릴 위기에 처한 거예요.

이때 도로시 앤이 남아 있는 베이킹파우더와 식초를 섞어 병에 넣고 주둥이에 풍선을 씌워요. 풍선이 점점 부풀기 시작하고 제빵사 아저씨가 오븐에서 케이크를 꺼내는 순간 풍선이 터지고 스쿨버스는 케이크 밖으로 튀어나오게 되지요. 스쿨버스는 처음 들어왔던 우편물 구멍을 통해 제과점을 빠져나와 학교로 돌아와요. 이렇게 제과점 견학이 끝나고 선생님의 생일 파티가 시작되지요. 친구들은 제과점 견학을 하면서 과학의 원리를 자연스럽게 깨우치게 된 거예요. 또한 책이 끝나기 전 견학하면서 배운 과학 원리도 다시 알려준답니다. 베이킹파우더와 식초가 섞이면 어떤 일이 일어나는지 같은 거 말이에요. 학생들은 이제 거품이 이산화 탄소 때문에 생긴 것을 알게 되죠.

마지막에 이산화 탄소를 이용해서 집에서 할 수 있는 실험을 소개해요. 유리컵에 물을 채우고 식초 세 찻순가락과 베이킹파우더 두 찻순가락을 넣어요. 껍질을 벗긴 땅콩 대여섯 개를 컵 속에 넣고요. 그러면 베이킹파우더와 식초가 섞여 이산화 탄소가 생겨 거품이 만들어지지요. 이 이산화 탄소 거품이 땅콩에 달라붙어요. 거품이 물체의 겉에 모이는 성질을 가지고 있기 때문이지요. 그러면 가라앉아 있던 땅콩이 가벼워져서 유리컵 위쪽으로 뜨게 돼요. 하지만 물 위에서는 거품이 공기 중으로 날아가 버리기 때문에 땅콩은 다시 가라앉아요. 가라앉은 땅콩에 또 다시 거품이 달라붙고 물 위로 뜨게 돼요. 이산화 탄소 거품이 생기지 않을 때까지 땅콩은 떴다 가라앉았다 반복하는 거예요. 프리즐 선생님이 책에서 배운 내용을 응용하여 과학 실험을 할 수 있도록 안내해 주는 거예요.

이렇게 《신기한 스쿨버스 키즈》 시리즈 30권에는 동물, 식물, 미생물, 물질의 성질, 우주, 우리 몸, 생태계, 힘과 운동, 지구과학 등 초등학교 과학 교육 과정의 주제들을 다루고 있답니다. 《신기한 스쿨버스》 4개 시리즈의 주제들을 보면 사실 겹치는 부분도 있어요. 하지만 시리즈마다 스쿨버스의 변신은 달라요. 가오리, 잠수함, 게로 변신하며 바닷속을 누비며 다녀요. 물론 프리즐 선생님과 8명의 학생도 잠수부가 되기도 하고 바닷속 생물로도 변신하기도 하면서 신나는 모험을 펼치게 되지요. 그러면서 과학 학습은 언제나 따라오는 그림자 같은 것이 되지요.

🔶 왜 마법인가?

글을 쓴 조애너 콜과 그림을 그린 브루스 디건은 정작 학교 다닐 때 스쿨버스를 타지 않고 걸어 다녔다고 해요. 어렸을 때 그들의 눈에는 스쿨버스가 마법의 세계로 안내하는 빗자루로 보였을지도 몰라요. 책 끝에 글쓴이는 솔직히 털어놓아요. 스쿨버스는 구름이 될 수 없으며 학생들이 물방울이 될 수는 더더욱 없고, 타임머신을 타고 공룡 시대로 갈 수 없다고 고백해요. 사실과 상상을 확실히 분리해 주는 거예요. 상상의 세계에서 현실 속으로 건져 놓고, 다음 책에서는 또 다른 상상의 세계로 빠뜨리는 거예요. 독자들에게 다음에는 어떤 일이 벌어질까 궁금증을 유발하려는 것일까요, 아니면 완전한 상상의 세계로 빠져들게 유도하기 위한 것일까요?

호기심을 해결해 주는 것은 끊임없는 상상력이라고 생각해요. 상상력을 풍부하게 길러주는 것이 마법같이 재미있는 이야기일 거예요. 《신기한 스쿨버스》 시리즈는 아이들이 무한한 상상력을 펼칠 수 있도록 도와주는 이야기로 가득해요. 견학하고, 탐사하고, 탐구하고, 실험하고, 변신하다 보면 현실에서는 과학 원리를 깨닫게 되고, 그 깨달음은 또 다른 호기심을 불러일으킨답니다.

🔶 과학 책 읽기의 시작, 《신기한 스쿨버스》 시리즈

《신기한 스쿨버스》가 먼저 나왔지만 6~7세 정도면 《신기한 스쿨버스 키즈》 시리즈부터 읽을 것을 추천해요. 책의 분량도 적당하고 다양한 주제가 눈을 떼지 못하게 만들거든요. 키즈 시리즈를 읽은 다음 《신기한 스쿨버스》 시리즈를 읽고 《과학탐험대 신기한 스쿨버스》 시리즈를 읽으면 좋아요. 100여 쪽 되는 책도 혼자서 읽을 수 있게 되면 《신기한 스쿨버스 테마 과학 동화》를 보면 돼요.

《신기한 스쿨버스》 시리즈의 모든 책에는 과학 학습에 도움이 되는 코너들이 많아요. 프리즐 선생님과 8명의 친구가 조사한 내용이나 알게 된 사실들이 책 구석구석에 정리되어 있어요. 이야기에 너무 빠지지 말고 이런 코너를 보면서 핵심 지식을 익히면서 읽으면 좋겠어요. 학년이 올라가거나 다른 책을 더 읽게 되면 이야기보다는 이런 지식이 더 기억에 남게 되기 때문이에요.

《신기한 스쿨버스》 시리즈는 1999년부터 나오기 시작했지만 지금 서점에서 구입할 수 있는 책은 2018년부터 개정된 책들이에요. 개정되면서 책마다 초등 과학 교과 단원을 연계해 놓았어요. 따라서 학교의 과학 진도에 따라 골라 읽는 것도 아주 좋아요.

유명한 과학자들 인터뷰를 해보면 초등학교 때 과학책을 읽고 과학자의 꿈을 키웠다고 하는 분들이 많아요. 책을 좋아하고 책을 많이 읽으니 공부도 잘하고 사고력이 뛰어난 사람으로 성장하는 거예요. 어떤 과학자는 한 책을 여러 번 읽고 깨달은 지식을 직접 글을 쓰고 그림을 그리면서 자신만의 책을 만들기도 해요. 자신이 좋아하는 분야는 아주 깊이 읽기도 하지요. 그러면서 정말 과학자의 길로 들어서지요. 물론 지금 유명한 과학자들은 어렸을 때 읽을 수 있는 것이 책밖에 없으니 당연한 이야기 같지만, 스마트폰이나 태블릿의 화면을 손가락으로 이리저리 움직이는 것보다 빳빳한 종이책을 한 장 한 장 넘기며 이야기 속으로 들어가는 감성이 기억에 더 오래 남는 것 같아요. 초등학교를 졸업하고 학년이 올라가도 계속해서 과학책을 읽을 수 있는 힘은 어릴 적에 만졌던 그 종이의 느낌을 잊지 않는 것이라고 생각해요.

3-1 동물의 한살이 4-1 식물의 한살이 5-2 생물과 환경

• Science Book 26 •

과학 그림책의 시작을 알리다!
《달팽이 과학 동화》 시리즈

편집부 | 보리(2022)

🔲 보리가 알을 낳았어요!

무당벌레 부부가 알을 낳았어요. 알은 풀잎 위에 가지런히 놓여 있었고 무당벌레 부부는 매일 알들이 잘 있는지 확인하지요. 어느 날 무당벌레 부부는 알 옆에 더 큰 알 하나를 발견해요. "어어, 왜 이렇게 크지? 우리 알이 아닌가?" 아빠 무당벌레는 당황했지만 엄마 무당벌레는 그럴 리가 없다고 말하며 알들을 꼭 껴안아 주어요. 며칠 후 무당벌레의 애벌레들이 알에서 깨어나요. 무당벌레 부부는 기뻐서 어쩔 줄을 몰라요. 하지만 그 커다란 알에서는 애벌레가 깨어나지 않아요. 아빠 무당벌레는 "봐 봐요. 우리 알이 아니에요."라고 말하지만 엄마 무당벌레는 기다려 보면

곧 애벌레가 깨어날 거라며 커다란 알을 쓰다듬어 주지요. 그러던 어느 날 커다란 알에서 뿌리와 떡잎이 자라요. 아빠 무당벌레는 "기다려도 소용없어요."라고 하지만 엄마 무당벌레는 이 알도 우리가 돌봐야 한다고 말해요.

커다란 알은 뿌리에서 털이 돋아나요. 엄마 무당벌레는 "아가야."라며 물을 갖다 주지요. 하지만 커다란 알은 아무 말이 없네요. 커다란 알의 떡잎은 쑥쑥 자랐고 애벌레들도 허물을 벗었어요. 형들은 벌써 저렇게 컸는데 커다란 알이 깨어나지 않는 것을 보고 엄마 무당벌레가 안타까워해요.

날씨가 서늘해지면서 애벌레들은 번데기가 되었지만 커다란 알은 여전히 깨어나지 않아요. 겨울이 되어 엄마 무당벌레는 커다란 알을 나뭇잎으로 덮어주었고, 무당벌레들은 깊은 겨울잠을 자게 되지요.

흰 눈이 내려요. 커다란 알에서는 푸른 잎이 돋아나요. 뿌리도 땅속 깊이 뻗어 내리지요. 무당벌레들은 여전히 겨울잠을 자고 있어요. 긴 겨울이 지나고 봄이 왔어요. 엄마 무당벌레는 맨 먼저 겨울잠에서 깨어나요. 커다란 알이 걱정되어 부리나케 달려가지요. 커다란 알이 있던 곳에 못 보던 풀이 자라고 있어요. "어어. 알이 어디 갔지?" 엄마 무당벌레가 말해요. 뒤따라온 아빠 무당벌레가 외쳐요. "여보, 여기 알껍데기가 있어요." 엄마 무당벌레는 "그것 봐요. 커다란 알은 보리였어요."라며 기뻐하고, "아아, 그랬군요." 아빠 무당벌레도 기뻐해요.

무당벌레들은 보리를 아껴주었어요. 진딧물이 생기면 얼른얼른 잡아먹었지요. 보리는 무럭무럭 자라 이삭도 패고 꽃도 피었어요. 날씨가 점점 더워지자 보리의 잎은 누렇게 되었어요. 이삭도 영글었지요. 아기 무당벌레가 외칩니다.

"보리가 알을 낳았어요."

엄마 무당벌레와 아빠 무당벌레가 웃으며 말해요.

"하하하. 그렇지. 열매가 알이지."

참 재미있는 이야기지요? 그 커다란 알은 보리였고, 보리가 자라 열매를 맺는 것을 보고 보리가 알을 낳았다고 하네요. 맞아요. 열매는 알과 같고 알에서 생명체가 깨어나요. 짧은 이야기이지만 보리가 자라는 모습을 이렇게 표현할 수 있다니 놀랍지요?

딱따구리는 나무 의사?!

이야기 하나를 더 살펴볼까요? 여러 동물들이 모여 사는 산이 있었어요. 그런데 언제부터인가 산에 사는 나무들이 하나둘씩 말라 죽어가요. 동물들이 걱정을 하지요. 여우 할머니는 "이렇게 나무들이 말라 죽으면 산이 곧 텅 비어 버릴 거야."라며 캥캥거려요. 다람쥐들은 "우리들은 무얼 먹고 살지?"라며 쫑알거리고요. 까치와 까마귀는 "우리는 둥지를 틀 곳마저 없어질 거야."라며 깍깍거려요. 멧돼지 아저씨는 "큰비가 내리면 어떻게 하지? 나무가 없으면 산이 무너질 거야."라며 꿀꿀대요.

동물들은 너구리 할아버지께 여쭈어봅니다. 나무를 꼼꼼히 살펴본 너구리 할아버지가 "나무 속에 나쁜 벌레들이 숨어 있어. 벌레들이 나무 속을 갉아먹어서 나무가 시드는 거야."라고 말해요. 벌레들을 어떻게 잡아야 할지 동물들이 와글와글 떠들지요. 곰이 나무를 흔들어 벌레들을 떨어뜨리려고 하지만 허사가 되고 말지요. 호랑이가 크게 으르렁 거려도 벌레들은 끄떡도 하지 않아요. 매가 날아와 날카로운 부리로 나무를 쪼아도 벌레들은 더 깊이 숨어 버려요.

이때 부엉이 할아버지가 시끄러운 소리에 낮잠에서 깨어나며 한마디 하지요. "딱따구리를 데려와야지." 동물들은 부리나케 딱따구리를 데려와요. 딱따구리는 날카로운 발톱으로 나무를 움켜잡고 빳빳한 꽁지깃으로 중심을 잡고 부리로 나무를 두드려요. '탁탁탁.' 깊이 숨어 있던 벌레들은 딱따구리의 긴 혀에 잡히고 말아요. 시들었던 나뭇잎들이 다시 싱싱해지네요. "와, 딱따구리 만세." 동물들은 모두 얼싸안고 좋아해요. 딱따구리는 죽어가는 나무를 살리는 숲 속의 의사였어요.

이야기가 끝나면 딱따구리은 어떻게 나무에 구멍을 파고 벌레를 잡아먹은지 알려주지요. 또한 딱따구리의 생김새와 숲 속에서의 역할을 설명해 주고요. '딱따구리가 나무에 구멍을 파면 나무에 해가 되지 않을까'라는 의문이 들어요. 하지만 딱따구리가 나무속에 집을 짓고 알을 낳는 벌레를 잡아주면 나무도 스스로 구멍을 메우고 싱싱하게 자란다고 답을 해주지요. 딱따구리가 왜 나무의 의사라고 불리는지 그 이유를 알겠지요?

🔸 과학 그림책의 시작!

'왜 우리나라엔 제대로 된 과학 그림책이 없을까'라고 생각하는 사람이 있다면 그 사람은 이 책들을 보지 않은 사람일 거예요. 이 책은 과학 그림책이면서도 글과 그림이 뛰어난 작품이에요. 편안하게 읽히는 글은 많지만 글에서 단맛이 나고 혀에 착착 감기는 글은 드물지요. 이 책에서 나는 글의 달콤함을 마음껏 즐길 수 있었어요. 우리 겨레가 옛날부터 써 온 입말을 최대한 살려 깨끗한 맛을 내고 있어요.

그림도 마찬가지예요. 화가 23명의 손끝에서 나온 부드럽고도 재미있는 그림은 책마다 기법이 다르고 느낌이 다르지만 40권 전체에서 이질감이 느껴지지 않아요. 과학 그림책이지만 과학을 강조하지 않아요. 이야기책을 읽듯이 글을 읽고 그림을 보면 되는 거예요. 그러면서 자기도 모르게 꼭 알아야 할 자연의 모습과 과학 지식을 얻게 되지요.

🔸 '엄마 아빠와 함께 보세요'로 또 한 번 정리

엄마 무당벌레가 알을 낳았다. 예쁜 애벌레들이 깨어나겠지 하며 아빠 무당벌레가 좋아했다. 다음 날 엄마 무당벌레가 알들을 살펴보는데 커다란 알이 있었다. 엄마 무당벌레는 밤새 알이 자랐나 하고 꼭 껴안아 주었다. 이윽고 알에서 애벌레가 깨어났다. 아빠 무당벌레와 엄마 부당벌레는 기뻐서 어쩔 줄 몰랐다. 하지만 커다란 알에서는 애벌레가 깨어나지 않았다. 대신 하얗고 작은 싹만 나왔다. 아빠 무당벌레는 우리 알이 아니라고 말하지만 엄마 무당벌레는 더 기다려 보자고 했다. 커다란 알에서는 뿌리와 떡잎이 자라났다. 애벌레들은 껍질을 벗었다. 날씨가 점점 서늘해졌다. 애벌레들은 모두 번데기가 되었다. 엄마 무당벌레는 커다란 알을 나뭇잎으로 덮어 주었다. 흰 눈이 내렸다. 커다란 알에서 푸른 잎이 돋았다. 무당벌레들은 잠을 잤다. 봄이 왔다. 커다란 알이 있었던 자리에 못 보던 풀이 자라고 있었다. 엄마 무당벌레와 아빠 무당벌레는 그것이 보리였다는 걸 알게 되었다. 이삭이 나오고 꽃도 피었다. 보리가 누렇게 익었다. 이삭이 영글었다. 보리가 알을 낳았어요. 아기 무당벌레가 소리쳤다. 그렇지 열매가 알이지 하며 모두 기뻐했다.

보리가 알을 낳았어요. 이 얼마나 기가 막힌 표현인가요! 여기서 엄마 무당벌레의 자연 사랑을 따뜻하게 느낄 수 있어요. 한 톨의 씨앗에서 열매가 열릴 때까지의 과정을 이렇게 재미있게 표현할 수도 있구나 하는 생각이 들지요. 결국 열매가 알이라는 사실을 자연스럽게 알려주는 거예요.

책마다 끝에 '엄마 아빠와 함께 보세요'가 있어 책의 주제를 좀 더 깊이 알 수 있게 하는 배려도 잊지 않아요. 이제 우리나라엔 훌륭한 과학 그림책이 있어요.

3-1 동물의 한살이 | 4-1 식물의 한살이 | 5-2 생물과 환경 | 6-1 식물의 구조와 기능

• Science Book 27 •

끈질긴 관찰과 사랑을 담아내다!
《세밀화로 그린 보리 어린이 도감》

권혁도 외 | 보리(2016)

🎲 자연 공부는 도감부터!

'주변의 환경 탐사 시리즈'를 기획하여 전문가와 함께 취재를 한 적이 있어요. 당시 주제는 '야생화'였어요. 초등학교 선생님이었던 전문가는 탐사 장소에 있는 거의 모든 식물들의 이름을 알고 있었어요. 이름뿐만 아니라 생김새, 꽃 피는 시기, 이름의 유래 등을 재미있게 설명해 주었어요.

시골에서 태어나서 자란 나는 흔히 보았던 풀들의 이름에 관심도 없었는데……. 그때부터 몇몇 기자들이 모여 각자 분야를 정해 생태 공부를 하기 시작했어요. 내가 생각한 분야는 '야생화'였지요. 그 후 야생화

공부를 시작하게 된 거지요.

 야생화 공부를 하면서 가장 먼저 하게 된 것은 '식물도감'을 구입하는 거였어요. 도감은 그림이나 사진을 모아 실물 대신 볼 수 있도록 만든 책이에요. 도감의 종류는 아주 많아요. 주제가 야생화라고 하더라도 볼 수 있는 장소, 꽃이 피는 계절, 쓰임에 따라 다양하지요. 또 '야생화' 도감은 그림으로 그린 것인지, 사진을 찍은 것인지, 사진을 찍고 필요한 부분을 그린 것인지에 따라 종류가 달라질 수도 있어요. 이런 도감들은 모두 저마다의 특징을 가지고 있어요.

 먼저 그림으로 그린 도감은 그림 한 장으로 식물의 부위별로 모두 볼 수 있다는 특징이 있어요. 뿌리, 줄기, 잎, 꽃을 한꺼번에 볼 수 있는 거예요. 자연에서 이런 장면은 보기 어려워요. 뿌리를 보려면 땅을 파서 식물을 뽑아야 하고, 꽃을 보려면 꽃이 피는 시기에 맞춰 관찰을 해야 하지요. 그러므로 식물의 전체 모습을 한꺼번에 보고자 할 때는 그림으로 그린 도감을 추천해요.

 식물체의 생생한 모습을 보고자 할 때는 사진으로 보는 도감을 보면 돼요. 그림으로 식물의 생생한 모습을 그릴 수도 있지만 사진만큼 생생하지는 않지요. 단, 사진으로 보는 식물도감은 식물의 각 부위를 보여주지 않으면 전체를 볼 수 없다는 단점이 있어요. 그림으로 보는 도감과 사진으로 보는 도감의 단점을 보완한 것이 그림과 사진이 모두 나오는 도감이지요.

 야생화 공부를 시작할 때 내 눈에 띈 도감은 《세밀화로 그린 보리 어린이 도감》이었어요. 그림 작가가 식물이나 동물을 바로 눈앞에서 보면서 세밀하게 그린 책이었지요. 이 책은 1997년 12월에 나왔지요. 이때가 바로 내가 식물 공부를 시작했을 때예요. 이 도감은 우리나라에 처음 나온 세밀화 도감이에요. 특히 저자 중 전의식 선생님은 초등학교 교사와 교장을 지내면서 어린이들에게 식물의 소중함을 알리려고 노력하신 분이에요. 한국식물분류학회와 한국식물연구회에서도 많은 활동을 하세요. 또 저자이며 세밀화를 그린 권혁도 님과 윤봉선 님은 화가이면서 식물과 동물에 관심을 많이 가지고 있어서 세밀화 도감을 많이 펴내기도 했지요.

몇 개월 후인 1998년 5월에는 《세밀화로 그린 보리 어린이 동물도감》이 나왔어요. 식물도감과 동물도감에는 초등학교 전 학년과 전 과목에 나오는 식물과 동물의 세밀화로 그려져 있어 우리가 실제로 보는 것보다 더 자세하게 볼 수 있답니다. 식물과 동물 각각 160종씩 나오는데 이 정도의 종류면 초등학생 때 알아야 하는 거의 모든 종류라 할 수 있어요.

식물과 동물을 시작으로 《세밀화로 그린 보리 어린이 도감》 시리즈는 동물 흔적, 양서 파충류, 갯벌, 민물고기, 곤충, 나무, 풀, 새, 약초, 바닷물고기 등 모두 12종이 나왔어요.

🔶 대나무는 볏과, 당근은 미나릿과?!

고등학교를 졸업하고 대학을 입학하기 위해 도시로 올 때까지 부모님의 농사일을 도왔는데요. 어느 날 도시의 개천을 따라 집에 가는데 어렸을 적에 지겹도록 뽑아야 했던 잡초가 눈에 띄었어요. '여기서도 이 풀이 자라고 있구나!' 생각하면서 풀의 이름이 궁금해졌어요. 시골에 가서 아버지에게 풀의 이름을 물어 보니 '해방풀'이라고 하더라고요. 녹색 잎에 한자의 여덟 팔 자(八) 모양의 무늬가 있는 것을 보고 1945년 8월 15일 일본으로부터 해방된 것을 풀 이름으로 붙인 거지요. 얼마나 해방된 게 좋았으면 풀잎의 무늬를 보고도 해방 생각을 했을까요? 그런데 이 풀을 《세밀화로 그린 보리 어린이 식물도감》에서는 찾을 수가 없었어요. 그래서 좀 더 두껍고 큰 도감을 찾아보니 정식 명칭이 '고마리'였어요. 물기가 많은 곳에서 흔히 자라는 풀이었지요.

그때부터 어릴 적 시골에서 농사일을 도와주면서 김매기 할 때의 기억을 떠올리며 식물 공부를 했지요. 《세밀화로 그린 보리 어린이 식물도감》에는 '논밭에서 기르는 식물', '꽃밭에서 기르는 식물', '산과 들에서 자라는 식물', '물에서 사는 식물', '바닷속에서 사는 식물'들로 분류되고 소개되어 있어요. 식물 공부를 계속 하면서 깜짝 놀란 것이 있어요. 식물 관련 문제를 하나 내볼 테니 맞혀 보세요.

다음 중 식물 분류로 볼 때 관계가 없는 것은 무엇일까요?

① 감자
② 고추
③ 토마토
④ 고구마
⑤ 가지

무엇이 정답일까요? 이 중 토마토만 과일이니 정답이 ③번 토마토라고요? 물론 아니에요. 정답은 ④번 고구마예요. 감자, 고추, 토마토, 가지는 모두 '가짓과'에 속하는 식물이고, 고구마는 '메꽃과'에 속하는 식물이에요. 감자, 고추, 토마토가 식물 분류로 볼 때 가지와 어떤 관계가 있을까요? 감자는 땅속 덩이줄기를 먹고, 고추와 토마토는 열매를 먹지요. 그런데 꽃 모양을 보면 똑같이 생겼어요. 고추와 토마토는 꽃이 진 후 열매가 열리지만 감자는 꽃이 피어도 열매가 잘 맺지 않아요. 아주 드물게 감자 열매를 볼 수 있는데 열매 모양은 방울토마토와 똑같답니다. 감자, 고추, 토마토, 가지는 꽃과 열매 모양이 같은 가짓과이기 때문이지요.

반면 고구마는 땅속 덩이뿌리를 먹는 식물이에요. 번식도 꽃이 피고 씨를 맺기보다는 줄기나 덩이뿌리를 통해 이루어지지요. 그런데 정말 아주아주 드물게 고구마도 꽃을 핀 것을 볼 수 있어요. 꽃 모양은 나팔꽃과 똑같이 생겼어요. 고구마 꽃을 본다면 여러분도 깜짝 놀랄 거예요. 이 이야기는 고구마, 나팔꽃이 모두 식물 분류로 볼 때 '메꽃과'로 똑같다는 거예요. 메꽃도 나팔꽃과 똑같은 모양의 꽃을 피우지요.

이렇게 식물에 대해 알아 갈수록 놀라움이 가득했어요. 《세밀화로 그린 보리 어린이 식물도감》에서 '논밭에서 기르는 식물'을 보면 당근과 미나리가 나와요. 그런데 당근과 미나리가 식물 분류로 볼 때 같은 '미나릿과'라고 하면 상상이 되나요? 당근은 무처럼 뿌리를 먹는 채소이고, 미나리는 잎을 먹는 채소인데 말이지요. 그렇지만 꽃을 보면 '아하!' 하고 깨닫게 돼요. 꽃 모양이 똑같거든요. 또 우리의 식탁에서 없어서는 안 되는 마늘, 파, 양파가 모두 '백합과'이고, 벼, 보리, 밀, 옥수수는 모두 '볏과'이고, 수박, 참외, 호박도 모두 '박과'랍니다.

나는 식물 공부를 하기 전에 배추와 상추가 같은 과인줄 알았어요. 그런데 알고 보니 배추는 무, 갓, 양배추, 냉이와 같은 '배춧과'이고, 상추는 쑥갓, 민들레, 씀바귀와 같은 '국화과'였어요. 다시 한번 깜짝 놀랐지요. 대나무도 볏과이고, 딸기가 장미과라면 신기하지 않나요? 이렇게 해서 나는 《세밀화로 그린 보리 어린이 식물도감》과 함께 식물의 재미에 푹 빠지게 되었지요.

이름을 알고자 하는 호기심이 중요해요

집 주변, 학교 주변, 산이나 강 그리고 바다와 같은 여행지에서 볼 수 있는 많은 식물과 동물이 있어요. 이들의 이름을 알고 싶을 때 꼭 필요한 것이 도감이에요. 도감은 보통 과학책처럼 처음부터 끝까지 읽는 책은 아니에요. 어떤 식물이나 동물의 이름, 식물학적 분류, 학명, 특징, 사는 곳, 꽃피는 시기라 활동 시기 등을 알려주는 거예요. 그래서 집 근처나 자연에서 어떤 식물이나 동물을 보았을 때 그 식물이나 동물의 특징을 기억했다가 도감과 대조하면서 이름을 알아가는 거예요.

이렇게 식물이나 동물, 버섯 등의 이름을 알아내는 것을 '동정'이라고 해요. 도감은 생물뿐만 아니라 암석, 구름, 별 자리 등 비생물학적 대상을 다루기도 하지요. 도감을 통해 식물을 동정하는 방법을 알려줄게요. 집 주변에서 이름을 알 수 없는 식물이 꽃을 피우고 있는 것을 보았다고 해보아요. 그러면 먼저 꽃 모양을 살펴보아요. 꽃잎의 색깔, 장수, 생김새, 수술과 암술이 있는지 또 지금이 무슨 계절인지 보는 거예요. 만약 꽃이 피어 있지 않다면 잎이 달려 있는 모양을 보아요. 어긋나기인지 마주나기인지 돌려나기인지 또 줄기가 없고 뿌리에서만 잎이 나 있는지 보아요.

예를 들어 이른 봄에 집 주변에서 노란색 꽃이 피어 있어요. 잎을 보니 뿌리에서 나 있고 잎 가장자리가 깊게 갈라져 있어요. 그렇다면 식물도감에서 민들레를 먼저 찾아보는 거예요. 그 식물이 민들레가 맞다면 설명을 잘 읽어보고 민들레의 특징을 익히는 거지요. 또 민들레와 비슷한 종류들을 더 찾아보면서 식물을 하나하나 알아 가는 거예요.

도감을 볼 때 주의 깊게 볼 것이 하나 있어요. 도감들은 대개 앞부분에 도감을 보는 방법을 알려주어요. 이 책의 경우, 제비꽃을 예로 들어 도감을 보는 방법을 설명하고 있어요. 식물의 이름과 함께 세밀화 그림이 있어요. 제비꽃은 뿌리, 잎, 꽃의 모양을 한꺼번에 볼 수 있도록 그려져 있어요. 이것이 사진으로 보는 식물도감과의 차이점이지요. 또 제비꽃에 대한 전체 설명이 있고, 사는 곳에 따라 색깔로 표시 되어 있어요. 그리고 제비꽃의 특징이 정리된 것을 알 수 있어요. 분류, 잘 자라는 곳, 다른 이름, 꽃 피는 때, 쓰임, 가꾸기 등을 보기 쉽게 한 쪽에 정리했지요. 그 다음에는 식물에 대해 학습할 수 있는 곳이 있어요. 뿌리의 모습, 줄기의 모양, 잎의 여러 가지 생김새, 저마다 다른 꽃 모양과 색깔, 열매와 씨앗의 생김새 등을 학습하면 식물을 보는 방법이 달라질 거예요. 이런 학습 내용은 초등학교 교과서에서 '식물의 한살이'나 '식물의 구조와 기능'이라는 단원에 나오는 내용이므로 잘 알아 두면 과학 공부하는 데도 도움이 된답니다.《세밀화로 그린 보리 어린이 동물도감》도 포유동물, 곤충, 물고기, 새 등의 생김새와 동물이 자기를 지키는 방법, 겨울을 나는 모습, 알을 낳거나 새끼를 낳는 모습 등을 학습할 수 있어요. 이런 학습 내용은 교과서의 '동물의 한살이'와 연계되지요.

《종의 기원》을 써서 '진화론'을 제창한 찰스 다윈도 어렸을 때부터 자연을 관찰하는 것을 좋아했지요. 동물, 식물, 광물 등을 관찰하여 종류와 성질 등을 연구하는 것을 '박물학'이라고 하는데 찰스 다윈이 대표적인 박물학자이지요. 자연에서 살고 있는 동물과 식물을 관찰하면서 이름과 생태를 알게 되면 자연이 더 소중하고 보존을 해야겠다는 생각이 들지요. 찰스 다윈도 처음 보는 동물이나 식물이 있다면 그 이름을 알기 위해 도감을 보았을 거예요. 도감은 자연에 다가가게 해주는 문과 같아요. 문이 있어도 그 문을 열 수 있는 것은 여러분 자신이에요.

🔹 식물 공부는 계속된다!

식물에 대해 조금씩 알아가면서 도감의 종류도 늘어나기 시작했어요. 《세밀화로 그린 보리 어린이 식물도감》은 교과서에 나오는 160종의 식물들을 소개하는 대표적 학습 도감이에요. 우리나라에는 4,000종이 넘는 식물들이 살고 있어요. 식물은 크게 풀과 나무로 나눌 수 있기 때문에 도감도 풀 도감과 나무 도감으로 나누어져요. 또한 사는 곳에 따라 여러 가지 도감으로 다시 나누어진답니다. 그래서 식물에 대해 관심을 가지고 공부를 하고 싶다면 식물 중에서도 어떤 분야를 정하는 것인지가 중요해요. 나는 관심이 있는 분야가 '잡초'예요. 멀리 가지 않아도 늘

볼 수 있고 우리와 함께 살아가기 때문이지요.

　이렇게 식물 중에서 한 가지를 정한 다음 또 다른 분야로 옮겨가는 거지요. 잡초 다음에는 집 주변에 사는 나무에 관심을 가지는 거예요. 그리고 그다음에는 집 근처 낮은 산에서 자라는 풀에 관심을 가지는 것도 방법이지요. 이렇게 관심이 있는 분야를 정하고 식물 공부를 하다 보니 잇따라 출간된《세밀화로 그린 보리 어린이 나무 도감》,《세밀화로 그린 보리 어린이 풀 도감》을 보게 되었어요. 풀 도감을 보니 식물도감에 나오지 않았던 고마리가 있었어요. 풀 도감은 '집 둘레나 길가에 사는 풀', '밭에 사는 풀', '산에 사는 풀', '논이나 물가에 사는 풀'로 정리가 되어 있었지요. 고마리는 '논이나 물가에 사는 풀'에 나와 있어요. 고마리에 대한 설명 중 '다른 이름'을 보니 '고만이', '꼬마리', '줄고만이', '뱀풀'이라고 나와요. 아버지가 알려준 '해방풀'은 역시 없었어요. 그러니까 고마리를 해방풀이라고 부른 것은 시골 마을 주변에서만 그랬나 봐요.

　같은 식물의 이름은 몇 가지 종류가 있어요. 먼저 고만이, 꼬마리, 줄고만이, 해방풀 등은 '향명'이라고 해요. 정식 명칭이 있지만 지방에 따라 조금씩 다르게 부르는 거예요. 그리고 정식 명칭인 '고마리'는 '국명'이라고 해요. 우리나라 사람만 부르는 이름이지요. 고마리의 일본 이름은 '미조소바'라고 하는데 이것은 일본의 국명인 셈이지요. 또 하나의 이름은 '학명'이에요. 이것은 지금은 쓰이지 않는 라틴어로 표시하는데 고마리의 학명은 페르시카리아 툰베르기(*Persicaria thunbergii*)예요. 학명은 전 세계 학자들에게 통용되는 이름이지요. 나라마다 언어가 다르기 때문에 학자들이 연구할 때는 모두에게 통일된 이름이 필요한데 이것이 바로 학명이랍니다.

　도감을 통해 식물 공부를 할 때 필요한 것 중 하나는 카메라예요. 스마트폰의 카메라도 상관 없어요. 야외에 나갔을 때 어떤 식물을 보았다면 그냥 눈으로만 보고 오면 식물의 특징이 기억이 나지 않을 수도 있어요. 이럴 때 사진을 찍어서 도감과 비교해 보면 어떤 식물인지 비교하기 쉬워요. 식물 사진을 찍을 때는 우선 꽃이 피어 있는지 보아요. 꽃이 피어 있다면 꽃을 여러 가지 각도에서 찍고, 가까이에서 찍고, 잎과 줄기가 함께 보이도록 찍고, 주변의 환경이 보이도록 찍는 것이 좋아요. 꽃이 피어 있지 않다면 식물 전체, 줄기에서 난 잎의 모양, 잎 전체, 주변 환경을 찍어 보아요. 사진을 찍을 때 식물도감이 있다면 그 자리에서 식물의 특징을 보고 도감에서 찾아보아요. 식물도감이 없다면 집에 가서 찍은 사진을 도감과 비교해 보세요. 카메라나 스마트폰이 없다면 그림을 그리는 것도 좋아요. 식물 전체, 꽃, 잎 등에서 볼 수 있는 특징을 그린 다음 도감과 비교해 보는 거예요.

　도감을 이용해 자연을 관찰할 때는 그 대상이 식물이 아니더라도 방법은 똑같아요. 동물, 암석, 구름 등을 공부할 때도 사진을 찍거나 그림을 그려서 도감과 비교해 보면 좋아요. 식물이나 동물 등을 관찰하기 위해서 야외에 나갈 때 꼭 도감을 가지고 가지 않아도 돼요. 도감이 무겁기도 하고 야외에서 도감을 펼쳐 보기에 불편할 수도 있기 때문이에요. 요즘은 가지고 다니기 편하도록 작게 만든 도감도 많지만, 굳이 도감을 종류별로 가지고 다닐 필요는 없어요. 그럴 때 더 필요한 것이 카메라나 스케치 도구랍니다.

또 도감을 종류별로 모두 가지고 있을 필요는 없어요. 가장 관심이 많은 분야의 도감 순으로 구입하는 것이 좋아요. 그리고 도감이 없다면 인터넷에서 찾아볼 수도 있어요. 포털 사이트에서도 꽃 사진을 올리면 이름을 알려주기도 해요. 종류에 따라 정확하게 이름을 알려주지 못하는 경우도 있지만 활용할 수는 있어요.

이 책을 펴내고 있는 출판사가 그러는데, 세밀화는 사진 수십 장에 담긴 정보를 한 장으로 압축할 수 있는 장점이 있다고 해요. 한 생명체의 생김새부터 한살이까지 다양한 정보를 한눈에 살펴볼 수 있다는 거예요. 화가들이 사계절 동안 한 생명체를 관찰하여 섬세하게 그려서, 개체의 생김새는 물론 특징까지도 정확하게 보여 줄 수 있대요.

6-1 식물의 구조와 기능

• Science Book 28 •

나는 누구이며 어떤 존재인가?
《정재승의 인간 탐구 보고서》

정재은, 이고은 | 아울북(2019)

🎲 외계인이 보는 인간의 모습

카이스트(KAIST) 뇌인지과학과 정재승 교수님은 우리나라의 대표적인 과학책 저자예요. 2001년 출간된 《과학 콘서트》는 20년이 넘은 지금도 과학도서 베스트셀러에 자리 잡고 있어요. 대학과 대학원에서 물리학을 전공한 정재승 교수님은 미국 예일대학교 의과대학 정신과, 콜럼비아대학교 의과대학 정신과에서 물리학과 뇌 연구를 접목한 뇌공학을 공부하면서 뇌인지과학을 연구하고 있어요.

평소 과학 연구와 글쓰기에 적극적인 정재승 교수님은 세 딸을 위해 책을 한 권 낸다면, '어린이와 청소년들을 위한 뇌 과학 책'을 생각했대요.《정재승의 인간 탐구 보고서》가 바로 그 뇌 과학에 대한 책이에요. 정재승 교수님은 '펴내는 글'에서 이 책이 혼란스러운 어린 시절과 고민 많은 사춘기를 관통하게 될 모든 10대들에게 '스스로에 대한 친절한 가이드북'이 되었으면 한다고 밝히고 있어요.

이 책의 핵심 주제는 '나는 누구이며, 우리는 어떤 존재인지, 인간 사회는 왜 이렇게 돌아가는지'에 대해 과학자들이 밝혀낸 사실을 아이들에게 알려주는 것입니다. 그게 진짜 유익한 지식이라고 정재승 교수님은 말하지요.

자, 그렇다면 이런 핵심 주제를 정재승 교수님과 글쓴이들은 어떤 방법으로 이야기하고 있을까요? 여기서 말하는 글쓴이들은 전체 스토리를 진행한 스토리텔러 정재은 작가님과 심리를 과학적으로 풀어준 과학 스토리텔러 이고은 작가님이에요. 정재승 교수님은 이 시리즈 전체 기획을 맡은 것이고요.

이야기는 아우레 행성에서 시작해요. 지구는 태양계에 속하는 행성 중 하나예요. 우주 어딘가에는 지구의 생명체보다 더 과학과 의학이 발달한 행성이 있을 수 있다는 가정 하에 탄생한 것이 아우레 행성이지요. 이 아우레 행성은 수백 년 전부터 우주에서 떨어지는 먼지의 양이 증가하여 곳곳이 파괴되고 있었어요. 그래서 이 행성은 인공 보호막이 있는 곳에서만 거주할 수 있었고, 아우레 행성에 사는 생명체인 아우린들은 오래전부터 행성 이주 계획을 실행하기 위해 연구를 하고 있었지요. 그들은 여러 행성을 탐사했지만 아우레 행성처럼 공기와 물이 있는 행성을 찾는 것은 쉽지 않았어요. 지구에서 발사한 우주 탐사선 '보이저 1호'

가 웜홀을 통해 2013년 아우레 행성에 도달하기 전까지는 말이지요.

보이저 1호(1977년 9월 5일 발사)는 보이저 2호(1977년 8월 20일 발사)와 같이 행성 탐사를 마치고 태양계를 벗어나 지금도 계속 항해하고 있어요. 이 탐사선에는 외계 문명에게 보내는 지구인의 각종 정보와 사진, 그리고 소리를 담은 골든 레코드가 실려 있어요. 이 책은 이 골든 레코드를 아우레 행성의 외계 문명 탐사대가 찾아내면서 시작해요. 즉, 수백 년 동안 자신들이 찾으려 한 외계 행성일 거라고 생각하고 지구로 탐사대를 보낸 거예요.

탐사대원은 덩치가 작고 눈이 하나에 머리가 좋은 과학자 아싸, 첨단 장비를 잘 다루며 눈이 두 개인 과학자 바바, 군인이며 눈이 네 개로 탐사대를 지키는 오로라, 외계 문명 탐험 클럽 회장이며 골든 레코드를 처음 발견한 외계 문명 탐험가 라후드예요. 그리고 이들은 원하는 것을 스캔하면 똑같이 만들어내는 '하라하라'라고 하는 물건을 가지고 지구로 오지요.

그때 지구의 거대 전파 망원경을 보유한 외계인 연구소에서는 '와우 시그널'을 포착해요. 와우 시그널은 외계 문명이 보내는 신호라는 것인데, 수십 년 동안 외계인은커녕 외계 먼지 하나 감지하지 못했던 연구원들은 만세를 부르지요. 지구에 착륙한 아우레 행성의 탐사대원들은 가장 먼저 지구인들이 머리 하나, 팔 두 개, 다리 두 개라는 것과 모두 옷을 입고 있다는 것을 보고 지구인으로 변신해요. 처음에는 넷이서 똑같은 사람으로 변신했다가 지구인들이 외모의 차이도 잘 알아본다는 사실을 알아내고 가족으로 변신하기로 하지요. 그래서 바바는 할아버지, 오로라는 엄마, 아싸는 어린이, 그리고 라후드는 무엇으로 변신할까 고민하다가 때마침 날아온 종이 한 장을 보고 지명 수배자로 변신해요. 그러다가 경찰에 붙잡히는 소동이 벌어지지요. 다행히 진범이 잡히는 바람에 풀려난 라후드는 '지구인은 겉모습, 특히 얼굴의 사소한 차이를 구별한다'는 아싸의 분석 결과를 떠올리고 아우린 가족의 아빠로 변신하지요.

 아우린들은 지구에 와서 지금까지 얻은 정보를 정리하여 보고서를 만들어 아우레 행성으로 보내요. 첫 번째 보고서의 내용을 정리하면 아래와 같아요.

◈ 외계인이 분석한 인간 탐구 보고서

보고서 1

지구 사건 개요

지구인으로서의 첫 변신은 그럭저럭 성공. 지구인들의 전파 천문대 외계인 연구소의 추적대의 위협을 받기도 함. 지구인들이 많은 공원에 기지를 건설하는 데 성공함. 라후드가 경찰관이라는 지구 경비대에 붙잡힘. 앞으로도 걱정임.

보고 내용

1. 지구인들은 가족과 함께 거주한다.
 - 공원 기지에서 지구인들을 관찰한 결과, 지구인들은 주로 유전자를 공유한 부모와 자녀로 구성된 가족들이 한 집에서 가정을 이룸. 가족당 평균 2.5명. 네 명으로 이루어진 탐사대는 눈에 띄지 않기 위해서

는 지구인의 평범한 거족 구성원으로 역할을 나누어야 할 것 같음.
- 이곳 대한민국에서는 호모 사피엔스라고 불리는 지구인이 매년 태어나고 죽음. 태어나는 인구가 감소하고 있는 것으로 보아 조만간 인구가 줄어들 것으로 추정됨.
- 이들의 기대 수명은 겨우 83세. 지구의 의학이 아우레 행성 수준으로 발달하게 된다면, 지구의 인구는 38배 이상 늘어날 것으로 추정됨. 아직 의학이 발달하지 않은 것이 우리로서는 다행.

2. 지구인들은 외모의 작은 차이를 구분한다.
- 지구인들의 키는 성인의 경우 150~190센티미터 사이고, 몸무게는 40~100킬로그램 사이에 집중. 아마도 지구의 중력이 일정하고 환경 변화도 작아서 변이가 작은 것으로 보임.
- 남성이 여성보다 평균적으로 키와 몸무게가 다소 큼. 몸 구조는 몸의 중심인 몸통에 머리와 두 쌍의 팔다리가 붙어 있는 형상, 매우 우스꽝스러움. 머리에는 머리털이 있고, 얼굴에는 눈 두 개, 코 하나, 입 하나, 귀 두 개를 공통적으로 가지고 있음. 아우린들과 비교하면 얼굴 모습의 변화가 크지 않음.
- 흥미로운 건 그럼에도 불구하고 지구인들은 서로를 알아보는 데 어려움이 없어 보임. 눈, 코, 입의 크기와 모양, 위치뿐만 아니라 눈꺼풀의 주름 개수와 피부의 검은 점 등 사소한 차이로 서로를 구분하는 듯함. 심지어 이런 작은 차이로 '얼굴 인식' 기술을 개발하여 개인 정보가 고스란히 담겨 있는 스마트폰에 얼굴을 들이대면 본인인지 인식해 줌.

3. 지구인에게 시각이란?
- 지구인이 정보를 받아들여 처리하는 가장 중요한 정보 처리 기관은 머리 안쪽에 위치한 '뇌'로 보임. 뇌는 지구인들의 운동과 감각 정보 처리, 언어와 학습 등을 담당하는 것으로 보임.
- 지구인들은 시각, 청각, 촉각, 후각, 미각 등 다섯 가지 감각을 사용해서 사물을 판단하는 것으로 보임. 아우린들처럼 각 생물체가 가지고 있는 고유한 파장을 인지하지는 못하는 것처럼 보임. 상대를 보았을 때 가장 먼저 감각되는 시각 자극에 크게 의존하는 것으로 판단됨.
- 우리는 지구인들의 뇌 활동이 인지됨에 따라 향후 지구인들의 뇌 활동이 어떻게 행동을 만들어 내는지 설명할 수 있을 것으로 판단됨. 지구인들이 다른 지구인들을 만났을 때 가장 먼저 얼굴을 보고 판단하는 것은 뇌 영역의 정보 처리 기능과 관계가 있어 보임.
- 지구인들은 사물을 보면서 '지구인의 얼굴'과 비슷한 모습을 찾으려는 경향이 있음. 구름의 패턴에서 사람의 얼굴을 보기도 함. 납득하기 힘든 이상한 행동임. 아마도 지구인들은 친구와 적을 구분하고, 타인의 얼굴 표정을 해석해 나에게 적대감이 있는지 의도를 파악하는 것이 생존에 꼭 필요했기 때문으로 보임.

아우린이 작성하여 아우레 행성으로 보낸 이 보고서가 바로 이 책이 뇌 과학을 주제로 하고 있고, 정재승 교수님이 우리에게 우리를 알려주려고 하는 이야기예요. 이런 보고서는 책의 핵심 내용을 정리해 주는 정보이기도 하고요.

아우린들은 지구에 머물면서 집이 필요하다는 사실을 깨닫게 되지요. 집을 구하는 데 필요한 돈은 '하라하라'만 있으면 얼마든지 만들 수 있어요. 또한 아우린들은 지구인들은 집을 구하는 데도 외모가 중요하다는 것을 알게 되어 외모까지도 집을 산 지구인들과 똑같이 변신하지요. 집을 사는 데도 공인 중개소와 공인 중개사가 필요하며, 겉모습, 옷차림이 중요하다는 사실을 알게 된 거예요. 우여곡절 끝에 아우린들은 황금부동산 사장의 집 옆집을 사서 아우레 탐사대의 지구 기지 1호로 꾸미는 데 성공해요. 부동산 사장과 이웃이 된 아우린들은 자신들이 지구인 입장에서 외계인이라는 사실을 숨기는 한편, 외계인을 쫓는 지구인을 피해 지구에 대한 정보 보고서를 아우레 행성으로 보내지요.

> 보고서 2

지구 사건 개요
밤사이 첫 번째 기지가 무너짐. 지구 보호막(대기권) 아래에서 일어나는 '강우 현상' 때문. 새로운 거주지가 필요함. 지구인들의 주요 거주 지역에 새로운 기지를 건설하기로 하고, 지구인들이 거주지를 사고파는 '공인 중개소'라는 곳을 방문. 거주지를 구하려면 '돈'이 필요하다는 사실을 알게 됨. 집을 사는 데는 돈 외에도 여러 가지 조건이 필요하다는 것도 알게 됨. 지구인들은 매우 복잡하고 번거롭게 거주지를 이동함.

보고 내용
지구에서 집을 사는 방법

- 지구에서 집을 사려면 공인 중개소라는 곳에 가서 공인 중개사를 만나야 함. 이때 지구인들은 겉모습으로 우리가 좋은 집을 살 수 있는지 없는지 빠르게 판단함. 그러니 비싼 옷을 입고 방문해야 그들에게 친절을 받아낼 수 있음.
- 옷이랑 재산은 비례하지 않는데, 옷차림으로 집을 살 능력이 있는지 없는지 판단하는 지구인들을 이해하기 어려움.

2. 지구 기지를 구입하다
- 다른 지구인들의 눈에 띄지 않을 거주지를 마련하는 데 성공. 나무가 많은 2층집. 집 주변의 키 큰 나무들이 우리의 본모습을 가려줄 것으로 기대. 지구인들이 볼 수 있는 빛의 파장은 제한적이며, 벽이나 나무 등을 투과해서 보는 능력이 없음. 매우 다행.
- 1층에만 출입문이 있어 2층은 안전해 보임. 집 안에는 다양한 생명체들(세균, 박테리아, 곤충 등)이 살고 있음. 지구인뿐만 아니라 다른 생명체도 관찰할 수 있어 유익함.

3. 지구인에게 돈이란?
- 지구인들은 겉모습으로 많은 정보를 알 수 있다고 생각하는 듯함. 특히 돈이 많아 보이는 겉모습을 지나치게 좋아함. 돈이 많은 사람들 성공한 사람이라고 생각하기 때문으로 보임. 진짜 소중한 것은 돈으로 구입할 수 없다는 사실을 인지하지 못하는 것 같음. 매우 어리석음.
- 지구인들은 필요한 것을 대부분 스스로 구해야 함. 거주지, 옷, 음식

등을 해결하는 데 돈이 필요하고 돈은 노동을 통해 구하는 것으로 판단됨.
- 숨 쉬는 데 필요한 공기는 공짜. 이게 진짜 소중한 건데! 그래서 지구인들은 소중함을 모르고 함부로 더럽히고 있음. 물도 예전에는 공짜였다가 이제는 깨끗한 물을 돈 주고 사 먹는 듯.
- 지구인들은 지구의 모든 사물, 심지어는 땅이나 나무, 과일 같은 자연에도 가치를 매기고 돈과 숫자로 계산. 이 때문에 돈을 최고의 가치로 여기는 '물질 만능주의'가 팽배. 우리로서는 다행. 지구에 올 때는 절대 하라하라를 잊지 말 것!

아우린 이웃 가족은 할머니, 아빠, 엄마, 그리고 딸 둘입니다. 아빠는 황금부동산 사장인 금 사장이고, 엄마는 위니 미용실 원장이고, 할머니는 쓸 만한 물건을 줍는 게 취미라서 별명이 줍줍 할매예요. 큰 딸 유니는 중학교 2학년으로 다이어트, 외모, 유행에 관심이 많아요. 작은 딸 써니는 초등학교 5학년으로 옆집에 이사 온 잘생긴 아싸 어린이한테 관심을 가지게 되지요. 또한 이 책의 등장인물로는 편의점 알바 루이와 편의점에 매일 들러 탕탕면을 먹고 가는 괴짜 과학자 정 박사가 있어요. 정 박사의 모습이나 하는 이야기를 보면 정재승 교수님의 역할을 맡고 있다는 것을 알 수 있어요.

이렇게 해서 지구 기지를 마련한 아우린들은 외계인임을 숨긴 채 지구와 지구인의 특징을 아우레 행성에 보고해요. 이 책 1권의 주제는 '인간은 외모에 집착한다'예요. 정재승 교수님과 스토리텔러들은 뇌 과학에 대해 먼저 '외모'를 이야기하고 있어요. '지구인들은 옷을 입는다', '지구인들은 외모의 작은 차이를 알아본다', '지구인들은 외모로 차별한다', '지구인들이 호감을 갖는 외모는?', '지구인들은 유행을 따른다', '지구인들은 외모를 위해 엄청난 고통을 감수한다'는 것이 1권의 주요 내용이에요.

전체 10권 중 '외모'를 1권의 주제로 정한 이유는 우리 인간이 자신은 물론 상대방의 외모에서 많은 것을 판단할 수 있기 때문인 것으로 보여요. 2권부터 10권까지의 주제는 '기억력', '사춘기', '감정', '감각', '성', '거짓말', '불안과 미신', '선택', '공감'입니다. 또한 정재승 교수님과 스토리텔러들이 권별로 주제의 제목을 지은 것을 보면 우리가 우리를 얼마나 잘 모르는지 알려줘요. 외계인인 아우린의 입장에서 보면 인간이 많이 부족하다는 생각이 들어요. 1권부터 10권까지의 제목에서 공통적으로 느껴지는 것은 '인간 별거 아니네'라는 거예요. 그렇기 때문에 뇌과학을 통해 인간을 알아가는 것이 중요하다는 뜻 같아요.

5-1 과학자는 어떻게 탐구할까요? 5-2 재미있는 나의 탐구 6-1 과학자처럼 탐구해 볼까요?

• Science Book 29 •

과학의 시작은 탐구부터
《탐구한다는 것》

남창훈 | 너머학교(2010)

🧊 찾아서 연구하는 것

2000년부터 시작된 제7차 교육과정에서 초등학교에 '과학' 교과서가 처음으로 등장했어요. 그 전까지는 '자연'이었지요. 과학 교과서로 바뀌면서 과학에서 '탐구'라는 말이 자주 등장했지요. 교과서가 시작될 때 탐구 단원이 생긴 거예요. 초등학교는 3학년부터 과학 교과서로 학습하게 되는데 6학년까지 총 8개 학기 동안 6개 단원에서 '탐구'를 배우게 되지요.

교과서가 국정 체제였을 때 단원 이름은 탐구란 무엇인가?(3학년 1학기 1단원), 재미있는 나의 탐구(3학년 2학기 1단원), 탐구 능력을 키워 볼까요?(4학년 1학기 1단원), 과학자는 어떻게 탐구할까?(5학년 1학기 1단원), 재미있는 자유 탐구(5학년 2학기 1단원), 과학자처럼 탐구해 볼까요?(6학년 1학기 1단원)였지요. 그런데 교과서가 검·인정 체제로 바뀌면서 출판사마다 단원 이름이 조금씩 달라지게 되었어요. 그래도 탐구 단원이 6개 들어 있는 것은 변함이 없지요. 탐구 단원은 교과 과정이 또 개정되어도 과학 교과서에 들어가게 될 거예요. 왜냐하면 과학은 자연에 대한 탐구가 가장 중요하기 때문이지요. 탐구의 '탐'은 한자로 '찾다'라는 뜻이고, '구'는 '연구하다'라는 뜻이에요. 즉, 탐구는 진리나 학문 등을 파고들어 깊이 연구한다는 거예요.

고대 그리스의 과학자 아르키메데스는 "유레카!"라고 외친 것으로 유명해요. 금으로 된 왕관에 은이 섞여 있는 것을 알아내고 벌거벗은 채 대중목욕탕을 뛰쳐나오면서 외친 거예요. 유레카는 '알아냈다', '찾아냈다'라는 말이에요. 아르키메데스는 왕에게서 왕관이 순금으로 만들어져 있는지 아니면 은이 섞여 있는지 밝혀내라고 명령을 듣고 고민이 빠졌어요. 아무리 왕관의 무게를 달아 보아도 처음 준 순금의 무게와 같았지요. 아르키메데스는 늘 왕관 생각만 하고 다녔어요.

그러던 어느 날 포기하는 심정으로 대중탕에서 목욕이나 하자고 생각했지요. 찰랑찰랑 넘치는 탕 속에 몸을 담그니 물이 넘치기 시작했어요. 그러면서 넘친 물의 양은 물속에 잠긴 내 몸의 부피만큼의 무게겠지 생각하다가 중요한 사실을 알아냈지요. 왕관을 순금으로 만든 것과 은이 섞어 만든 것은 부피가 다를 것이고 그렇다면 물속에 넣어 보면 넘치는 물의 양이 다를 것이라 생각했어요. 실제로 실험을 해보니 왕관에

은이 섞였음을 알아내게 되었지요. "유레카!" 가득 찬 목욕탕의 물에 몸을 담그면 물이 넘치는 것은 우리도 다 아는 사실이에요. 하지만 아르키메데스는 왕관의 비밀을 밝혀야 한다는 생각을 늘 했기 때문에 물이 넘치는 것을 보고 과학적으로 생각할 수 있었어요. 탐구란 바로 이런 거예요. 자연 현상의 비밀을 밝히고자 하는 생각이 탐구로 이어지는 거예요.

세계적으로 가장 유명한 과학자하면 아인슈타인이 떠오를 거예요. 아인슈타인은 태어나서 자라면서 말도 잘 못하고 친구들과 잘 어울리지도 못했어요. 혼자 지내는 시간이 더 많을 정도였지요. 그런데 다섯 살 무렵에 아버지가 사다준 나침반을 가지고 놀다가 문득 '나침반의 바늘은 왜 항상 북쪽을 가리킬까?'라는 아주 평범한 물음에 답하려고 생각하면서 과학자의 길로 들어섰다고 해요. 어려서부터 어떤 사물이 어떻게 작동하는지 탐구하는 습관을 들인 거지요. 이렇게 작은 의문이 탐구를 하게 하는 거예요.

벨크로 테이프는 일명 '찍찍이'라고 해요. 신발, 가방, 우산, 옷 등을 달거나 고정할 때 많이 쓰이지요. 찍찍이는 스위스의 발명가이자 전기 기술자인 조르주 드 메스트랄이 발명한 거예요. 발명을 하게 된 계기가 바로 탐구의 정신을 보여주고 있어요. 드 메스트랄이 개와 함께 사냥을 하고 돌아왔는데 옷과 개의 털에 풀 씨앗이 달라붙어 있었어요. 풀숲을 걷다 보면 흔히 있는 일이지요. 보통 사람들 같으면 투덜거리며 씨앗을 떼어 냈겠지요.

그런데 드 메스트랄은 '왜 씨앗이 옷에 달라붙을까?'라는 생각으로 씨앗을 자세히 관찰했어요. 그랬더니 씨앗에 아주 작은 갈고리 같은 것이 있어서 옷의 섬유 사이를 걸고 있는 것을 발견하게 된 거예요. 발명가이기도 했던 드 메스트랄은 씨앗을 흉내내어 찍찍이를 발명한 거예요. 찍찍이도 드 메스트랄의 탐구 과정이 없었다면 만들어지지 않았을 거예요. 과학자들의 일화를 보면 이런 탐구 과정들을 많이 볼 수 있고, 이런 과정을 통해 과학의 발견이나 발명이 이루어진 것을 알 수 있답니다.

탐구한다는 것은 질문하는 것

글을 쓴 남창훈 교수님은 사랑하는 외할머니가 암으로 돌아가셔서 암을 치료할 수 있는 방법을 개발하기 위해 과학자가 되었다고 해요. 그래서 대학교와 대학원에서 화학과 생화학을 공부하고 프랑스에서 유학하며 생명 공학을 전공하여 박사 학위를 받았어요. 대학에 입학하면서부터 끊임없이 탐구하면서 학생들을 가르치고 있는 거예요. 세계적으로 유명한 프랑스의 퀴리 연구소, 영국의 케임브리지 등에서 의학연구원으로 일하면서 '탐구한다는 것'을 깊이 생각하고 이 책을 썼다고 해요. 그 후 독일에 있는 한국과학기술연구원 유럽 연구소를 거쳐 지금은 대구경북과학기술원 교수로 있으면서 여전히 탐구에 전념하고 있어요.

남창훈 교수님은 하루에도 몇 번씩 1밀리미터의 1,000분의 1만큼 작아진대요. 무슨 말일까요? 남창훈 교수님과 같은 생명공학자들은 현미경을 들여다보며 박테리오파지를 연구하지요. 박테리오파지는 박테리아를 숙주 삼아 기생하는 일종의 바이러스인데, 이 박테리오파지의 크기가 보통 1마이크로미터예요. 1마이크로미터는 1밀리미터의 1,000분의 1이에요. 머리카락의 굵기가 보통 0.1밀리미터 정도이고, 박테리오파지의 크기가 0.01밀리미터이니 박테리오파지가 얼마나 작은지 알 겠지요?

　남창훈 교수님은 아예 딱 5분만이라도 박테리오파지만큼 작아지는 것이 꿈이라고 해요. 같은 크기에서 박테리오파지를 보고 싶다는 거지요. 현미경을 통해서 탐구하면서도 많은 성과를 내고 있지만, 자신의 몸이 박테리오파지 크기가 되면 훨씬 더 자세히 관찰할 수 있을 거예요. 하지만 그 꿈은 이루어질 수 없으니 현미경을 열심히 들여다보는 거랍니다.

　남창훈 교수님은 정말 풀고 싶은 의문이 하나 있대요. 박테리오파지가 박테리아 속으로 들어갈 때 어떤 일이 벌어지는가 하는 거예요. 이 의문을 해결하면 여러 가지 비밀을 풀 수 있대요. 박테리오파지가 박테리아를 숙주 삼아 증식하려면 박테리아 속으로 들어가야겠지요? 박테리아 표면에 있는 섬모에 박테리오파지가 달라붙으면, 섬모는 박테리아파지를 박테리아 몸속으로 들여보내 주어요.

　이 과정이 5분 정도 걸린다고 해요. 박테리오 파지가 박테리아 안에서 어떤 일이 일어나는지 알려져 있지 않대요. 가장 중요한 일인데 말이에요. 그래서 남창훈 교수님은 5분이라도 박테리오파지 크기로 줄어들고 싶다는 거지요. 크기가 같아지면 박테리오파지가 박테리아 안으로 들어온 다음 어떤 일이 일어나는지 알 수 있을 테니까요. 남창훈 교수님은 박테리아파지를 가지고 암을 치료하는 약이나 어떤 병을 진단하는 데 필요한 항체를 개발하는 실험을 오랫동안 했어요. 실험을 하면서 어려움이나 좌절을 겪을 때도 많았다고 해요. 그런데 그때마다 어려움을 극복할 수 있었던 것은 끊임없이 생겨나는 질문이었대요. 어떤 질문이 머릿속에 떠오르면 그 질문을 해결하기 위해 또 실험을 해서 실마리를 알아내고 답을 찾아내는 거예요.

그런데 답을 찾아냈다고 하는 순간 또 다른 질문이 떠오른대요. 그러면 그 질문을 풀기 위해 실험을 다시 하는 거예요. 이런 일 자체가 즐거워 계속 탐구를 하게 된대요. 우리가 어렸을 때는 질문을 많이 하지요. 보는 것마다 신기하고 궁금하지요. 그래서 언제나 엄마나 아빠에게 '이건 뭐야?', '저건 왜 그래?'라고 끊임없이 질문을 해요. 그런데 커가면서 어느 순간 질문을 멈추게 돼요. 다 알게 돼서 질문을 안 하게 되는 것일까요? 그건 아닐 거예요. 더 이상 탐구를 안하게 되는 거예요.

아인슈타인은 "중요한 것은 질문을 멈추지 않는 것이다."라고 말했어요. 남창훈 교수님도 이 책을 통해 "탐구한다는 것은 질문하는 것이다."라고 말하면서 '질문을 한다는 것은 의문을 갖는 대상과 대화를 나누는 일'이라고 강조하고 있어요. 여러분은 요즘 어떤 질문을 하고 있나요? 어릴 때는 엄마 아빠에게 끊임없이 질문을 했었을 텐데, 혹시 지금은 질문을 멈추진 않았나요?

🔶 어른이 되어도 질문을 해야 하는 이유

나는 아주 어렸을 때 정말 궁금한 것이 있었어요. "사람이 다 죽고 호랑이만 남으면 나 혼자 무서워서 어떻게 할까?" 물론 자라면서 쓸데없는 질문이라는 것을 알게 되었지요. 그렇지만 나는 궁금한 것이 많았어요. 시골에서 태어나서 자라 여러 농사일 하며 그중 집에서 누에를 길렀는

데 누에가 어떻게 뽕잎을 갉아먹는지, 파리가 왜 살아 있는 누에에 알을 낳는지, 토끼의 똥은 왜 동그란지, 잡초는 왜 뽑아야 하는지 등이었지요.

　이런 질문은 지금도 계속되고 있어요. 그래서 지금은 자연에 대한 질문을 잡초에 집중하기로 했어요. 길가나 집 주변에 저절로 자라는 풀의 이름을 알고자 노력했어요. 산책을 하다가도 모르는 풀이 보이면 사진을 찍은 다음 식물도감에서 찾아서 이름을 알려고 하지요. 도감에서도 찾을수 없으면 인터넷을 검색하거나 전문가에게 물어서라도 이름을 알아내지요. 궁금한 것이 있으면 질문을 하고 해결하려고 노력하는 것이 탐구하는 과정이지요. 여러분은 어떤 질문을 하나요? 질문을 하고 해결하기 위해 탐구하는 것은 꼭 과학자가 되고자 하는 사람만 하는 것이 아니에요. 이과 계열의 사람들은 보통 '사물'에 관심이 많고, 문과 계열 사람들은 '사람'에 관심이 많지요. 자신이 문과 계열이고 '사람'에게만 관심이 가더라도 질문하고 탐구하는 자세가 필요해요.

　어렸을 때 어머니에게 '쥬빌리'라는 침팬지 인형을 선물 받고 쥬빌리를 너무 좋아해서 평생 침팬지에 대해 탐구한 과학자가 있어요. 영국에서 태어났지만 침팬지와 함께 살면서 탐구하려고 혼자 아프리카까지 갔어요. 침팬지에 대한 사랑이 그를 평생 침팬지와 함께 살면서 호기심의 대상에 가까이 다가가게 한 거예요. 여러분도 이 이야기의 주인공이 제인 구달이라는 것을 알겠지요? 제인 구달은 40년 넘게 침팬지에 대해 탐구하면서 우리가 몰랐던 여러 가지 사실을 알게 되었지요.

　수도원에 생활하면서 7년이 넘게 3만 그루의 완두를 심으면서 '유전의 법칙'을 발견한 멘델도 호기심 – 질문 – 탐구의 과정을 거치면서 위대한 발견을 한 대표적인 과학자예요. 멘델의 질문은 "부모에서 자녀에게로 유전이 어떻게 일어나는가?" 즉, "부모의 생김새나 성격, 체질이 어떻게 자녀에게 전해지는가?"였어요.

  멘델은 그 질문의 답을 찾기 위해 완두를 직접 심어 기르고 교배시키면서 '우열의 법칙', '분리의 법칙', '독립의 법칙' 등을 발견하게 된 거예요. 완두는 언제나 이런 법칙으로 대를 이어 자라요. 그런데 멘델이라는 과학자가 호기심을 가지고 질문하고 탐구하면서 그 법칙을 알아낸 거지요. 여러분도 마찬가지예요. 호기심, 질문, 탐구를 늘 생각하면서 답을 찾으려고 노력해 보세요. 답을 찾으려고 노력하는 사람에게 자연은 본래의 얼굴을 보여주는 거랍니다. 《탐구한다는 것》이 그 길을 알려줄 거예요.

◆ 끝까지 질문하다 보면

《탐구한다는 것》은 '너머학교 열린 교실' 시리즈로 출간된 두 번째 책이에요. 첫 번째 책은 《생각한다는 것》이지요. 《생각한다는 것》를 쓴 고병권 님과 출판사 '너머학교'가 '열린 교실' 시리즈를 처음 기획하면서 "새로운 삶이 태어나는 언어의 대장간, 삶의 대장간이 되었으면 합니다. 무엇보다 배움이 일어나는 장소, 학교 너머의 학교, 열려 있는 교실이 되었으면 합니다. 우리 모두가 아이가 되어 다시 발음하고 다시 뜻을 새겼으면 합니다. 서로에게 선생이 되고 제자가 되어서 말이지요."라고 이야기하고 있어요.

  2010년 첫 번째 책이 나온 이후 이 시리즈는 계속 출간되고 있어요.

주제들을 보면 생각한다는 것(1권), 탐구한다는 것(2권), 읽는다는 것(4권), 논다는 것(7권), 관찰한다는 것(12권), 쓴다는 것(20권) 등이 있고, 21권째로 《공감한다는 것》이 출간되었어요. 10대들에게 생각의 기술, 삶의 태도, 질문에 대한 탐구, 놀고 느끼고, 행복하고 의미 있는 삶을 꿈꿀 수 있도록 안내해 주고 있어요. 한마디로 우리들을 위한 생각 교과서인 셈이랍니다.

  2010년 말 이 시리즈를 막 출간했을 때 출판사 대표에게서 《생각한다는 것》과 《탐구한다는 것》을 기증 받았어요. 책을 본 내 한마디는 "역시!"였답니다. 대학에서 역사학을 전공하고 오랫동안 출판 편집 기획자로 경력을 쌓아온 대표는 늘 생각한다는 것이 무엇인지, 본다는 것이 무엇인지, 논다는 것이 무엇인지, 왜 우리는 잘 생각하고 잘 보고 잘 놀아야 하는지 고민이 많다고 하더군요. 그 해답이 바로 이 책이며 늘 과학적 생각을 하려고 노력하는 선배에게 책을 주고 싶다고 한 것이 기억나네요. 이 시리즈가 21권까지 나오고 앞으로도 계속 출간될 것을 생각하면 후배인 출판사 대표는 지금도 행복한 삶을 꿈꾸고 있다는 것이 확실해 보여요. 생각하고 생각하고 또 생각하면 세상에 안 될 것이 무엇이 있겠어요?

6-2 에너지와 생활

• Science Book 30 •

콘서트를 감상하듯이 과학을 듣는다
《정재승의 만화 과학 콘서트》

정재승 | 휴머니스트(2004)

🔶 우리나라에도 이런 과학책이!

카이스트(KAIST)의 정재승 교수님이 쓴 《과학 콘서트》는 2001년에 처음 나왔어요. 과학고등학교를 졸업하고 카이스트에서 학사, 석사, 박사 학위를 받고, 미국 예일대학교 의과 대학 정신과에서 연구원으로 일하다가 고려대 연구 교수가 되었지요. 교수님은 학교 다닐 때부터 글쓰기와 영화 감상을 좋아했다고 해요. 그래서 그때부터 과학과 영화 관련 글을 썼고 책도 내게 되었지요.

《과학 콘서트》 전에 《시네마 사이언스》와 《물리학자는 영화에서 과학을 본다》라는 책이 먼저 나왔지요. 《과학 콘서트》 이후에도 《뇌과학자는 영화에서 인간을 본다》와 《열두 발자국》 등의 책을 펴내고 있어요. 어린이 눈높이에 맞춰 만화로 된 책을 쓰거나, 기획하면서 우리나라 과학책 분야의 선두주자 역할을 하고 있어요.

《정재승의 만화 과학 콘서트》는 《과학 콘서트》를 어린이들도 쉽게 읽을 수 있도록 만화로 만든 거예요. 어떤 글이 있을 때 이것을 만화로 만들려면 또 다른 노력이 있어야 해요. 글은 정재승 교수님이 쓴 것이지만, 만화작가가 있어야 하고 또 글을 만화로 구성해 주는 구성작가가 있어야 하지요.

《만화 과학 콘서트》의 구성은 오랫동안 만화 잡지에서 편집을 맡았던 김창헌 작가가 맡았어요. 어린이들에게는 어려울 수도 있는 전문적인 과학 글을 만화로 구성하기 쉽게 그리고 독자들이 깔깔거리며 읽을 수 있게 만들어준 거예요. 만화는 김석 작가가 그린 거예요. 김석 작가는 독학으로 만화를 배워 독특한 캐릭터를 만든 작가로 〈어린이 과학동아〉 같은 잡지에서 꾸준히 작품 활동을 하고 있어요. 원래의 직업은 전기 기사라고 해요. 삶 자체가 독특하여 누구도 흉내 내지 못하는 캐릭터를 만들었나 봅니다.

《과학 콘서트》가 처음 나왔을 때 과학자, 과학 분야 연구 종사자, 과학기자, 과학 칼럼니스트, 과학 글 작가, 과학 출판사 관계자들이 사실 꽤 놀랐어요. 한마디로 우리나라에도 이런 과학책을 쓸 수 있는 젊은이가 있었나? 하는 의문과 기대가 교차했다고 할까요? 이런 책이 나와서 굉장히 반가운 마음으로 단숨에 읽었답니다.

책의 내용 중 가장 와닿았던 것은 '교통의 물리학'이라는 주제에 대한 이야기였어요. 시골에서 태어나서 대학을 가려고 도시로 올라온 나는 명절 때만 되면 극심한 교통 정체에 시달리곤 했지요. 평소 2시간이면 가는 거리를 24시간이 걸린 적도 있었으니 명절이 다가오면 한 달 전쯤부터 악몽을 꾸기도 하지요. 도로에서 차가 막혀 꼼짝을 못하게 되면 여러분은 무슨 생각을 하나요? 나는 우리가 탄 차의 지붕에서 프로펠러가 나와서 헬리콥터로 변신하면 얼마나 좋을까 생각하지요. 실제로 이런 일이 가능하다면 아마 처음부터 헬리콥터로 변신한 차를 타고 날아가려고 했겠지만요. 그리고 또 한 가지 궁금증이 생기지요. 왜 우리가 가고 있는 차선만 막히는 걸까? 옆 차선은 잘 가고 있는데.

그래서 이 눈치 저 눈치 보면서 어렵게 잘 가고 있는 차선으로 바꾸면 아까 그 차선은 잘 가고 또 내 차선이 막히지요. 이래저래 힘든 귀경길이 되지요. 근데 이상한 건 또 있어요. 명절을 쇠기 위해 대형 마트에서 물건을 사고 계산하려고 줄을 서면 왜 내가 서 있는 줄만 줄지가 않는 걸까요? 옆줄은 잘 줄어드는 것 같은데 말이죠. 이렇게 일상생활에서 흔히 일어나는 일들을 정재승 교수님이 물리학적으로 분석했어요. 아니 이런 것도 물리학인가요?

◆ 복잡한 세상도 물리학으로?

사람들이 많아지고 도시 생활을 하다 보면 일상생활 자체가 얽히고설켜 아주 복잡해지지요. 여러 가지 일들이 서로 연관을 맺고 있기 때문에 더 복잡해 보이지요. 그런데 정재승 교수님의 눈에는 아무리 복잡해 보이는 일들도 하나하나 분리해서 보면 물리학적으로 분석할 수가 있대요. 이런 것을 흔히 '복잡계 물리학'이라고 해요.

그렇다면 내 차선만 막히고 내 줄만 줄지 않는 이유는 물리학적으로 어떻게 설명될까요? 이런 교통의 흐름을 연구하는 학자들에 따르면 실제로는 옆 차선이 더 느린 경우에도 자기 차선이 더 느리다고 느끼는 경우가 많다고 해요. 운전하는 사람의 시야가 주로 앞쪽을 향해 있기 때문에 자신이 추월한 차보다는 자신을 추월한 차가 시야에 더 오래 남기 때문이라고 해요. 일종의 착시인 거지요.

또한 차선이 두 개가 있을 때 두 차선 모두 막히는 구간과 잘 빠지는 구간의 길이가 똑같다고 가정해 보아요. 그러면 내 차선이 잘 빠지는 구간에서는 내 차의 속도가 빠르기 때문에 그 구간에 머무르는 시간이 짧아요. 그런데 내 차선이 막히는 구간을 빠져나가는데 걸리는 시간은 길지요. 그러니까 모든 차선의 운전자들이 '내 차선이 더 느리다고 느껴지는 시간'이 '더 빠르다고 느껴지는 시간'보다 길게 되지요.

학자들이 교통의 흐름을 연구할 때, 고속도로에서 마음껏 속도를 낼 수 있는 경우를 밀도가 낮은 기체의 흐름처럼 본대요. 교통량이 증가해 이동할 수 있는 공간이 부족해지고 느린 속도로 달려야 하는 출퇴근 길의 경우는 액체 상태의 입자로 보고요, 명절 때 꽉꽉 막히는 고속도로의 경우는 고체 상태라는 거지요. 과학자들은 교통의 흐름도 세 가지의 '상태 변화'로 본다는 것이 정말 과학적이지 않나요?

또 차가 막히는 상황에서 '가다 서다'를 반복하게 되면 그 효과가 뒤에 있는 차들에게 파동의 형태로 전달된다고 해요. 속도가 달라지는 앞차를 따라가는 뒤차들은 안전거리를 유지하기 위해 속도를 낮추거나,

또는 너무 떨어진 앞차를 따라가기 위해 속도를 높이게 되지요. 이런 상황이 뒤쪽의 교통 밀도를 증가시켰다 감소시켰다 하여 일종의 물결파를 만드는 거지요. 이 물결파의 효과가 마치 충격파처럼 뒤에 있는 차들에게 전달되어 어느 지점에서는 고체 상태처럼 뭉쳐 있게 되는 거예요. 그런 이유를 정재승 교수님은 '복잡한 도로에서는 차선을 바꾸지 마라'라고 이야기하고 있어요. 차선을 바꾸기 위해 옆 차선으로 들어가려면 옆 차선의 속도가 느려지고, 그러면 그 여파가 물결파처럼 뒤의 차들에게 영향을 미쳐 결국 도로의 차들의 흐름은 고체 상태처럼 차들이 붙어 있게 되는 거지요.

이런 분석은 대형 마트의 계산대에 길게 늘어서 있는 줄도 마찬가지랍니다. 이런 이야기를 읽다 보면 세상은 복잡하지만 이런 세상을 간단하게 풀어보려는 과학자들의 노력이 대단하다는 것을 느끼게 되지요.

🔶 백화점에도 과학이?!

여러분들은 엄마나 아빠와 함께 백화점에 가본 적이 있지요? 백화점에도 과학적인 또는 심리학적인 연구 결과가 적용되고 있다는 사실을 알고 있나요? 백화점에서 벽시계나 창문을 본 적이 있나요? 벽시계나 창문을 보는 것은 불가능하니 찾으려고 하지도 마세요. 그러면 거울을 본 적이 있나요? 거울은 가는 곳마다 있으니 아주 쉽게 찾을 수 있어요.

백화점에는 시간 가는 줄 모르고 쇼핑을 하라고 벽시계와 창문이 없어요. 만약 벽시계와 창문이 있다면 쇼핑을 하다가 가족들의 저녁 식사를 준비하기 위해 서둘러 백화점을 떠나겠지요? 그렇다면 거울은 왜 가는 곳마다 설치해 놓은 걸까요? 거울이 있으면 남녀노소를 불문하고 무의식적으로 거울에 비친 자신을 보게 되지요. 거울을 보면 자연스럽게 걷는 속도가 느려지겠지요? 그렇게 되면 거울에 비친 반대편 물건에 시선이 끌릴 수도 있어요. 거울은 고객의 시선을 한 번이라도 더 물건을 향하게 하는 중요한 수단인 셈이랍니다.

건물의 구조를 보면 더 신기한 것이 백화점이에요. 위층과 아래층을 쉽게 오르내릴 수 있는 엘리베이터와 에스컬레이터가 어디에 있는지 살펴본 적이 있나요? 속도가 빠른 엘리베이터는 건물의 구석에 있고, 속도가 느린 에스컬레이터는 건물 중앙에 있어요. 왜 그럴까요? 엘리베이터를 구석에 설치해 놓으면 사람들이 찾기도 쉽지 않고 이용하기 불편해요. 그래서 할 수 없이 쉽게 보이는 에스컬레이터를 이용하게 되지요. 에스컬레이터를 타고 느리게 이동하다 보면 가까운 곳에 상품 진열대에 눈길이 가지요. 그리고 에스컬레이터를 타기 위해 또는 에스컬레이터에서 내려 출입문 쪽으로 가기 위해 이동하면서 수많은 진열대를 지나게 되지요. 참으로 대단하지요? 좋은 물건을 더 많이 보여주려는 백화점의 배려일까요, 하나라도 더 팔기 위한 상술일까요? 판단은 여러분의 몫으로 남겨 둘께요.

◈ 과학도 깔깔거리며 공부해야!

그 밖에도 《과학 콘서트》에는 복잡한 세상에서 일어나는 현상들을 명쾌한 과학으로 풀어주고 있어요. 토스트는 왜 하필 버터나 잼을 바른 쪽이 땅바닥으로 떨어지는지, 토크쇼의 방청객들은 왜 모두 여자들인지,

레스토랑은 왜 시끄러운지 등등. 우리가 살면서 흔히 겪게 되는 일을 다시 한번 생각해 보게 하지요. 정재승 교수님은 《만화 과학 콘서트》를 내면서 이 책을 만화로 즐기는 '왁자지껄 과학 콘서트'라고 말했어요.

정재승 교수님도 인생 최초의 책은 만화였다고 해요. 길창덕 선생님의 〈꺼벙이〉와 〈신판 보물섬〉 그리고 어린이 잡지 〈새소년〉에 연재되었던 〈선달이 여행기〉를 보면서 하루 종일 만화라는 '공상의 놀이터'에서 놀았다고 해요. '왁자지껄 과학 콘서트'라는 말 이외에 '말풍선 달린 그림'으로 다시 태어났다는 표현을 했지요. 만화로 《과학 콘서트》를 다시 만드는 것에 대해 아주 좋아했던 것 같아요. 만화가는 내 책을 어떻게 읽었는지 어떤 등장인물이 떠올랐는지, 전문 구성작가는 어떤 이야기로 과학을 풀이할지 기대를 많이 한 것 같아요. 기대한 만큼 김석이라는 만화가는 개구쟁이 캐릭터 '공상이'를 중심으로 기발하면서도 재미있는 사건을 통해 과학 이야기를 소개해 주었다고 이야기하고 있어요.

정재승 교수님은 자신이 쓴 이야기로 다 아는 내용이지만 읽을 때마다 매번 키득거리고 배꼽을 잡는 걸 보면 자신도 '공상이'가 된 것 같은 생각이 들었다고 해요. 《정재승의 만화 과학 콘서트》는 모두 2권으로 되어 있어요. 한 권에 10개의 주제를 담고 있으며 주제마다 재미있는 '에피소드'와 '3초 궁금증 싹~!' 그리고 '정재승 샘의 과학 콘서트 따라잡기'로 구성되어 있어요.

🎲 만화와 학습 둘 다 잡아야 해

어린이 과학 잡지와 어린이 과학 만화 잡지를 오랫동안 만들어온 나는 여러분에게 한 가지 해주고 싶은 말이 있어요. 과학을 공부할 때 대개 과학 학습 만화로 시작하는 경우가 많아요. 만화는 어렵다고 생각되는 과학의 문턱을 낮추어 주는 좋은 역할을 하지요. 과학 학습 만화는 주로 만화로 과학을 설명하고 있고 좀 더 알아두어야 할 과학 학습 내용은 별도로 정리해 주는 경우가 많아요. 그래서 자칫하면 만화를 보고 정작 중요한 과학 학습은 건너뛰는 경우도 있어요. 아마도 부모님께서 보라고 하지 않으면 영영 읽지 않을 수도 있어요. 그렇게 되면 과학 학습 만화를 보고 그냥 웃다가 끝날 수도 있어요. 그러니까 캐릭터들의 움직임만 생각나고 학습 내용은 아무것도 남는 것이 없게 되지요.

과학 학습 만화를 볼 때는 만화는 물론 학습 내용도 꼭 보도록 하세요. 그래야 과학 학습 만화를 본 것이 되니까요. 그러고 나서 같은 주제를 다룬 과학 도서를 꼭 읽어보세요. 만화가 아닌 정보 도서로 말이지요. 특히 자신이 좋아하고 궁금한 것이 많은 주제는 관심을 계속 가지고 뉴스 기사나 다큐멘터리 등의 영상도 함께 찾아서 보는 것이 좋아요. 정재승 교수님도 만화를 좋아하고 과학을 좋아하고 사람들이 살아가는 모습을 과학적으로 설명하려는 데 의미가 있었기 때문에 과학자가 되었겠지요.

《과학 콘서트》는 출간된 지 약 10년 만에 개정판이 출시되었고 20주년을 맞아 또다시 개정판이 나왔지요. 그동안 발전된 과학의 모습을 보완해 주고 새로운 연구 결과를 계속 반영하고 있어요. 하지만 시간이 아무리 지나도 이렇게 복잡한 세상을 과학적으로 명확하게 풀어주고자 하는 그 마음은 변함이 없어 보이네요.

5-1 과학자는 어떻게 탐구할까요? 5-2 재미있는 나의 탐구 6-1 과학자처럼 탐구해 볼까요?

• Science Book 31 •

과학관은 새로운 질문을 얻어가는 곳
《과학관으로 온 엉뚱한 질문들》

이정모 | 정은문고(2021)

이러지도 저러지도 못하는 역설!

스페인의 작가 세르반테스의 소설《돈키호테》는 과대망상에 빠진 주인공 돈키호테와 부하 산초 판사의 익살스러운 모험을 그리고 있어요. 산초 판사가 어느 섬을 다스리는 태수가 되었는데 산초 판사는 진실을 소중하게 여겼어요. 그래서 섬을 방문하는 모든 사람에게 "무엇 하러 섬에 왔는가?"라는 질문을 하고 진실을 말하는 사람은 통과시키고 거짓을 말하는 사람은 교수형에 처해요.

어느 날 한 남자가 섬에 들어오자 병사가 똑같은 질문을 했어요. 그 남자는 뭐라고 대답했을까요? 바로 "나는 교수형을 당하러 왔다."라고 대답했대요. 이 말을 들은 병사는 어찌할 줄을 몰랐어요. 이 사람을 통과시키면 남자는 거짓말을 한 것이 되어 교수형에 처해야 해요. 또 이 사람을 교수형에 처하면 남자는 진실을 말한 것이 되어 통과시켜야 하지요. 그러니 병사는 산초 판사에게 어떻게 해야 하는지 물었어요.

여러분이 산초 판사라면 어떻게 했을까요? 산초 판사는 그 남자를 무사히 통과시켜 주었대요. 그 이유는 선을 베푸는 쪽이 악을 베푸는 쪽보다 낫기 때문이 아니라, 판단하기 어려울 때는 자비를 베푸는 길을 택하라고 돈키호테가 가르쳐 주었기 때문이래요. 이 이야기를 '산초 판사의 역설'이라고 해요. 역설이란 일반적으로 보면 맞는 말 같지만 어떤 경우에는 말이 되지 않는 모순을 말해요. 비슷한 예로 '악어의 역설'이라는 것도 있어요.

아이를 데리고 가던 엄마가 악어에게 아이를 빼앗겼어요. 엄마는 악어에게 아이를 살려달라고 애원했지요. 악어는 엄마에게 기회를 주겠다며 자기가 하는 질문에 답을 맞히면 살려주고 맞히지 못하면 잡아먹겠다고 했어요. 질문은 "내가 이 아이를 잡아먹을까, 살려줄까?"였지요. 여러분이 엄마의 입장이 된다면 어떻게 대답할까요? 엄마의 대답은 "잡아먹을 것이다."였어요. 그런데 악어가 그 대답을 듣고 고민에 빠졌어요. 엄마의 말대로 아이를 잡아먹으면 엄마는 답을 맞히게 되어 악어는 아이를 살려주어야 해요. 그래서 아이를 살려주면 엄마는 답을 맞히지 못하게 되어 아이를 잡아먹어야 하지요. 이것이 바로 '악어의 역설'이지요. 산초 판사의 질문이나 악어의 질문은 처음부터 질문 자체가 말이 안 되는 것이랍니다. 질문이 얼마나 중요한지 생각하게 하는 일화지요.

🔹 질문에는 꼭 답이 있는 것은 아니야!

《과학관으로 온 엉뚱한 질문들》이라는 책은 질문의 중요성을 알 수 있는 더 재미있는 이야기가 나와요. 저자인 이정모 님의 말인데《이것은 질문입니까?》라는 책이 있대요. 영국의 옥스퍼드대학교와 케임브리지대학교가 최고의 인재를 뽑기 위해 던진 질문을 모은 책이에요. "이것은 질문입니까?"라는 질문에 여러분은 어떤 대답을 할 수 있을까요? 어떤 학생이 이렇게 대답했대요. "만약 이것이 대답이라면 그것은 질문이었던 게 분명하네요." 참으로 특이한 질문에 기막힌 답변이죠?

《과학관으로 온 엉뚱한 질문들》은 저자가 박물관 관장과 과학관 관장을 지내면서 받았던 질문에 답변한 내용을 엮은 거예요. 어떤 질문에 어떤 답변을 했는지 궁금하지요? 지금부터 그 질문에 대해 알아봐요.

질문이란 알고자 하는 것을 얻기 위해 묻는 것 또는 의문이나 이유를 캐묻는 거예요. 한자로 표현하면 질(質)은 '바탕'이라는 뜻이고, 문(問)은 '묻다'라는 뜻으로 바탕 또는 근본적인 것을 묻는 거예요. 영어로 표현하면 question인데 이것은 '문제, 탐색, 조사' 등을 뜻하는 라틴어 quaestio에서 나온 거예요. 의문 부호(question mark)의 유래도 quaestio에서 첫 글자인 q와 마지막 글자인 o를 위아래로 쓰는 과정에서 '?'이 되었다는 얘기가 전해지고 있어요.

그런데 무엇인가를 알기 위해 묻는 것이 질문인데 질문에 대한 생각이 유대인과 우리나라가 많이 다르다고 해요. 유대인들은 학교에서 돌아온 자녀에게 "오늘은 선생님께 어떤 질문을 했니?"라고 물어본대요. 하지만 우리나라는 질문을 하면 다른 학생들에게 좋지 않은 인상을 심어줄 수 있다고 생각하지요.

저자는 이 책을 시작하기 전에 이렇게 말합니다. "관계의 시작은 질문이다. 인간관계는 대화로 만들어지는데 대화는 질문으로 촉발되기 때문이다. 좋은 질문은 좋은 대화를 이끌고 좋은 대화는 좋은 관계를 만든다." 그렇다면 사람들은 과학관 관장님에게 어떤 질문을 했을까요? 이 책은 수많은 질문들을 크게 네 종류로 나누어 정리했네요. 첫째는 인간에 관해, 둘째는 동물과 식물, 셋째는 생활 속 미스터리에 관한 질문, 넷째는 보이지 않는 세계에 관한 질문이에요.

그러면 내가 보기에 좀 특이하거나 재미있는 질문 몇 가지를 소개할게요. 먼저 인간에 관한 질문 중 '사랑의 유효 기간은 3년이라고 하던데, 진짜인가요?'라는 질문이 눈에 띄네요. 관장님이 이 질문에 어떻게 답변을 했는지는 여러분이 직접 책을 읽어보세요. 하지만 책을 읽어보기 전에 여러분이 관장님이라고 생각하고 답변을 생각해 보세요.

나라면 과학적으로 사랑의 유효 기간이 3년 정도로 밝혀진다 해도, 남자와 여자가 결혼해서 50년도 넘게 사랑하며 사는 사람들은 유효 기간이 상관없지 않을까요? 사랑의 유효 기간은 과학적으로 정확하게 설명하기는 어려운 것 같아요.

또 다른 질문 중 '나이 들면 잠이 없어진다고들 하잖아요, 정말인가요?'가 있네요. 보통 과학관 관장님에게 질문하는 사람들은 어린 학생들이 많을 텐데, 아마도 이 질문을 한 사람이 초등학생이라면 할아버지와 할머니랑 함께 살 가능성이 있겠네요. 이 질문에 대한 답변을 보니 나하고 잘 맞는 것 같아요.

나도 주말인데도 오전 6시 즈음 눈이 저절로 떠지거든요. 관장님이 말하길 나이 든 사람들이 일찍 일어나는 것은 구석기 시대도 마찬가지였대요. 구석기 시대에 여러 사람들이 한데 모여 살았겠지요? 그런데 해가 지고 밤이 되었다고 모두 함께 자고 아침에 해가 뜨고 낮이 되었다고 모두 함께 일어난다면 어떤 일이 벌어질까요? 사자나 호랑이 같은 맹수가 습격해오면 막을 수가 없겠지요. 그러니 나이 든 사람들이 먼저 자고 젊은 사람들이 자지 않고 보초를 서는 거지요. 젊은 사람들이 잠자리에 들 때쯤 나이 든 사람들이 일어나서 보초를 섭니다. 그러니까 사실은 나이가 들었다고 일찍 일어나는 것이 아니고 아이들이 어리다고 늦잠을 자는 것이 아니랍니다. 가족을 지키기 위한 행동일 뿐인 거지요.

새끼 고양이가 귀여운 이유

다음은 동물과 식물에 관한 질문이에요. '거미는 무섭지만 맹수인 새끼 호랑이는 귀여워요. 이유가 뭐죠?'라는 질문이 있네요. 사람의 아기를 비롯하여 고양이나 호랑이 같은 포유류의 새끼가 귀여운 이유는 오스트리아의 동물행동학자인 콘라트 로렌츠(1903~1989)가 1943년에 주장한 '베이비 스키마(baby schema)'에 의해 설명되었어요. 여러분도 아기와 새끼 고양이를 생각하면서 몇 가지를 비교해 보아요. 큰 이마와 눈, 몸에 비해 큰 얼굴, 통통한 볼살과 다리, 작은 코와 입, 부드러운 느낌, 어때요? 아기와 새끼 고양이는 공통점이 많지요. 아기가 귀엽다고 생각하지 않으면 살아남기 어려웠을 거예요. 아이나 포유류의 새끼는 누군가 돌봐주지 않으면 혼자 살 수 없어요. 그러니 누군가 돌봐주고 싶다는 생각이 들 정도로 귀여워 보이도록 진화한 거예요.

그런데 거미는 왜 공포스러울까요? 아마도 거미가 더 사람들을 무서워할 텐데 말이지요. 과학자들은 '거미 공포증'은 인류의 진화 과정에서 생존에 좋은 역할을 했을 것이라 생각해요. 구석기 시대 사람들은 작지만 거미가 생존에 치명적인 해를 끼치는 것을 알았을 거예요. 이 때문에 거미에 대한 공포가 생겨난 거지요. 공포스럽다는 것을 알아야 생존을 위해 거미를 피할 수 있는 거랍니다. 이것은 뱀에 대한 공포도 마찬가지예요. 물론 거미 공포증이나 뱀 공포증은 모든 사람이 가지고 있는 것은 아니지요. 오히려 거미와 뱀을 좋아하는 사람도 있어요.

다음 질문 중 '밤에만 피는 꽃도 있나요?'가 있네요. 식물이 꽃을 피우는 이유는 꽃가루받이를 하여 씨를 만들기 위해서예요. 그래야 자손을 남길 수 있기 때문이지요. 꽃가루받이는 대개 곤충들이 해주지요. 대부분의 곤충은 낮에 활동해요. 그래서 많은 식물이 곤충들이 활동하는 낮에 꽃을 피우지요. 그런데 밤에 꽃을 피우는 식물도 있어요. 이 얘기는 밤에 활동하는 곤충도 있다는 거지요.

우리나라에서 볼 수 있는 밤에 피는 대표적인 식물은 '달맞이꽃'이에요. 이름에서 알 수 있듯이 달맞이꽃은 해가 지기 시작하면 꽃봉오리를 활짝 터트리지요. 그러면 밤에 활동하는 박각시와 같은 나방이 꽃가루받이를 해준답니다. 물론 박각시는 달맞이꽃이 주는 꿀을 먹지요. 꽃가루받이를 끝낸 달맞이꽃은 해가 뜨기 전에 시들어 버리지요.

또 옛날부터 바가지를 만드는 '박'이라는 식물도 저녁에 꽃을 피우기 시작해서 아침이면 시들어요. 《흥부전》에서 흥부네 가족이 박을 타는 장면 기억하지요? 예전에 박은 농촌의 초가지붕에서 볼 수 있었지요. 나도 어렸을 적에 보름달을 받아 하얗게 빛나는 박꽃을 보고 자랐지요. 박처럼 박과에 속하는 '하늘타리'라는 식물도 밤에 하얀 꽃을 피웠다가 아침이면 시든답니다.

밤에 꽃을 피우는 식물들은 보통 뜨거운 낮의 햇빛을 피해 밤에 꽃을 피우고 밤에도 피는 꽃이 있으니까 밤에 활동하는 곤충이 생겨나는 거예요. 갈릴레오 갈릴레이가 이런 말을 했대요. "자연은 쓸데없는 일을 하지 않는다!"

◆ 시뮬라크르 현상이 뭐지?

생활 속 미스터리에 대한 질문 중에는 '큰곰자리가 곰처럼 안 보이는데, 제 눈이 이상한 건가요?'라는 것이 있어요. 큰곰자리에서 곰을 찾고, 사자자리에서 사자를 찾고, 처녀자리에서 처녀를 찾는 건 어려운 일이고 누구나 쉽게 찾는 것이 아니에요. 이것은 오랫동안 과학관 관장 일을 해 온 저자도 자신 없는 일이래요. 그래서 책을 한 권 소개해 주는데, 《별 헤는 밤을 위한 안내서》라는 책이에요. 이 책에는 기존의 별자리 책에 나온 것과 달리 큰곰자리에서 곰을, 쌍둥이자리에서 쌍둥이를, 목동자리와 처녀자리에서 목동과 처녀를 쉽게 연상할 수 있도록 선을 그어 보여주고 있어요.

그런데 우리는 어떤 사물을 보면 의미 있는 형태를 보려고 하는 습성이 있어요. 구름을 보고 얼굴 모양, 동물 모양 등을 연상하거나 바위를 보고 코끼리나 거북 또는 촛대 등을 연상하여 이름도 붙이기도 하지요.

이것을 '시뮬라크르 현상'이라고 해요. 코끼리바위가 있는 섬이 많은 것이 이 때문이지요.

보이지 않는 세계에 대한 질문 중 눈에 띄는 것은 '왜 우리는 데자뷔 현상을 느끼는 걸까요?'였어요. 데자뷔는 프랑스어인데 '이미 본'이라는 뜻으로 우리말을 풀어쓰면 '기시감'이라고 하지요. 즉, 처음 보았는데 이미 본 적이 있는 느낌이나, 처음 왔는데 이미 와 본 적이 있는 곳으로 느끼는 거예요. 데자뷔에 대한 과학자들의 설명은 두 가지가 있다고 해요. 궁금하지요? 그렇다면 책을 직접 읽어보는 것이 좋겠어요. 아, 참! 데자뷔와 반대로 익숙한 곳인데 처음 와 본 느낌이 드는 현상도 있어요. 이것을 자메뷔라고 하지요. 우리말로는 '미시감'이라고 한답니다.

이정모 님은 10여 년을 관장 생활을 하면서 과학관에 대해 이런 말을 남겼어요.

"과학관은 호기심을 해결하는 곳이 아니라 새로운 질문을 얻어 가는 곳이다. '아하! 그렇구나!'보다 '그래? 아닌 것 같은데?' 또는 '정말 그렇다면 또 이건 왜 그래?' 같은 질문을 얻길 바란다."

나는 과학관은 호기심을 해결하고 과학의 모습을 보여주는 곳이라고 생각했어요. 그래서 주변 사람들에게도 기회가 될 때마다 과학관과 박물관에 가보도록 권유했어요. 그런데 이 책을 통해 이정모 님의 말을 듣고 생각을 바꾸게 되었어요. 과학관과 박물관은 '질문을 얻어 가는 곳'으로 말이지요. 여러분도 새로운 질문을 얻을 수 있는 과학관과 박물관에 가보세요.

5-1 과학자는 어떻게 탐구할까요? 5-2 재미있는 나의 탐구 6-1 과학자처럼 탐구해 볼까요?

• Science Book 32 •

빅데이터로 할 수 있는 것들
《김범준 선생님이 들려주는 빅데이터와 물리학》

김범준 | 우리학교(2000)

통계를 알면 일어나는 일

텔레비전 방송 프로그램에 출연하는 물리학자가 몇 있어요. 〈알아두면 쓸데없는 신비한 잡학사전〉 일명 '알쓸신잡' 시즌1에 출연한 정재승 카이스트 교수, 역시 '알쓸신잡' 시즌3에 출연한 김상욱 경희대학교 교수, 〈미스터리 실험쇼 다빈치 노트〉에 출연한 김범준 성균관대학교 교수. 이들은 대학과 대학원에서 모두 물리학을 전공해 박사 학위를 받은 물리학자들이지요. 여러분은 '물리학' 하면 무엇이 떠오르나요? 어렵다, 재미없다, 수학, 괴짜, 똑똑하다 등이 떠오를 거예요. 사실 물리학은 사물의 이치를 탐구하는 학문이에요. 물리학자는 우리를 둘러싼 세상 속 모든 사물의 이치를 탐구하는 사람들이지요.

물리학에는 여러 분야가 있어요. 천체물리학, 입자물리학, 핵물리학, 고체물리학, 광학, 음향학 등이 있어요. 이 책의 글을 쓴 김범준 교수님은 물리학의 또 다른 분야인 통계물리학을 연구하는 학자예요. 통계물리학은 많은 입자가 모여 있을 때 전체가 보여주는 여러 가지 특성을 연구하는 이론물리학의 한 분야지요. 통계란 어떤 현상을 종합적으로 한눈에 알아보기 쉽게 일정한 체계에 따라 숫자로 나타내는 거예요. 수학에서 통계는 집단적 현상이나 수집된 자료의 내용에 관한 수량적 기술을 말해요. 통계는 사회에서 일어나는 현상이나 자연에서 일어나는 현상을 정리하고 분석하는 수단으로 쓰이지요.

이 책의 머리말을 읽으면서 아주 흥미로운 이야기를 알게 되었어요. 김범준 교수님은 대학교 교수지만 초등학생과 청소년을 위한 강연도 자주 한대요. 강연을 할 때마다 즉석 실험을 하는데 이것은 누구든지 써먹을 수 있을 것 같아요. 20명 정도의 사람들이 있다면 다음과 같은 질문을 하는 거예요.

"내가 뭘 물어볼 텐데, 이 질문에 손을 드는 사람이 2명 정도 될 거야. 1명이나 3명이 될 수도 있지만 5명은 넘지 않을 거야."

이것이 무슨 말일까요? 이 말이 정말 맞는 말일까요? 어떤 질문을 하려고 하는 걸까요? 김범준 교수님이 할 질문은 "혈액형이 AB형인 사람은 손을 들어 보세요."랍니다. 실제로 대부분의 경우 이 질문에 한두 명 많아야 3명 정도 손을 든대요. 손을 드는 모습을 보면 깜짝 놀랄 거예요. 물론 어떤 경우에는 4명이 손을 들거나 드물게는 5명이 손을 들 수도 있어요. 그런데 손을 든 사람의 수를 세고 그 데이터를 모아서 평균을 내면 2에 가까운 수가 나와요.

우리나라 사람 중 혈액형이 AB형인 사람은 10퍼센트 정도라고 해요. 그러니까 20명 중에 AB형이 2명 정도 있다고 예측할 수 있는 거예요. 이것이 통계이고 데이터를 가지고 예측하는 방법이라고 해요. 김범준 교수님은 통계물리학은 많은 데이터가 있을 때, 전체가 보여주는 통계적 특성에 관심을 기울이는 학문이라고 말해요.

한 가지 더 재미있는 질문이 있어요. 20명의 사람들에게 최씨인 사람은 손을 들어 보라고 하는 거예요. 우리나라에서 최씨 성을 가진 사람들은 5퍼센트 정도라고 해요. 그렇다면 20명 중에 1명 쯤 손을 들 거라고 예측할 수 있겠네요. 이렇게 보면 통계물리학은 어려운 학문이라기보다 재미있는 학문이죠? 물고기의 길이와 무게에 관한 빅데이터를 분석해서, 사람의 키와 몸무게에 관한 빅데이터 분석과 비교하면 사람과 물고기의 차이를 정량적으로 알아낼 수 있다고 해요.

통계물리학은 참으로 다양한 연구를 하는 분야 같아요. 빅데이터는 말 그대로 큰 데이터예요. 데이터가 방대한 것이 빅데이터지요. 그래서 통계물리학자들은 이런 빅데이터를 모아 여러 가지 연구를 해요. 이 빅데이터들을 통해 세상을 과학적으로 바라보는 것이 통계물리학이지요.

🔷 피카츄의 몸매 연구

통계물리학자 김범준 교수님의 이야기를 들어 보면 이 세상이 얼마나 재미있고 과학적인지 알 수 있어요. 책에서 이야기하고 있는 것만 보아도 처음부터 눈길을 끌지요. 포켓몬의 피카츄 이야기가 나오는데 피카츄와 통계물리학이 어떤 관계일지 아주 궁금하고 기대되지요. 그런데 더 이상한 것은 김범준 교수님이 '피카츄는 뚱뚱할까?'를 주제로 연구를 했다고 해요. 피카츄라는 캐릭터가 뚱뚱한지 날씬한지가 물리학의 연구 주제가 된다니 참 엉뚱한 것 같지요. 앞서 물리학 하면 떠오르는 것 중에 '괴짜'가 있었지요? 물리학자들 중에는 괴짜가 많은가 봐요.

1944년 노벨 물리학상을 수상한 미국의 물리학자 이지도어 라비는 이런 말을 했대요. "물리학자란 인류의 피터 팬이다. 그들은 어른이 되지 못한 채 호기심을 품고 산다." 호기심은 정말 중요한 것 같아요. 사람에게 호기심이 없었다면 물리학은 물론 과학 자체도 없었을 거예요. 과학은 '왜'와 '어떻게'라는 호기심에 대답하는 학문이기 때문이지요.

피카츄 몸집 연구 이야기를 들으니 나도 한때 만화 캐릭터의 '등신'에 대해 의문을 가졌던 일이 기억 나네요. 내가 어린이 과학 만화 잡지의 편집장 일을 할 때였어요. 과학 잡지만 오랫동안 해 왔던 내가 과학 만화 잡지를 창간하면서 만화의 캐릭터는 크게 두 가지 종류가 있다는 것을 알게 되었지요. 한 가지는 사실체 캐릭터로 사람의 등신과 최대한 비슷하게 그리는 거예요. 다른 한 가지는 만화체 캐릭터로 거의 2등신으로 그리는 거예요.

사실체 캐릭터도 사실 사람처럼 7등신이나 8등신으로 그리는 것은 아니고 5등신이나 6등신 정도이지요. 그런데 재미있는 것은 2등신이나 6등신이나 만화의 캐릭터들은 어색하지 않다는 거예요. 내 생각에는 만화를 보는 사람에게는 캐릭터의 생김새보다는 행동이나 말풍선 안의 대사에 더 눈길이 가기 때문인 것 같아요. 피카츄도 거의 2등신에 가깝지만 어색하지 않고 귀엽잖아요?

　이 책에는 박수에 관한 재미있는 비밀이 나와 있는데 QR 코드를 찍어 직접 알아보세요. 통계물리학의 재미를 직접 느낄 수 있을 겁니다. 그런데 물리학자는 피터 팬이라고 말한 이지도어 라비는 무엇을 연구해서 노벨 물리학상을 받았을까요? 찾아보니 라비는 오스트리아 태생 미국의 물리학자로 공명의 원리를 응용하여 핵자기 공명 흡수법에 의해 원자핵의 자기 모멘트를 측정했다고 하네요. 나도 대학원에서 원자핵물리학을 전공했지만 역시 어려운 연구를 했네요. 물리학자가 호기심이 많아 피터 팬처럼 보일 때도 있지만 원래 하는 일을 보면 꽤 진지하네요. 아무튼 이지도어 라비도 호기심을 해결하기 위해 깊이 연구한 덕분에 노벨상을 받았겠지요?

　김범준 교수님은 우리나라에서 박사 학위를 받고 스웨덴으로 가서 연구하고 학생들을 가르쳤대요. 그때 같은 연구를 하는 유명한 선생님이 있었는데 그분은 김범준 교수님에게 많은 이야기를 했대요. 그런데 알고 보면 거의 대부분 틀린 말이었대요. 김범준 교수님은 틀리는 이야기를 열정적으로 하는 것이 창피하지 않나 생각했지요. 그런데 이런 일이 계속되다 보니 김범준 교수님도 그 선생님을 닮아가는 것을 느꼈대요. 둘이서 자유롭게 아이디어를 내게 되었고 이러다 보니 좋은 아이디어들이 떠오르게 되었다고 해요. 이렇게 사람들이 모이면 1 더하기 1이 2가 아니고 그보다 더 커지는 일이 일어나는 데 이것이 빅데이터의 힘이라고 해요. 1 더하기 1이 2보다 더 큰 경우를 연구하는 것도 교수님의 연구 분야라고 해요.

2019년은 전 세계에 위기가 닥친 해예요. 코로나바이러스감염증-19가 전 세계에 유행해서 수많은 사람이 사망하거나 고통받았지요. 코로나가 발생한 지 4년쯤 지난 2023년에는 독감과 같이 감염병 등급이 2급에서 4급으로 변경되면서 코로나는 언제나 발생할 수 있는 보통의 감염병이 되었지요. 독감과 같은 감염병이 유행하면 정부에서는 독감이 언제 어디서 유행하는지 조사해요. 예전에는 독감 환자가 병원에서 치료를 받으면 질병을 관리하는 부서가 병원에서 보내온 데이터를 받아 분석해서 얼마나 유행하는지를 조사했대요.

그런데 미국의 구글은 사람들이 독감에 걸리면 제일 먼저 하는 일이 인터넷 검색이라는 사실을 주목했대요. 그래서 검색창에 '독감 증상', '독감을 잘 치료하는 병원', '독감에 좋은 음식' 같은 검색어를 입력하지요. 독감에 대한 빅데이터를 분석해서 어느 지역에서 어떤 나이의 사람들이 독감에 걸렸는지 빠르고 정확하게 파악하는 거지요. 이렇게 빅데이터를 활용하는 방법이 훨씬 더 빠르게 정보를 얻는 방법이라고 해요. 이런 것이 빅데이터를 활용하는 사례지요.

갈릴레이가 강아지 뼈를 연구한 이유

김범준 교수님은 또 다른 물리학자에 대해 이야기하고 있는데 아주 흥미로워요. 바로 이탈리아의 물리학자 갈릴레오 갈릴레이예요. 갈릴레이는 자신이 직접 망원경을 만들어 목성을 관측하여 4개의 위성을 처음으로 발견했지요. 위성 4개를 발견한 것이 뭐 그리 대단한 걸까요? 갈릴레이 이전 사람들은 지구가 우주의 중심이라고 생각했어요. '지구 중심설'을 믿은 거예요. 그 전에 코페르니쿠스가 '태양 중심설'을 주장하긴 했지만, 과학적으로 입증된 것은 아니었지요.

갈릴레이가 발견한 목성의 위성은 모든 천체가 지구를 중심으로 회전해야 한다는 생각을 바꾸게 된 계기가 된 거예요. 목성의 위성이 지구를 중심으로 회전하는 것이 아니라 목성을 중심으로 회전하니까요. 이 관측 사실로부터 갈릴레이는 태양 중심설을 주장했지요. 물론 종교재판을 받고 이 주장을 취소했지만 '그래도 지구는 돈다'라고 말했다고 알려져 있어요. 갈릴레이는 자유낙하 운동이나 관성의 법칙 등을 발견하여 물리학 기초를 닦은 '물리학의 할아버지'라고 해도 지나친 말은 아니지요. 이런 갈릴레이가 강아지의 뼈에 대해 연구했다면 믿어지나요? 갈릴레이도 괴짜 물리학자였을까요? 김범준 교수님의 이야기로는 갈릴레이는 강아지의 뼈를 연구했대요. 갈릴레이의 호기심은 바로 이거였어요. "만약 작은 강아지가 모습은 그대로이고 키만 훌쩍 커진다면, 작은 강아지 몸속에 있는 뼈와 큰 강아지 몸속에 있는 뼈는 모양이 같을까, 다를까?" 이런 상황은 우리가 전혀 모르는 것은 아니에요.

소인국에 간 걸리버도 있고, 거대하게 변한 개미나 거미가 나오는 영화에서 보았지요. 걸리버도 개미나 거미도 소설이나 영화에서 보면 모습이 보통 사람과 보통 개미나 거미와 똑같아요. 하지만 갈릴레이의 연구 결과는 우리의 생각과 달라요. 어떤 결과가 나왔는지는 책을 통해 직접 알아보세요. 강아지 뼈에 관한 연구는 실제로 갈릴레이가 쓴 《새로운 두 과학》이라는 책이 나온답니다. 그냥 전해지는 우스운 이야기가 아니고 정식으로 연구해서 정리한 거예요. 강아지의 뼈의 그림까지 나오기도 하지요.

   그 밖에도 김범준 교수님은 통계물리학의 연구 주제와 빅데이터를 활용하는 재미있는 이야기를 해주고 있어요. 엉뚱한 주제처럼 보이지만 교수님과 같은 과학자들이 연구를 했기 때문에 우리는 복잡한 세상에서도 해결책이 있다는 것을 알게 되지요. 여러분도 주변에서 일어나는 여러 가지 현상에 호기심을 가지고 생각해 보고 해결하기 위해 노력하다 보면 언젠가 김범준 교수님처럼 물리학자가 되어 있을지 몰라요.

5-1 과학자는 어떻게 탐구할까요? 5-2 재미있는 나의 탐구 6-1 과학자처럼 탐구해 볼까요?

• Science Book 33 •

과학자가 가져야 할 17가지 태도
《과학이 가르쳐 준 것들》

이정모 | 바틀비(2020)

📦 과학, 科學, Science

과학을 주제로 한 책은 크게 두 가지 종류가 있다고 생각했어요. 하나는 과학적 지식과 정보를 전달하기 위한 책으로 과학을 공부하려는 사람들에게 적합한 책이에요. 다른 하나는 과학의 중요성과 재미를 알려주기 위한 책으로 과학에 관심이 많은 사람이 읽기 좋은 책이에요. 그런데 《과학이 가르쳐 준 것들》을 읽고 과학책의 종류가 한 가지 더 있다는 것을 알게 되었어요. 그것은 과학적 태도에 대한 것이라고 할 수 있어요. 과학 지식의 설명이나 재미보다 과학을 대하는 태도를 더 중요하게 여기는 것입니다. 그런데 과학적 태도란 무엇일까요? 그보다 먼저 과학이 무엇인지 한번 생각해 보아요.

과학이란 진리나 법칙의 발견을 목적으로 한 체계적인 지식을 말해요. 넓은 뜻으로는 학문을 일컫고 좁은 뜻으로는 자연과학을 말해요. 그러니까 넓은 뜻으로 과학은 인문 과학, 사회 과학도 포함되는 거예요. 자연과학은 여러 가지 자연 현상 속에 있는 이치를 탐구하는 학문으로 물리학, 화학, 생명과학, 지구과학을 말하며 자연 현상을 우리나라의 교육 과정에서 과학은 초등학교 3학년부터 고등학교 1학년까지 공통 과목으로 배우게 되지요. 고등학교 2학년부터는 선택 과목으로 물리, 화학, 생명과학, 지구과학을 공부하는 거지요. 초등학교와 중학교 그리고 고등학교 1학년 공통 과목으로 배우는 과학에는 교과서는 '과학'이지만 배우는 내용은 물리학, 화학, 생명과학, 지구과학 내용의 반복이에요.

그렇다면 '과학'이란 말은 언제부터 과학이 되었을까요? 우선 과학은 한자로 科學이라고 써요. 學은 '배움'을 뜻해요. 科는 과거 제도나 과거 시험을 뜻하는 말로 조선시대의 과학은 '과거를 준비하는 학문'이라는 의미였지요.

서양의 여러 학문이 우리나라에 들어올 때 대부분은 일본을 통해 들어왔지요. 영어의 'science'라는 말이 일본을 통해 들어올 때 일본의 교육자 니시 아마네는 '과학'이라고 번역했는데 이것이 지금의 과학이 된 거예요. science라는 영어 단어는 라틴어 'scire'에서 유래된 말인데 이것은 '알다'라는 뜻이에요. 즉, 과학은 '아는 것' 또는 '지식'을 뜻하는 거예요.

학교에서 배우는 '과학' 과목은 2001년까지는 '자연'이었어요.

science를 '과학'이라고 번역한 니시 아마네는 예술, 기술, 심리학 등 여러 가지 단어를 번역했는데 자연은 빠져 있었어요. 그러니까 자연은 과학보다 더 오래전부터 nature의 번역어로 써오고 있었던 거예요. nature는 라틴어 natura에서 나온 것으로 '낳아진 것', '본성', '본질' 등을 뜻해요. 그러니까 우리나라의 교육 과정에서 교과목의 이름이 '자연'에서 '과학'으로 바뀌었지만 결국 우리가 배우는 것은 '자연과학'인 셈이에요.

자, 그렇다면 저자인 이정모 님이 말하는 《과학이 가르쳐 준 것들》은 무엇이 있을까요? 이정모 님은 대학과 대학원에서 생화학을 전공하고 대학교 교수, 자연사 박물관 관장, 과학관 관장, 대중 과학 강연, 과학책 저술 등 과학을 알리는 데 최전선에 서 있는 과학자예요. 학창 시절부터 지금까지 그야말로 과학 속에서 살고 있는 셈이지요. 생화학은 쉽게 말해 '생명과학'과 '화학'이 합쳐진 말로 생물체의 구성 물질이나 생물체 안에서 일어나는 화학 반응을 연구하는 학문이에요. 즉, 생명 현상을 화학적으로 연구하는 분야예요. 독일의 본 대학교에서 '곤충과 식물의 상호 작용'에 대해서 연구를 했다고 해요. 그러니 이정모 님은 아마도 가족들이나 친구들에게 과학 이야기를 많이 할 것 같아요. 평생 과학을 공부하고 과학에서 의미를 찾고 과학이 가르쳐 준 것이 무엇인지 생각하며 살았을 것 같아요.

실패를 해도 되는 상황을 만들자!

이 책은 이렇게 이정모 님이 살아오면서 느꼈던 과학에 대해 이야기하고 있어요. 특히 과학적 태도를 말하고 있는데 모두 17가지 주제로 나누어져 있어요. 그중 내 눈에 가장 먼저 띈 것은 맨 처음 나오는 '실패'예요. 과학자가 아니더라도 우리는 살면서 많은 실패를 하지요. 여러분도 지금까지 실패를 여러 번 했을 거예요. 자전거를 배울 때 넘어지기도 하고 다치는 실패를 하다가 마침내는 성공하지요. 자전거 타는 방법은 한 번 배워 놓으면 절대로 잊지 않는다고 해요. 나도 어렸을 적 자전거를 배우기 위해 실패를 거듭했었지요. 실패없이 한 번에 성공할 수 있는 일은 거의 없어요.

'실패'하면 가장 먼저 떠오르는 인물이 미국의 발명가 토머스 에디슨일 거예요. 전구를 발명하여 낮과 밤의 경계를 허문 에디슨도 실패를 거듭하면서 이렇게 이야기했다고 하지요. "저는 한 번도 실패한 적이 없습니다. 필라멘트에 적합하지 않은 물질을 수차례 발견했을 뿐입니다." 이 정도면 발명왕 칭호보다는 '긍정왕'이라는 칭호가 더 잘 어울리겠네요. 에디슨뿐만 아니라 과학자들도 실패를 아주 많이 하는 사람들이에요.

특히 노벨 과학상(물리학상, 화학상, 생리의학상)을 받은 과학자들은 수많은 실패를 거듭한 후 성공한 경우가 많아요. 실패를 한다고 해도 성공할 때까지 하면 되는 거지요. 실패와 관련된 명언들이 많아요. 세 가지만 소개할게요.

'성공이란 열정을 잃지 않고 실패를 거듭할 수 있는 능력이다.'라는 말이 있어요. 실패를 해도 되는 상황을 만드는 것이 중요해요. 예를 들어 볼게요. 고려말 문익점이 중국에서 목화씨 몇 개를 몰래 들여왔다는 것은 널리 알려진 이야기예요. 당시 목화씨를 가져오는 것이 쉽지 않은 일이었고 목화씨를 심어 싹이 하나도 트지 않았다면 이것은 정말 실패예요. 다시 시도하려면 중국에 가서 또 몰래 가져와야 하지요. 문익점의 목화씨가 싹이 터서 성공한 것은 정말 다행이지요. 이런 경우는 기회가 많지 않은 것이고 반드시 성공시켜야 하지요. 그런데 과학자들에게 기회를 단 한 번만 주고 성공시키라고 하면 어떨까요? 위대한 발견이나 발명은 굉장히 어려운 일이 될 거예요. 실패해도 또 시도하다 보면 언젠가는 성공하는 거예요.

그래서 '당신이 시도를 멈출 때에만 실패한다'라든가 '실패란 성공의 반대가 아니다. 실패란 성공의 일부인 것이다'와 같은 명언이 만들어진 거예요. 여러분도 뭔가 하다가 실패했다고 포기하지 마세요. 저자인 이정모 님도 대학 입학에 실패해서 재수를 했고 대학원 입학시험에도 떨어진 경험이 있대요. 운전면허 시험에도 여러 번 실패했지만 지금은 자동차를 운전하는 과학자로 살고 있으니까요.

관찰은 참새도 배부르게 한다

《과학이 가르쳐 준 것들》의 17가지 주제 중 또 눈에 띄는 것은 '관찰'이에요. 요즘은 어린이들 사이에서도 MBTI(성격 유형 검사) 이야기를 많이 해요. 내 MBTI는 INTJ로 보통 '과학자형'이지요.

실제로 나는 어렸을 적부터 동물이나 식물을 관찰하는 것을 좋아했고 학교 공부도 과학과 수학 성적이 좋았지요. 예전에 이런 말이 있었어요. 문과는 '사람'에 관심이 많고, 이과는 '사물'에 관심이 많다. 내 경우에는 이 말이 잘 맞는 것 같아요. 그래서 대학과 대학원에서 과학을 전공하고 지금도 과학 관련 글을 쓰거나 책을 만들고 있어요.

  사람에 관심이 많든 사물에 관심이 많든 사람이나 사물을 잘 알려면 관찰을 잘해야 해요. 관찰을 하면 관심이 생기고 알고자 하는 호기심이 생겨요. 호기심을 해결하려고 노력하는 것이 바로 과학을 하는 첫걸음이에요. 그런데 이 책을 읽다가 흥미로운 사실을 알게 되었지요. 참새도 관찰을 한다는 거예요. 세상에나 참새가 관찰을 하다니 무슨 이야기일까요?

  참새는 우리나라에서 사계절 내내 볼 수 있는 텃새로 곤충의 애벌레들이 많아 쉽게 잡아먹을 수 있어요. 하지만 가을과 겨울에는 애벌레보다는 식물의 씨앗을 많이 먹게 되거든요. 그러니까 가을 들녘에 누렇게 익어가는 벼의 씨앗은 참새들에게 최고의 먹이인 거지요. 낟알도 크고 논 전체가 벼로 가득하니 어디 멀리 갈 필요도 없지요. 그렇기 때문에 농부들에게 참새는 여름 내내 피땀 흘려 지은 벼를 훔쳐 가는 못된 도둑처럼 보였을 거예요. 그래서 옛날에는 논에서 참새를 쫓는 것이 큰일이었어요. 하루 종일 참새만 쫓을 수도 없어 생각한 것이 '허수아비'예요. 그런데 참새들도 허수아비를 관찰한다는 거예요. 처음에 허수아비를 본 참새는 깜짝 놀라서 도망간대요. 그러다가 미처 도망가지 못했을 때 허수아비가 아무것도 하지 않는다는 것을 알게 된 거예요. 몇 번 더 관찰하면서 허수아비는 사람과 다르다는 것을 알게 되면 다음부터는 허수아비 머리 위에서 배부른 배를 탕탕 치며 쉬고 있어요. 관찰은 이렇게 참새에게도 중요하다니까요.

🔶 협력이야말로 인간에게 꼭 필요한 태도

17가지 주제 중 마지막은 '협력'이에요. 물리학자라고 하면 모두 알베르트 아인슈타인을 떠올릴 거예요. 아인슈타인은 사고 실험으로 상대성 이론을 만들었지요. 상대성 이론은 '특수' 상대성 이론과 '일반' 상대성 이론이 있어요. 일반 상대성 이론은 빛도 중력에 의해 휘어진다는 것을 예측한 거예요. 그래서 중력이 너무 크다면 빛도 빠져나올 수 없는 '블랙홀'이 되는 거예요. 그런데 일반 상대성 이론이 발표된 1915년 당시에는 많은 사람이 그 사실을 믿지 않았어요. 그야말로 이론이니까요. 이것이 실제로 증명된다면 아인슈타인의 이론이 맞다는 것이 밝혀지는 거예요.

그래서 1919년 영국의 천문학자인 아서 스탠리 에딩턴은 이것을 실제로 증명하기로 마음먹었어요. 아인슈타인도 못 한 것을 어떻게 증명하려고 한 걸까요? 지구와 가장 가까이 있으면서 중력이 큰 천체는 태양이에요. 태양의 중력 때문에 별빛이 휘어지는 것을 관측하면 일반 상대성 이론을 증명할 수 있는 거예요. 에딩턴이 생각한 것은 바로 일식을 이용하는 거예요. 일식은 태양-달-지구가 일직선이 되어 달이 태양을 가리는 현상이에요. 평소 태양빛은 너무 강해서 낮에는 별빛을 볼 수가 없어요. 하지만 달이 태양을 완전히 가리게 되는 개기일식 때는 낮인데도 어두워져서 별빛을 볼 수 있게 되지요.

에딩턴은 개기일식을 관측할 수 있는 아프리카로 갔고, 1919년 5월 29일 일식 사진을 비교하면서 빛이 태양의 중력 때문에 휘어진다는 사실을 밝혀냈지요. 일식은 날씨가 흐리면 관측할 수 없어요. 그래서 에딩턴은 관측 대원들을 두 개의 팀으로 나누어 한 팀은 아프리카로 한 팀은 남아메리카로 간 거예요. 아프리카 팀을 이끈 사람은 에딩턴이었고요. 이렇게 하나의 이론을 증명하기 위해 노력한 것은 에딩턴 혼자가 아니었어요. 일식 순간의 사진을 찍기 위해 수많은 과학자와 관측 대원들의 '협력'이 필요한 것이었지요. 이것이 바로 과학이 가르쳐 준 '협력'인 거예요. 에딩턴의 일반 상대성 이론 증명은 과학은 혼자 하는 것이 아니라는 사실을 아주 잘 보여주는 사례랍니다. 사실 협력은 과학뿐만 아니라 우리 삶에서 언제 어디서나 필요한 거라는 생각이 드네요. 여러분도 가족들끼리 또 친구들끼리 협력하는 태도를 길러보아요.

5-1 과학자는 어떻게 탐구할까요? 5-2 재미있는 나의 탐구 6-1 과학자처럼 탐구해 볼까요?

• Science Book 34 •

1만 년 전에도 1만 년 후를 예측했을까?
《미래가 온다》

김성화, 권수진 | 와이즈만북스(2019)

◈ 미래를 예측하는 SF 소설

1828년에 태어나 1905년에 세상을 떠난 쥘 베른은 'SF 소설'의 아버지라고 불려요. SF는 Science Fiction의 머리글자예요. 《지구 속 여행》, 《해저 2만 리》, 《80일간의 세계 일주》 등이 대표작이에요. 쥘 베른은 1800년대 활동한 작가이지만 작품 속에는 비행기, 잠수함, 우주선 등이 등장했지요. 1800년대에 이런 탈것들은 상상 속에나 있었던 것이었지요. 그런데 지금은 비행기로 세계 여러 나라를 여행할 수 있고, 잠수함을 타고 바닷속으로 들어갈 수 있고, 1969년에 이미 우주선을 타고 달에 착륙하기도 했지요.

쥘 베른뿐만 아니라 과거의 SF 소설에 나오는 과학 기술은 미래에 현실화된 것이 많아요. 텔레비전, 휴대전화, 신용 카드, 탱크, 원자 폭탄은 물론 인공지능까지도 예측하고 있어요. 쥘 베른 외에 허버트 조지 웰스의 《타임머신》, 《투명 인간》, 《우주 전쟁》 등에서 시간 여행, 우주 탐험, 인체 개조, 유전 공학, 시공간 이동 등을 예측했어요. 휴고 건즈백은 미국의 발명가이자 SF 소설 작가로 《27세기의 발명왕》이라는 소설에서 입체 텔레비전, 영상통화, 자기부상열차, 테이프레코더, 레이더 등에 대한 미래 기술과 기기들을 예측했지요. 쥘 베른, 허버트 조지 웰스, 휴고 건즈백을 'SF 소설의 3인방'이라고 불러요.

SF 소설이 아니더라도 사람들은 미래를 예측하기를 좋아해요. 오늘 현재를 살면서 미래의 모습이 궁금한 거예요. 미래와 관련된 과학 도서들이 여럿이 있지만, 김성화, 권수진 작가의 《미래가 온다》 시리즈를 추천해요. 어떤 과학을 주제로 한 과학 도서들은 미래에 대해 짤막하게 소개하고 있지만 《미래가 온다》 시리즈는 그 주제가 처음부터 미래에 초점이 맞추어져 있어요.

김성화, 권수진 작가는 대학교에서 생물학과 분자 생물학을 공부했어요. 과학에 대한 관심과 중요성을 쉽게 재미있는 이야기로 풀기 위해 노력하고 있어요. 이들이 쓴 《고래는 왜 바다로 갔을까》라는 책을 지금도 어린이가 꾸준히 읽고 있는 책이에요. 김성화, 권수진 작가는 첨단 과학은 신기한 뉴스거리가 아니라는 것을 보여주기 위해 미래 과학 시리즈를 쓰기 시작했다고 해요.

《고래는 왜 바다로 갔을까》 외에 《과학은 공식이 아니라 이야기란

다》,《파인만, 과학을 웃겨주세요》,《우주: 우리 우주에 무슨 일이 있었던 거야?》,《지구: 넓고 넓은 우주에 기적이 하나 있어》와 같이 과학과 과학자에 대한 이야기를 많이 쓰고 있어요.

대학에서 과학을 전공하면 일반 기업체와 연구소에 취업하거나 김성화, 권수진 작가님처럼 과학책 작가가 될 수 있어요. 또 나처럼 신문이나 잡지의 기자가 되어 과학 소식을 알리거나 과학계에서 일어나는 성과와 현상을 분석하여 일반인과 학생들에 글과 영상으로 알리는 사람이 될 수 있어요.

과학이나 공학을 전공한 사람은 문학적 소양이 부족하기 때문에 글을 쓰는 데 어려움을 겪기도 해요. 과학이나 공학에 관심이 많은 사람은 사물이나 기계 등을 잘 다루기도 하고 문학적 소양이 풍부한 사람은 인간 관계에 관심이 많지요. 과학적 관심과 문학적 소양 둘 다 풍부한 사람은 어렸을 때 책을 많이 읽거나 태어나서 자란 곳에 영향을 많이 받기도 해요.

◈ 상상이 현실이 되는 세계

'SF 소설의 3인방' 중 한 사람인 쥘 베른은 법학을 전공하다가 문학으로 바꿨대요. 그리고 태어난 곳이 프랑스 서부에 있는 항구 도시인 낭트예요. 들어오고 나가는 배들을 보면서 여행에 관심이 많았고, 열기구 설계도를 보면서 모험에 대한 소설을 쓰기로 하지요. 그래서 쥘 베른은 미지의 세계로 떠나는 '모험'과 '새로운 문명의 이기'를 소재로 하는 소설을 많이 썼어요. 쥘 베른은 어려서부터 배를 타고 여행을 꿈꿔 왔는데 아버지가 배 타는 것을 반대했대요. 그래도 쥘 베른은 아버지 몰래 배를 타려다가 아버지에게 잡혀 혼이 났대요. 그때부터 쥘 베른은 "여행은 상상 속에서만 하겠다."라고 아버지에게 약속했지요. 그런 상상 속의 여행을 소설을 담아낸 거예요.

허버트 조지 웰스는 가난한 집에서 태어나 제대로 된 교육을 받지 못했고 화학 약품상 점원으로 일하고 살았어요. 과학에 관심이 많아 열심히 공부했고, 마침내 영국 런던의 과학사범학교에 입학하게 되었지요. 이 학교에서 유명한 생물학자인 토머스 헨리 헉슬리에게서 과학을 배우게 되었대요. 헉슬리는 찰스 다윈의 진화론에 영향을 받아 진화와 윤리에 대해 연구한 생물학자로 글도 잘 썼다고 해요. 아들인 레너드 헉슬리와 손자인 올더스 헉슬리도 유명한 작가지요. 헉슬리 집안은 과학과 문학이 융합한 학자이자 작가들이 많아요. 허버트 조지 웰스의 소설 《해방된 세계》는 1914년에 출간되었는데 '원자 폭탄' 이야기가 나와요.

1914년은 현대 물리학의 커다란 한 축인 '양자역학'이 한창 만들어질 때예요. 물질을 이루고 있는 원자가 원자핵과 전자로 이루어져 있다는 사실이 밝혀진 지 3년이 지난 시점이었지요. 전자는 1887년 톰슨이 발견했고 원자핵은 1911년 러더퍼드가 발견했어요. 그 후 원자핵도 양성자와 중성자로 이루어져 있다는 사실은 1932년 채드윅이 중성자를 발견하면서 확인되었어요.

그런데 허버트 조지 웰스는 중성자가 발견되기도 훨씬 전인 1914년 원자핵이 연쇄적으로 분열하여 일어나는 원자 폭탄을 예견한 거예요. 실제로 원자 폭탄의 가능성을 처음으로 입증한 물리학자 레오 실라르

드는 웰스의 소설을 보고 알베르트 아인슈타인에게 미국이 독일보다 먼저 원자 폭탄을 개발하여야 한다고 설득했다고 해요. 이 일은 미국이 원자 폭탄 개발 계획인 '맨해튼 프로젝트'를 시작하는 계기가 되었어요. 허버트 조지 웰스는 화학 약품상 점원 경력과 과학사범학교에서 공부한 지식으로 SF 소설을 쓴 것이랍니다.

휴고 건즈백은 어려서부터 전기와 전자에 대해 관심이 많았다고 해요. 그래서 아마추어 무선 통신을 보급하기도 하고, 〈모던 일렉트릭스〉라는 잡지를 발간하기도 하고, 라디오 방송국을 운영하기도 했지요. 그러면서 SF 소설 잡지인 〈어메이징 스토리즈〉를 창간한 휴고 건즈백은 전기, 전자에 대한 관심을 소설에 등장시켜 소설 속에서 텔레비전, 영상 통화 기술, 자기 부상 열차 등을 예견할 수 있었답니다. 사이언스 픽션(science fiction)이라는 말을 만든 사람이 바로 휴고 건즈백이에요. 그의 업적을 기려 최고의 SF소설에게 주는 상이 '휴고상'이지요.

◈ 서기 10001년은 어떤 모습일까?

김성화, 권수진 작가는 SF 소설을 쓰는 것보다 과학 정보 글로 《미래가 온다》 시리즈를 썼어요. 단순한 공상이 아닌 과학으로 미래를 배우는 어린이 과학 교양서라는 생각으로 20권을 펴냈지요. 20가지의 주제는 로봇, 나노봇, 뇌 과학, 바이러스, 인공지능, 우주 과학, 게놈, 인공 생태계, 미래 에너지, 서기 10001년, 플라스틱, 기후 위기, 신소재, 스마일 시티, 매직 사이언스예요. 주제를 보면 물리학이나 화학과 같은 순수 과학보다는 공학, 기술, 재료, 생태계 등 미래의 인간이 살아가는 데 필요한 환경이 어떤 모습일지 예측하는 주제가 많네요.

로봇은 1920년 희곡작가인 체코의 카펠 차페크가 쓴 《로숨의 만능 로봇》에서 유래되었어요. 이 작품은 연극으로도 만들어졌고 로봇이 점점 똑똑해지고 인간에게 반란을 일으키는 것으로 막을 내리지요. 그렇지만 지금의 로봇 공학자들은 '로봇 공학의 3원칙'을 세우고 인간에게 도움이 되는 여러 가지 로봇을 만들고 있어요.

'로봇 공학의 3원칙'이란 '아시모프의 로봇 3원칙'이라고도 하는데, 간단히 말하면 1원칙은 '로봇은 인간을 해치지 않는다', 2원칙은 '로봇은 인간의 명령에 복종한다', 3원칙은 '로봇은 스스로를 해치지 않는다' 예요. 1942년 물리학자이자 SF 소설 작가인 아이작 아시모프가 《런어라운드》라는 단편소설에서 제시한 원칙이에요.

우리는 로봇에 대한 궁금한 것이 많아요. 로봇은 사람이 만들었지만, 로봇과 인간이 서로 협력하며 살 수 있을까, 인공지능으로 똑똑해진 로봇이 지구를 지배하지 않을까, 지난 수백 년 동안 우리 인간이 수많은 생물 종을 멸종시킨 것처럼 로봇이 인간을 멸종시킬까, 궁금한 사람은 《미래가 온다》 시리즈 1권 '로봇'을 보도록 해요.

나는 아주 어렸을 때 세월이 많이 흘러 사람들이 다 죽고 나 혼자 남으면 얼마나 무서울까 생각했어요. 100년 후, 500년 후, 1,000년 후 아니 서기 10001년이 되면 지구는 어떤 모습일까요? 지구가 탄생한 지 46억 년이 된 거에 비하면 지금으로부터 8,000년 후는 그리 긴 시간이 아닐 거예요. 하지만 100년 정도 사는 인간에게 8,000년은 엄청나게 긴 시간이지요. 1억 년 후, 10억 년 후에도 지구가 지금처럼 존재할까요? 과학자들은 지구의 미래를 어떻게 예측할까요?《미래가 온다》시리즈 10권 '서기 10001년'을 읽어보세요. 이 시리즈를 한 권 한 권 읽다 보면 미래에 대한 궁금증이 풀리기도 하겠지만, 자신이 좋아하는 주제를 공부하면 여러분 언젠가 미래 과학자가 되어 있을지도 모른답니다.

《미래가 온다》시리즈를 펴내고 있는 와이즈만북스 출판사는 과학 관련 주제 20가지를 펴냈고, 수학을 주제로 계속 책을 내고 있어요.《미래가 온다》수학 시리즈는 미래를 바꿀 첨단 과학에 숨어 있는 수학 원리를 배우고, 수학자처럼 사고하는 법을 체득하는 어린이 수학 정보서라는 기본적인 생각으로 책을 펴낸다고 해요. 과학과 수학은 떼려야 뗄 수 없는 관계이니 수학 공부도 함께 하면 좋겠지요?

4부
융합에 대한 탐구

> 3-1 물질의 성질 4-2 그림자와 거울 5-1 과학자는 어떻게 탐구할까요?
> 5-2 재미있는 나의 탐구 6-1 과학자처럼 탐구해 볼까요?

• Science Book 35 •

마법의 세계를 과학의 세계로 풀어보면
《해리 포터 사이언스》

정창훈, 이정모 | 바다출판사(2015)

🔹 호그와트 마법 학교의 과학 교육 과정은?

전 세계 어린이들에게 조앤 롤링의 판타지 소설《해리 포터》시리즈는 마법에 대한 환상을 심어주고 있어요. 1997년 첫 번째 책인《해리 포터와 마법사의 돌》이 출간된 이후 2007년에 일곱 번째이자 마지막 책인《해리 포터와 죽음의 성물》이 출간되었지요.《해리 포터》시리즈는 영화로도 만들어져 엄청난 인기를 끌었지요. 책이 10여 년 넘는 기간 동안 나왔기 때문에 주인공인 해리 포터와 독자들은 함께 성장했다고 할 수 있어요.

그런데《해리 포터 사이언스》는 뭐냐구요? 마법사 해리 포터와 과학을 뜻하는 사이언스가 무슨 상관일까요? 해리 포터와 같은 마법사들이 호그와트라고 하는 마법 학교에서 배우는 과목을 보면 깜짝 놀랄 거예요. 책이나 영화를 보면 마법 학교 학생들이 이렇게 많은 과목을 공부했나 하는 생각이 들 정도지요.

먼저 공통 과목에 일반 마법, 변환 마법, 마법의 약, 약초학, 천문학, 마법의 역사가 있어요. 선택 과목에는 마법 생명체 돌보기, 점술, 머글학, 고대 룬 문자 연구, 숫자점이 있어요. 기타 과목에도 비행, 순간 이동, 연금술, 고대 마법이 있어요. 이 과목들을 학년에 맞추어 강의를 듣고 시험을 치지요. 과목들을 잘 살펴보면 약초학, 천문학, 마법 생명체 돌보기, 점술, 숫자점, 순간 이동, 연금술 등 7개 과목은 과학과 아주 밀접한 관계가 있어요. 우리나라 초등학생들은 3학년부터 6학년까지 과학이라는 한 과목만 배우지요. 물론 과학 과목에는 물질, 에너지, 생명 과학, 지구과학 등이 있어요.

🔶 마법사에게는 마법, 머글에게는 과학

호그와트의 학생 마법사들은 과학도 많이 배우지만, 마법사가 아닌 대표적인 머글 정창훈 님과 이정모 님은《해리 포터》의 이야기 자체가 과학적으로 설명할 수 있는 부분이 많다고 생각했어요. 정창훈 님과 이정모 님은《해리 포터 사이언스》를 지은 저자들이에요. 정창훈 님은 대학교에서 천문학을 전공하고 오랫동안 과학 잡지 기자와 편집장을 지냈어요. 이정모 님은 대학교에서 화학, 독일의 대학교에서는 생화학을 전공하고 교수와 저자 그리고 자연사 박물관과 과학관의 관장을 지냈어요. 그러니 우리나라에서 과학을 주제로 글을 쓰는 것이라면 둘째가라면 서러울 정도지요. 여기에 나까지 합류하여 《해리 포터》 시리즈를 과학적으로 분석한 것이 바로 《해리 포터 사이언스》랍니다.

자, 이제 머글들이 운전하는 해리 포터 과학 마법 학교로 가는 호그와트 급행열차에 올라타 볼까요? 승강장 번호는 역시 9와 4분의 3번 승강장이에요. 먼저 머글들의 눈에는 마법의 빗자루가 궁금해요.

"마법사들은 무엇인가 바라는 것이 있으면 마법으로 해결하지만, 머글들은 무엇인가를 바라는 것이 있으면 과학과 기술로 해결한다. 물론 마법이 항상 과학과 기술을 앞선 것처럼 보인다. 하지만 머글들의 노력이 마법사에 뒤지지 않는 분야도 많다. 그중 하나가 나는 기술이다."

이렇게 말하며 마법사와 머글의 비행 기술을 과학적으로 분석하지요. 마법사의 빗자루는 이동 도구예요. 마법사가 먼 거리를 걸어서 오랫동안 간다면 이상하지요? 뭔가 눈 깜짝할 사이에 이동할 수 있는 수단이 있어야겠지요. 그것이 바로 빗자루예요. 그런데 왜 하필 빗자루일까요? 머글들의 분석은 이래요. 마법사들이 타고 다니는 빗자루들의 이름을 살펴보면 '슈팅스타', '코멧', '님부스', '파이어볼트' 등이 있어요.

슈팅스타와 코멧은 '혜성'을 뜻하는 말이에요. 혜성은 태양을 주기적으로 찾아오는 긴 꼬리를 가진 별이지요. 마법사들은 밤하늘을 가로지르며 긴 꼬리를 휘날리는 것을 보고 마법사라면 저런 것을 타고 날아다녀야 한다고 생각한 것 같아요. 코멧의 어원은 '긴 머리카락'이에요. 서양 사람들은 혜성의 꼬리를 머리카락으로 본 거예요. 긴 꼬리를 가지고 하늘을 날아다니는 것이라면 빗자루를 떠올린 것이에요. 신라 때 승려인 융천사도 〈혜성가〉라는 향가에 혜성을 '길쓸별'이라고 표현하고 있어요. 긴 꼬리를 늘인 혜성을 길을 쓰는 빗자루로 본 거예요. 혜성의 '혜'도 한자로 빗자루를 뜻해요. 서양에서도 특히 빗자루 모양의 혜성을 'bloom star'라고 하는데 '빗자루 별'이라는 뜻이지요. 마법사들의 이동 수단이 빗자루가 된 것이 터무니없는 것은 아닌 것 같군요.

이런 식의 분석이 나오고 정창훈 머글과 이정모 머글은 인류가 하늘을 날기 위해 어떤 과학 기술을 발전시켰는지 이야기해요. 1783년 프랑스의 몽골피에 형제의 열기구, 1896년 독일의 릴리엔탈의 글라이더를 거쳐 마침내 1903년 미국의 라이트 형제의 프로펠러 비행기 플라이어가 완성되었지요. 이제 머글 세계에는 비행기가 생긴 거예요. 하지만 비행기를 타고 퀴디치 게임을 할 수는 없겠지요? 퀴디치 게임은 마법사 세계의 최고 인기 스포츠 종목으로 빗자루를 타고 날아다니면서 퀘이플, 블러저, 골든 스니치라는 6개의 공을 이용하는 구기 종목이지요.

빗자루를 타고 날아다니면서 공을 잡고 골인 시키려면 속도뿐만 아니라 방향 전환도 자유자재로 해야 하지요. 그러니 마법사들에게 적당한 비행 도구는 혜성처럼 나타났다 사라지는 빗자루가 최고인 셈이지요. 님부스와 파이어볼트는 각각 '빛'과 '불'을 뜻해요. 님부스는 신이나 성인의 머리 뒤에서 빛나는 후광을 말하고, 파이어볼트는 파이어(fire, 불)와 선더볼트(thunderbolt, 번개)의 합성어예요. 마법의 빗자루가 빛과 번개처럼 빠르다는 것을 강조한 거예요. 《해리 포터》의 지은이인 조앤 롤랭의 과학 지식도 대단하지요?

물론 현재의 머글들도 가만있지는 않아요. 1961년 '로켓 벨트'의 시험 비행에 성공했지요. 로켓 벨트는 휴대용 로켓으로 등에 짊어지고 조정 장치를 조작하여 날 수 있는 거지요. 하지만 마법의 빗자루와 달리 연료가 있어야 하고 자세 제어가 쉽지 않아 자유롭게 나는 것은 어렵지요. 또 머글들은 중력의 영향이 미치지 않는 우주 공간에서 사용하는 'MMU(엠엠유)'를 만들어냈지요. 중력을 생각할 필요가 없기 때문에 우주 공간에서는 비교적 자유롭게 날 수 있어요. 지상에서도 중력을 없애는 방법만 찾는다면 마법의 빗자루처럼 사용할 수 있을 겁니다. 이렇게 정창훈 머글과 이정모 머글은 마법 세계의 이동 수단인 빗자루에 대해 과학적으로 분석하면서 《해리 포터 사이언스》를 시작합니다.

🔮 마법의 세계를 수학으로 본다면?

두 머글이 또 주목한 것은 하늘을 나는 이동 수단에 이어 '공간 이동'이에요. '호그와트에는 모두 142개의 계단이 있는데, 반쯤 올라가면 슬그머니 사라지기도 하고, 금요일에는 다른 곳으로 통하기도 한다. 당연히 호그와트의 내부 지도를 만드는 것은 마법을 써야만 가능하다. 수수께끼의 미로를 만든 것도 마법사들이었기 때문이다.'

이런 내용을 보고 두 머글은 수학의 한 분야인 '리만 기하학'을 생각해 냈어요. 우리가 알고 있는 유클리드 기하학은 평평한 공간에서 성립하는 기하학이에요. 하지만 리만 기하학은 곡선과 곡면 그리고 굽은 3차원 공간에서 성립하는 기하학이지요. 물리학자들과 천문학자들은 중력 때문에 공간에 휘어지기도 한다는 것을 밝혀냈어요. 그러니까 3차원 공간에서 성립하는 리만 기하학이 필요한 거예요. '금요일에는 다른 곳으로 통하기도 한다'는 리만 기하학으로 설명할 수 있으니 마법 세계나 머글 세계에서 불가능한 일은 아닐 겁니다.

긴 종이 띠를 한 번 비틀어 양 끝을 붙인 것을 '뫼비우스의 띠'라고 해요. 비틀지 않은 평범한 띠는 안쪽 면과 바깥쪽 면이 완전히 분리되어 있어요. 바깥쪽 면을 따라 여행하는 2차원 사람은 절대 안쪽 면으로 갈 수가 없지요. 하지만 뫼비우스의 띠를 여행하는 사람은 안쪽 면을 따라가다 보면 어느새 자기도 모르게 바깥쪽 면을 따라가고 있다는 것을 알게 되지요. 계속 가면 다시 안쪽 면으로 오게 돼요. 뫼비우스의 띠는 2차원 도형으로 만들었지만 3차원 세계의 도형이 된 거지요.

그렇다면 3차원인 입체 도형으로 뫼비우스의 띠와 같은 도형을 만들 수 있을까요? 있습니다. 이것을 '클라인 병'이라고 해요. 긴 관을 그냥 연결하면 도넛 모양이 되고 안쪽과 바깥쪽이 구별된 관이 한쪽 끝을 그 구멍에 넣고 안쪽에서 관의 다른 끝에 연결하면 클라인 병이 만들어져요. 이런 클라인 병을 안쪽과 바깥쪽이 연결되어 있어 물을 담아도 흘러나오지요. 클라인 병에 사는 3차원 사람들은 안쪽과 바깥쪽을 마음대로 다닐 수가 있는 거지요. 마법사들도 이런 공간으로 이동하는 건 아닐까요?

계속해서 정창훈 머글과 이정모 머글은 《해리 포터》의 이야기 속 과학을 속속 분석해 내고 있어요. 해리 포터와 친구들이 호그와트에 입학하기 위해 킹스 크로스 역에 가지요. 기차는 9번과 10번 승강장 사이에 있다고 해요. 바로 9와 4분의 3번 승강장이래요. 세상에 이런 승강장 번호가 있나요? 지은이인 조앤 롤링에게 마법 세계로 가는 승강장이니 머글이 사는 승강장과 다를 수밖에 없겠지요.

🎲 9와 4분의 3번 승강장은 웜홀?

두 머글은 이것을 웜홀로 분석하고 있어요. 사과 표면에 있는 벌레가 반대쪽으로 가는 방법은 두 가지예요. 하나는 표면을 기어가는 것이고 또 하나는 직선으로 구멍을 뚫고 가는 거예요. 두 번째 방법을 '벌레 구멍'이라고 하는 '웜홀'이에요. 표면을 기어갈 수밖에 없는 머글에게 웜홀을 통해 나타난 사람은 마법사로밖에 안 보이겠지요?

《해리 포터》에는 시간을 거꾸로 돌리는 모래시계, 해리 포터의 흰 부엉이, 강낭콩 젤리, 투명 망토, 혼테일, 악마의 덫, 연금술과 마법사의 돌, 소망의 거울, 불로장생의 비결 등 과학이 가득해요. 두 머글인 정창훈 님과 이정모 님은 이들을 과학의 눈으로 바라보고 있어요.

호그와트 마법 학교에 입학하던 해, 해리 포터 11년 평생 처음으로 크리스마스 선물 다섯 개를 받았어요. 그 선물 중 다섯 번째는 보내는 사람이 누군지 모르는 소포였는데, 열어 보니 은회색 망토였어요. 이 망토는 바로 투명 망토랍니다. 소포 안에는 편지가 들어 있었어요.

'네 아버지가 돌아가시기 전에 이것을 내게 맡기셨다. 이제 네게 돌려줄 때가 된 것 같구나. 잘 사용하거라. 메리 크리스마스.'

투명 망토. 이 망토만 쓰면 누구에게도 보이지 않게 되지요. 뭔가를 쓰면 남의 눈에 보이지 않게 되는 것은 우리나라 옛날이야기에도 등장하지요. 바로 도깨비감투지요. 투명 망토든 도깨비감투든 좋은 일에 쓰면 아무 일 없지만 나쁜 일에 쓰면 좋지 않은 일이 일어나지요. 자신은 보이지 않은 채 남의 몸을 볼 수 있다면 무슨 일이든 저지를 수도 있으니까요.

🔶 마법사의 돌은 연금술?

《해리 포터》 시리즈의 1권은 《해리 포터와 마법사의 돌》이에요. 영어 제목은 《Harry Potter and Philosopher's stone》이에요. 여기서 philosopher는 '철학자'라는 뜻인데 왜 '마법사'가 된 걸까요? 《해리 포터》 1권의 제목은 영국판과 미국판이 달라요. 영국판은 philosopher's stone이고 미국판은 sorcerer's stone이에요. 우리말로 옮기면 영국판은 '철학자의 돌'이고 미국판은 '마법사의 돌'이지요. 우리나라에서 나온 1권은 《해리 포터와 마법사의 돌》이라고 해서 미국판과 같지요.

하지만 '철학자의 돌' 또는 '마법사의 돌'은 모두 연금술사와 관련이 있어요. 중세에 유행했던 연금술은 어떤 금속을 '금'으로 바꿀 수 있는 기술이지요. '금'이라는 금속은 세월이 지나도 변함이 없는 귀중한 금속이므로 사람들에게 인기가 높았고 구하기도 어려웠지요. 그래서 연금술사들은 값싼 금속으로 값비싼 금을 만들기 위해 온갖 실험을 다 했지요. 이런 사람들을 연금술사라고 했지요. 고전 역학을 집대성한 아이작 뉴턴도 연금술 연구에 매달렸다는 것은 잘 알려진 사실이에요.

연금술은 금을 만들어내는 데 성공하지는 못했지만, 인류의 화학 발전에 이바지한 것은 확실한 사실이지요. 왜냐하면 여러 가지 원소들을 합성하여 금을 만들려는 노력을 한 끝에 금은 아니지만 다른 원소들을 발견한 거예요. 옛날의 연금술사들은 하찮은 금속을 귀중한 금으로 만들어주는 '돌'이 있다고 믿었대요. 금을 만들려고 노력한 것은 이 '돌'을 찾으려고 노력한 것과 같아요. 이것을 '현자의 돌' 또는 '지혜의 돌'이라고 불렀어요. 해리 포터, 헤르미온느 그레인저, 론 위즐리는 '마법사의 돌'을 지키기 위해 목숨을 건 모험을 해요. '마법사의 돌', '현자의 돌', '지혜의 돌'은 마법사의 세계나 머글의 세계에서 신비의 돌임에는 틀림이 없어 보여요. 그래서 호그와트의 교장 선생님인 덤블도어가 이 돌을 지하의 비밀의 방에 숨겨 놓았고, 이것을 훔치려는 볼드모트의 음모에 해리 포터가 맞서는 거예요. 이 돌의 비밀이 무엇인지 여러분도 함께 풀어보아요.

6-1 빛과 렌즈 5-1 과학자는 어떻게 탐구할까요?
5-2 재미있는 나의 탐구 6-1 과학자처럼 탐구해 볼까요?

• Science Book 36 •

신화를 과학의 눈으로 바라보면
《그리스 로마 신화 사이언스》

이정모 | 바다출판사(2015)

딸은 '신화기', 아들은 '공룡기'

나만의 생각인지는 모르겠지만 아이가 커가는 과정에서 나타나는 몇 가지 공통점이 있어요. 남자아이는 공룡 이름 외우기, 여자아이는 신 이름 외우기예요. 무슨 이야기냐고요? 아마 여러분들도 한글을 깨우치고 스스로 책을 읽을 수 있게 되었을 때, 관심이 있는 분야의 책을 여러 번 읽었을 거예요. 내 딸은《그리스 로마 신화》를 보고 신들의 이름을 술술 외웠어요. 아들은《공룡 도감》을 보고 공룡들의 이름을 줄줄 외웠지요. 이것은 많은 아이들에게 나타나는 공통점인 것 같아요. 자신이 좋아하는 것은 다른 아이들보다는 더 많이 알고 싶다는 욕망이 일어나나 봐요.

나는 이 성향이 아주 좋다고 생각해요. 아이가 태어나서 점점 자라 초등학교 고학년이 되면 부모와의 대화가 줄어드는 경우가 많아요. 그런데 책을 읽게 되고 알고 있는 것을 누군가 말하고 싶을 때 부모가 그 이야기를 들어주면 아이와 대화를 길게 할 수 있어요. 읽은 책의 내용을 서로 이야기할 수도 있고, 아빠가 신들의 이름이나 공룡들의 이름을 물어보면 아이가 대답하는 방식으로 대화를 이어갈 수 있어요.

이런 습관이 계속되면 아이가 초등학교 고학년이 되고, 중학교에 입학하더라도 대화가 통하고 친하게 지낼 수 있어요. 아이와 대화하게 해주는 가장 중요한 매개체는 책이라고 생각해요. 나 또한 딸이 자랄 때는 《그리스 로마 신화》를 함께 보면서 대화를 했고, 아들이 자랄 때는 《공룡 도감》을 함께 보면서 대화를 했어요. 물론 그 당시 딸이 본 책은 《만화로 보는 그리스 로마 신화》였어요.

이 책이 나왔을 때 만화에 대한 기존의 생각을 바꾼 계기가 되기도 했지요. 그전에 나온 보통의 만화책은 크기가 작고 흑백이었는데, 《만화로 보는 그리스 로마 신화》는 화려한 색깔과 조각처럼 멋진 근육을 가진 신들이 등장하면서 새로운 만화 시대를 열게 되었어요. 또 신화, 역사, 과학 등의 지식과 상식을 만화로 공부할 수 있는 학습 만화 시대가 열렸지요. 딸은 신들의 이름뿐만 아니라 자신이 좋아하는 여신을 그리는 것을 좋아했어요. 그림 그리기를 좋아하더니 결국 대학을 갈 때 미술대학을 갔지요. 자신이 좋아하는 일을 하면서 사는 것이 가장 행복한 삶일 거예요. 딸은 《그리스 로마 신화》를 읽다가 궁금한 것들 특히 과학적인 부분에 대해 질문을 많이 했지요. 어린이 때는 궁금한 것도 많고 호기심도 많잖아요. 질문에 대답해 주면서 딸과 이야기하는 것은 아주 즐거운 일이었지요. 하지만 어떤 때는 《그리스 로마 신화》에 대해 과학적으로 분석해 주는 책이 나왔으면 하는 생각을 했어요. 그러던 차에 나온 책이 《그리스 로마 신화 사이언스》예요.

🔷 소설·종교·신화, 과학과 만나다!

이 책은 맨 처음 '휘슬러'라고 하는 출판사에서 '사이러스' 시리즈로 출간되었어요. '사이러스'는 scirus로 'science are us'의 줄임말인데 '신기한 과학의 눈을 통해 우리의 삶을 재미있게 해석하는 시리즈'라는 뜻이라고 해요. 사이러스 시리즈는 《해리 포터 사이언스》, 《바이블 사이언스》, 《그리스 로마 신화 사이언스》, 《삼국지 사이언스》로 모두 4권이 출간되었지요. 이 책들을 보면 소설(해리 포터, 삼국지), 종교(바이블), 신화(그리스 로마 신화) 등에서 과학을 찾는다는 것을 알 수 있어요. '사이러스' 시리즈 기획자는 "과학적 발견을 두고 가장 솔깃하게 만드는 최고의 말은 '드디어 밝혀냈다!'가 아니라 '그것 참 재미있군!'이다."라고 말하고 있어요.

여기서 '바이블'은 성경인데 기독교를 종교로 가지고 있지 않은 사람들은 바이블을 읽어보지 않을 수도 있지만, 《해리 포터》, 《그리스 로마 신화》, 《삼국지》 등은 한 번쯤 읽어보았을 거예요. 책이 아니더라도 영화나 애니메이션으로 만나보았을 것이므로 우리에게 친숙한 편이지요. 그러므로 그 속에 숨어 있는 과학을 찾는 일은 재미있는 일이 될 수 있어요. 어떤 사건이나 현상에 과학적으로 설명해 놓은 것을 본다면 '그것

참 재미있군!'이라는 말이 저절로 나올 거예요. 그렇다면《그리스 로마 신화》에는 어떤 과학이 숨어 있을까요?

저자인 이정모 님은 대학교와 대학원에서 생화학을 공부하고 독일의 본 대학교에서 '곤충과 식물의 커뮤니케이션'을 연구했어요. 대학교 교수로 일하면서 과학 글쓰기, 과학 강연 등을 했고, 서대문자연사박물관 관장, 서울시립과학관 관장, 국립과천과학관 관장을 지냈지요. 인생 자체를 과학과 함께 해 왔다고 해도 지나친 말이 아니지요.

《저도 과학은 어렵습니다만》 등의 책을 펴냈으며, 텔레비전 방송 프로그램에 출연하여 과학 이야기를 하는 과학 전도사예요. 이정모 님은 4권의 '사이러스' 시리즈 모두 집필에 참여했지요.《해리 포터 사이언스》는 정창훈 님과 공동으로 집필했고,《삼국지 사이언스》는 김태호 님과 공동으로 집필했어요.《바이블 사이언스》와《그리스 로마 신화 사이언스》는 이정모 님 혼자 집필했지요.

《해리 포터 사이언스》에서는 9와 4분의 3번 승강장을 공간 이동으로, 호그와트의 마법 계단을 리만 기하학으로, 악마의 덫은 단백질과 관련하여 과학적으로 분석했지요.《바이블 사이언스》에서는 기적과 과학 법칙의 관계, 우주의 시작, 창조론과 진화론의 대결, 기독교와 과학의 관계 등을 과학적으로 분석했지요.《삼국지 사이언스》에서는 청룡언월도를 어떻게 휘두르는지, 정보와 암호, 적벽대전에서 이용한 중력과 부력, 배흘림 기둥과 착시 현상 등에 대해 과학적으로 분석했어요.

이 책을 집필할 때 내가 저자들을 만난 적이 있어요. 방대한 자료에 묻혀있던 저자들이 생각나네요.《해리 포터》는 전체 23권이고,《바이블》

《성경》은 종류도 많고 두껍지요.《삼국지》도 종류에 따라 다르지만 보통 10권이에요.《그리스 로마 신화》도 여러 종류가 있고 방대하지요. 이 많은 책들과 관련 자료가 어마어마했지요. 이런 자료와 저자들과의 수많은 토론으로 탄생한 것이 '사이러스' 시리즈인 거예요. 이중《그리스 로마 신화 사이언스》를 쓰면서 저자인 이정모 님이 한 이야기가 이 책의 특징을 잘 나타내주고 있어요.

"신화에는 교훈이 있고 무엇보다도 재미가 있다. 같은 사람이 읽을 때마다 주인공이 바뀌고 신화가 던져주는 시사점이 달라진다. 초등학교 시절에는 헤라클레스와 같은 영웅이 주인공이었고, 조금 더 나이가 들었을 때 카리스마 자체였던 제우스가 주인공이었고, 고등학교 시절에는 연극 때문에 시쉬포스가 주인공이었고, 청년이 된 저자에게는 헤라와 아테나 그리고 아프로디테와 같은 여신들이 주인공이었다."

그런데 이제 다른 생각으로《그리스 로마 신화》를 읽었대요. 다른 생각이란 바로 과학의 눈으로 보는 것이었지요. 그랬더니 역시 주인공이 달라져 보이더래요.

"대지의 여신 가이아가 주인공이었고, 불과 자유를 준 프로메테우스가 주인공이었고, 최고의 기술자였지만 그 기술로 인해 파멸에 이른 다이달로스가 주인공이었다. 신화는 진화한다. 신화는 당대 사람들의 생각을 이야기로 풀어놓은 것이기 때문이다. 그리스 로마 신화를 다시 써보자. 이제 주인공은 가이아, 프로메테우스, 다이달로스다. 주인공들이 우리에게 전하는 이야기는 바로 과학과 기술이다."

카오스와 나비 효과

그래서 《그리스 로마 신화 사이언스》의 시작은 카오스와 가이아예요. 카오스는 '혼돈'이에요. 신들조차 없을 때도 카오스는 있었지요. 카오스에서 모든 것이 시작되었어요. 카오스는 거대한 창조의 힘이지요. 카오스가 꿈꾸던 세상은 이런 혼돈의 공간이 아니에요. 카오스가 바라던 세상은 밝은 빛으로 가득한 질서가 잡힌 아름다운 세상이었지요. 하지만 카오스만이 존재하는 태초에는 이런 일은 일어나지 않았어요. 카오스는 매우 복잡하고 불규칙하면서 불안정한 행동을 보여주었어요. 작은 차이가 커다란 결과를 낳은 것이 카오스지요. 태백산맥 꼭대기에 비가 내려요. 그런데 바람에 의해 어떤 빗방울은 태백산맥 꼭대기의 왼쪽에 떨어지고 어떤 것은 오른쪽에 떨어졌지요. 겨우 몇 센티미터 차이로 두 빗방울의 운명은 크게 달라져요. 하나는 한강을 따라 서울을 지나고 서해안으로 흘러 꽃게의 입으로 흘러가지만, 다른 하나는 동해안으로 흘러 들어가 명태의 배 속으로 들어가지요.

저자는 이런 식으로 카오스에 대해 설명하고 있어요. 처음 시작부터 과학적인 재미에 빠져들게 해요. 제주도에서 나비 한 마리가 나무 옆을 살랑살랑 날고 있어요. 나비의 날개짓에 작은 벌레 한 마리가 나무에서 미끄러졌어요. 마침 그 밑을 지나던 조랑말 등에 떨어졌어요. 벌레 때문에 등이 가려워진 조랑말은 꼬리를 휘둘러 벌레를 떨어뜨리려 했어요. 하지만 벌레는 쉽게 떨어지지 않고 대신 돌담을 쌓은 작은 돌 하나가 꼬리에 맞아 길옆의 시냇물 위로 날아갔어요. 그곳은 썩은 나무들로 시내가 막혀서 작은 여울이 생긴 곳인데, 돌이 바로 그 위로 떨어진 거예요.

썩은 나뭇가지들이 한꺼번에 쏟아져 내렸고, 그 바람에 둔치에 있던 자갈이 쏟아져 들어가면서 먼 남해 바닷속까지 자갈 사태가 일어났어요. 자갈들이 먼 남해 바닷속의 오래된 휴화산에 폭발을 일으켰어요. 화산 대폭발로 엄청난 양의 마그마와 화산재가 바다 위를 뒤덮었어요. 화산재는 공기의 흐름을 바꾸어 커다란 기압차를 일으켰으며 더운 바다 공기와 부딪히면서 거대한 폭풍을 일으켰어요. 이처럼 작은 사건 하나가 엄청난 결과를 가져온다는 이론을 '나비 효과'라고 해요. 이정모 님은 나비 효과를 이렇게 독특하고 재미있게 설명하고 있어요. 보통은 나비 효과를 브라질에서 한 마리의 날갯짓이 미국에 허리케인을 일으킨다고 설명하지요. 하지만 이정모 님은 상상력을 발휘하고 그럴듯하게 설명하니 점점 과학 속으로 들어가게 해주지요.

신들의 어머니는 대지의 여신

태초에는 카오스밖에 없었지만 자신의 힘의 결과를 알 수 없었던 카오스는 우주의 지위를 물려줄 새로운 존재가 필요했어요. 지금으로부터 120~150억 년 전, 카오스에 질서를 더하기 위해 태어난 신이 있어요. 이 신에게서 숲, 산, 들판, 지하 동굴, 바다의 물결 등 모든 것들이 태어났지요.

   1970년대 초 영국의 대기 화학자 제임스 러브록은 "지구는 살아 있는 생명체이다."라며 지구의 변화에 대한 새로운 이론을 제시했어요. 그 이론에 신의 이름을 붙여 '○○○ 이론'이라고 불렀어요. ○○○에 들어가는 신의 이름은 무엇일까요?

이 신은 하늘의 신 '우라노스'를 낳고, 바다의 신 '폰토스'를 낳았어요. 이 신은 우라노스와 폰토스의 어머니인 거예요. 이제 세상이 시작되었어요. 카오스, ○○○, 우라노스, 폰토스, 이들은 모두 자연의 힘이면서 신이었지요. 카오스는 우주 그 자체이고, 우라노스는 하늘, 폰토스는 바다이므로 ○○○는 '땅'이겠지요? 그래요. 우라노스와 폰토스를 낳은 신은 대지의 여신 가이아예요.

제임스 러브록이 제시한 이론은 '가이아 이론'이랍니다. 가이아가 우라노스와 폰토스를 낳았다고 했지요. 그런데 가이아는 남편이 없는데 어떻게 자식을 낳았을까요? 아메바의 분열법이나 효모의 출아법과 같은 무성 생식이라도 했단 말인가요? 이정모 님은 '그렇다'라고 설명해요. 가이아로부터 신들이 어떻게 탄생하게 되었는지 궁금하면《그리스 로마 신화 사이언스》를 보세요. 생명의 탄생부터 공간과 시간의 개념, 대륙 이동설, 네트워크 등을 거쳐 다이달로스와 그의 아들 이카로스를 날게 해 줄 '베르누이 효과'까지 과학이 가득하지요.

참고로 이 '사이러스' 시리즈 4권은 후에 바다출판사에서 '스토리 사이언스'라는 이름으로 다시 출간되었어요. 그림을 새로 그렸지만 내용은 같으니 골라서 읽으면 된답니다.

4-2 물이 상태 변화 5-2 날씨와 우리 생활 6-2 에너지와 생활

• Science Book 37 •

속담을 보면 조상의 과학 실력이?!
《속담 속에 숨은 과학》

정창훈 | 봄나무(2016)

🔲 나라에 따라 속담의 뜻도 달라진다

학교 다닐 때 시험 준비하느라 영어 공부를 하는데 'moss'라는 단어가 있었어요. moss는 '이끼'라는 뜻으로 그리 어려운 단어는 아니었지요. 그런데 moss가 들어간 영어 속담이 눈에 들어왔어요. A rolling stone gathers no moss. 우리말로 표현하면 '구르는 돌에는 이끼가 끼지 않는다'라고 할 수 있어요. 이 속담의 뜻은 예전부터 '부지런하고 꾸준히 노력하는 사람은 침체되지 않고 계속 발전한다'는 뜻으로 알고 있었지요. 하지만 영어 속담은 뜻이 다르다는 것을 알게 되었지요. 영국, 미국, 독일, 스페인, 이탈리아 등에서 '사는 곳이나 직장 등을 자주 옮기는 사

람은 돈, 재산, 친구 등을 모으기 힘들다'라는 뜻으로도 쓰인대요. 프랑스에서는 떠돌아다니다가 직장을 자주 바꾸는 사람은 성공하지 못하니 한 우물만 파라는 의미로만 쓰이고 있어요. 속담도 나라마다 조금씩 다른 의미로 쓰인다는 것을 알게 되었지요.

왜 이런 일이 일어나는지 조금 더 깊이 살펴보니 '이끼'의 의미가 다르기 때문에 일어난 일이었어요. 우리나라 사람들에게 이끼는 부정적인 의미로 사용되는 경우가 많아요. 이끼는 사람들의 발길이 잘 닿지 않는 곳에서 자라다 보니 이끼가 낀 곳은 관리가 되지 않고 발전이 안 된 곳이라 생각하지요. 그래서 이끼가 낀 돌은 발전이 없기 때문에 이리저리 굴러서 이끼가 끼지 않게 해야 한다는 거예요. 하지만 라틴어에서 이끼는 '전문지식'을 뜻한다고 해요. 한곳에 정착하지 않고 여기저기 직장을 옮겨다니면 전문지식을 쌓지 못한다는 뜻이에요. 같은 말의 속담도 나라마다 그 의미는 조금씩 다른 것 같아요. 그래서 이런 속담을 쓸 때는 그 뜻을 정확하게 알고 있어야 해요. 그런데 이끼를 놓고 우리나라에서는 부정적 시각을 가지고 있고, 서양에서 긍정적인 시각을 가지고 있다는 것이 재미있는 것 같아요.

이끼는 풀과 나무보다 더 오래전에 육지에서 살기 시작한 최초의 식물이에요. 원래 물속에 살던 조류에서 진화하여 육지로 올라왔지요. 그래서 이끼는 조류와 비슷한 방식으로 번식하지요. 이끼와 같은 식물을 선태식물이라고 해요. 선태는 선류와 태류를 합친 말로 선류는 길쭉한 모양의 이끼이고 태류는 넓적하게 퍼진 이끼를 이르는 말이에요. 이끼는 풀이나 나무와 같은 관다발이 없어 높게 자랄 수 없어요. 땅바닥이나 식물의 줄기나 가지에 붙어 자라고 '헛뿌리'라는 조직이 있어 뿌리 역할을 하고 물은 온몸으로 흡수하지요.

원래 물속에서 살다 육지로 올라왔기 때문에 물기가 많은 곳을 좋아하지요. 몸속에서 많은 물을 저장할 수 있고 광합성으로 이산화 탄소를 흡수하고 산소를 내놓아 지구 환경에 중요한 역할을 하지요. 그러니 숲과 바위에 이끼가 잘 자라는 곳이 인간을 비롯하여 많은 생물도 잘 살 수 있는 곳이라고 할 수 있어요. 구르는 돌에는 이끼가 낄 수 없으니 구르지 말고 이끼가 잘 자랄 수 있는 것이 필요해 보입니다.

오류에 빠지기 쉬운 개념

이렇게 속담을 과학적으로 생각하다 보니 과학책 전문 작가인 정창훈 님의 《속담 속에 숨은 과학》이 떠오르네요. 또 말하지만 정창훈 님은 대학교에서 천문학을 전공하고 오랫동안 과학 잡지를 만들어왔어요. 〈사이언스〉, 〈뉴턴〉, 〈과학 소년〉, 〈별과 우주〉 등 우리나라에서 발행되고 있는 여러 종류의 과학 잡지의 기자 및 편집장을 지냈지요. 지금도 어린이 과학책을 쓰고 있는 저자랍니다.

나도 대학과 대학원에서 과학을 전공하고 과학 잡지 기자로 사회생활을 시작했는데요. 사실 그때 내 기자 생활을 이끌어준 사람이 정창훈 님이었어요. 정창훈 님은 내 과학 잡지 선배이자 스승인 셈이랍니다. 정창훈 님과는 과학 잡지 기사 기획이나 글을 쓰는 것에 관해 많은 이야기를 나누었지요. 그중 기억에 남는 것이 있어요.

뉴턴의 운동 법칙 중 작용과 반작용을 로켓 발사를 예로 들어 설명했을 때예요. 로켓은 연료를 태우고 분사되는 가스가 땅을 밀면(작용), 땅은 가스가 민 크기와 방향이 반대되는 힘(반작용)으로 로켓을 밀어서 로켓이 하늘로 날아간다고 설명했지요. 그런데 정창훈 님이 이 글을 보고 이것이 오류라고 하면서 바로잡아 주었어요. 로켓에서 분사되는 가스가 작용한 것은 맞지만 땅이 미는 것이 반작용이 아니라는 거지요. 반작용은 분사된 가스가 똑같은 힘으로 로켓을 밀어주는 거예요. 그러니까 내가 잘못 알고 있었던 거예요.

고무풍선은 크게 불었다가 놓으면 풍선 속의 공기가 뿜어 나오면서 풍선 주둥이 근처에 있는 공기를 밀어서 날아가잖아요? 그러면 뿜어져 나오는 공기가 작용이고 주둥이 근처의 공기가 반작용으로 풍선을 미는 거예요. 이것이 로켓이 날아가는 원리지요. 다만 로켓은 공기가 없는 우주에서도 날아가는데 그것은 뿜어져 나오는 가스 안에 산화제가 있기 때문에 그 산화제가 반작용으로 작용하여 로켓을 미는 거예요.

또 다른 것은 '낮말은 새가 듣고, 밤말은 쥐가 듣는다'라는 속담을 과학적으로 설명하는 거였어요. 독자에게서 이 속담 속에 숨어 있는 과학에 대해 알려달라는 질문이 왔었는데 그것을 설명하려고 고민하던 중에 정창훈 님과 이야기하게 되었지요. 논의 끝에 낮에는 대개 지면이 햇볕에 데워져 있어서 지면의 공기 밀도가 공기 중보다 작아요. 그래서 소리가 위로 휘어져 전달되지요. 그러면 나무 위의 새가 잘 듣게 되지요. 반면 밤에는 지면이 빨리 식어 지면의 공기 밀도가 공기 중보다 커요. 그러면 소리가 지면으로 휘어져 전달되지요. 그래서 나무 위의 새보다는 땅바닥에 있는 쥐가 더 잘 듣게 되지요. 우리가 흔히 쓰는 속담도 알고 보면 아주 과학적인 근거에 의해 만들어진 것이 많아요. 정창훈 님과 이런 이야기를 많이 주고받았는데 결국 정창훈 님은 《속담 속에 숨은 과학》이라는 책을 펴내게 되었어요. 그것도 1, 2, 3권까지 나왔네요.

◆ 속담은 아무렇게나 만들어지지 않는다

그렇다면 속담 속에 어떤 과학들이 숨어 있을까요? 먼저 속담이란 무엇일까요? 속담은 국어사전에 '예로부터 민간에 전하여 오는 쉬운 격언이나 잠언'이라고 나와요. 속담은 둘 이상의 낱말이 결합하여 관용적으로 사용하여 어떤 특별한 의미를 전하기 위해 사용해요. 특정한 둘 이상의 낱말이 결합되어 본래의 의미와 다르게 쓰이며 익숙해진 말을 관용어라고 해요. '씀씀이가 후하고 크다'라는 뜻을 가진 '손이 크다'라든가 '아는 사람이 많아 활동하는 범위가 넓다'라는 뜻을 가진 '발이 넓다'와 같은 말을 관용어라고 하지요. 실제로 손이 크거나 발이 넓은 것이 아니니까요.

하지만 '얕은 수로 남을 속이려 한다'는 뜻을 가진 '눈 가리고 아웅한다'는 관용어가 아니고 속담이에요. '바늘구멍으로 황소바람 들어온다', '달무리한 지 사흘이면 비가 온다', '낙숫물이 댓돌을 뚫는다'와 같은 속담은 과학적으로 연관이 많아요. 이렇게 속담 중에 과학과 관련된 것들을 묶어 과학적으로 설명한 책이 《속담 속에 숨은 과학》이에요.

우리나라와 같이 사계절이 뚜렷한 나라는 농사를 짓는 데 날씨의 영향이 커요. 그래서 우리 조상들은 날씨에 아주 민감했지요. 농사를 오랫동안 지으면서 어떤 경우에 비가 오는지 관찰해 왔어요. 날씨에 대한 속담이 잘 맞는 것은 농사 때문에 생긴 거지요. 날씨에 대한 속담이 잘 맞는 것을 보면 조상들의 지혜가 대단하다는 것을 잘 알 수 있어요. 그러면 '바늘구멍으로 황소바람 들어온다'는 속담은 무슨 얘기인지 저자인 정창훈 님의 설명을 살짝 들어볼까요?

우리나라는 사계절이 뚜렷하고 날씨의 변화가 심하지요. 추운 겨울을 나기 위해 '온돌'이라는 난방 장치가 있어요. 아궁이에 불을 때면 방바닥이 따뜻해지지요. 그런데 방문이나 창문은 보통 한지로 만드는데 쉽게 찢어지는 단점이 있어요. 그래서 방문이나 창문에 작은 구멍이라도 나면 그 작은 바늘구멍만 한 곳으로 아주 차갑고 매서운 바람이 들어오지요. 이것을 황소바람이라고 하지요. 그렇다면 바늘구멍처럼 작은 구멍에 바람이 세게 들어오는 것은 왜 일까요?

이것은 기체와 액체가 가지고 있는 특성이에요. 기체나 액체처럼 흐르는 성질을 가진 물질을 '유체'라고 해요. 유체의 흐름에 대해서는 약 300년 전 스위스의 과학자 '베르누이'에 의해 알려졌어요. 좁은 통로를 흐를 때 속력이 더욱 빨라진다는 거예요. 폭이 넓은 시냇물은 천천히 흐르지만 폭이 좁아지는 부분에서는 물이 빨리 흐르지요. 바람도 공기의 흐름이니 유체잖아요? 그러니 작은 바늘구멍으로 들어오는 바람이 센 거예요.

또 '달무리한 지 사흘이면 비가 온다'라는 속담에는 어떤 과학이 숨어 있을까요? 옛날 사람들은 자연 현상을 오랫동안 관측하면서 언제 비가 오는지에 대해 관심이 많았어요. 주로 농사를 짓고 사니 비가 언제 오는지 아는 것은 아주 중요한 문제였지요. '달무리'와 '비'의 관계도 마찬가지예요. 지표에 있는 물은 햇빛을 받아 증발해요. 증발한 물은 수증기가 되어 공기의 한 성분이 되지요. 수증기가 하늘 높이 올라가면 기온이 낮아지기 때문에 얼음 알갱이가 돼요. 공기 중에 포함된 이런 얼음 알갱이를 '빙정'이라고 해요. 수증기와 빙정이 구름, 비, 눈 같은 기상 현상을 일으키는 주인공이지요. 또한 해와 달이나 별에서 오는 빛을 흩뜨려 여러 가지 현상도 일으키지요. 햇무리는 공기 중의 빙정들이 많을 때 생기는데, 빙정을 지나면서 꺾인 햇빛이 해 주변에 둥근 고리 모양을 이룬 거예요.

달무리 역시 빙정 때문에 달빛이 꺾여 만들어진 빛의 고리예요. 달무리를 지게 만든 것이 빙정이잖아요. 빙정들이 많이 모여 있는 것이 구름이에요. 높이 5~13킬로미터에 옅은 새털 모양으로 떠 있는 구름을 '권운'이라고 해요. 햇무리나 달무리는 이런 권운에서 많이 생겨요. 권운이 생기면 날씨가 흐려지고 태풍이 올 징조라고 해요. 그러니 달무리가 졌다는 것은 권운이 깔려 있다는 것이고 권운이 사흘이나 계속 되니 비가 오는 거지요. 여러분 혹시 사흘을 4흘이라 잘못 알고 있지는 않겠지요? 사흘은 3일을 말하고 4일은 나흘이라고 한답니다.

그렇다면 이번에는 '낙숫물이 댓돌을 뚫는다'라는 속담을 알아볼까요? 우리 조상들이 살던 집은 지붕이 경사져 있어요. 경사가 져 있어야 눈이나 비가 쉽게 흘러내릴 수 있어요. 벽 바깥쪽으로 튀어나온 지붕을 처마라고 하는데 이 처마 끝에서 떨어지는 물을 낙숫물이라고 하지요. 댓돌은 낙숫물이 떨어지는 곳에 쌓은 돌이에요.

비가 오면 빗물은 처마 끝의 낙숫물이 되어 댓돌로 떨어지지요. 낙숫물이 댓돌로 떨어지면 충격을 받겠지요? 충격의 크기를 '충격량'이라고 해요. 충격량이 클수록 물체에 큰 영향을 주지요. 충격량은 물체의 질량이 클수록 크고 속도가 빠를수록 크지요. 처마 끝에서 한 방울씩 떨어지는 물이라고 무시하면 안 돼요. 시간만 충분하면 아무리 단단한 돌도 부수는 것이 물의 힘이지요. 낙숫물은 질량도 작고 속도도 빠르지 않지만 수십 년 동안 한 곳으로 떨어지면 댓돌도 뚫을 수 있게 되지요. 무엇이든 꾸준히 하면 꿈을 이룰수 있는 것과 같지요.

정창훈 님은 속담과 과학이 끈질긴 생명력을 가지고 있다고 이야기하고 있어요. 속담은 하루아침에 이루어진 것이 아니고 오랜 세월 동안 입에서 입을 거치면서 완전한 모습을 갖춘 속담만이 살아남을 수 있기 때문이지요. 우리 삶에 도움이 되지 않는 속담은 오래 버티지 못하고 사라지지요. 과학은 속담보다도 더 오랫동안 이어져 왔는지도 몰라요. 불을 사용하고 도구를 만들며 하늘의 별을 바라볼 때부터 과학이 시작됐지요. 끈질긴 생명력을 가진 속담을 들여다보면 꼭 필요한 삶의 지혜도 얻을 수 있답니다.

3-1 자석의 이용 4-1 물체의 무게 5-2 물체의 운동

• Science Book 38 •

과학을 알고 타면 더 재미있을까?
《과학을 타자! 놀이기구》

조인하, 김수주 | 아르볼(2017)

🎲 그네와 푸코의 진자

우리가 살고 있는 공간은 과학으로 가득 차 있어요. 걷는 것도 뉴턴의 운동 법칙인 '작용과 반작용의 법칙'이 적용되지요. 자전거가 넘어지지 않고 달릴 수 있는 것도 '회전 관성' 때문이지요. 하다못해 가위나 손톱깎이에도 '지레의 원리'가 적용된답니다.

어린이가 가장 좋아하는 곳은 두 군데예요. 집에서 가까운 곳은 놀이터이고 집에서 먼 곳은 놀이공원이지요. 놀이터나 놀이공원은 그야말로 과학 덩어리예요. 과학 중에서도 물리학과 관련된 기구가 많지요. 미끄럼틀은 직선 운동과 마찰력, 회전무대(일명 뺑뺑이)는 회전 운동, 그네

는 진자 운동, 시소는 무게 중심을 경험할 수 있는 기구지요. 그리고 이런 기구에는 과학의 발전에 기여한 것들도 많아요.

그네를 보면 '푸코의 진자'가 생각나요. 고대 그리스의 위대한 철학자이자 자연과학자였던 아리스토텔레스는 이렇게 주장했어요. "하늘에 있는 모든 천체는 완전해서 지구를 중심으로 원운동을 하고, 지구상에 있는 물체는 불완전해서 직선 운동을 한다." 아리스토텔레스는 워낙 저명한 철학자였기 때문에 누구도 이 주장에 의문을 제기하지 못했지요. 또 아리스토텔레스는 해-지구-달이 일직선에 있을 때 달이 지구의 그림자 속에 들어가서 잘 보이지 않는 '월식'이 일어날 때, 달에 비친 지구의 그림자를 보고 지구가 둥글다는 것을 안 과학자이기도 했지요. 아리스토텔레스의 주장은 거의 2,000년 동안 진리로 받아들여졌지요. 갈릴레오 갈릴레이(1564~1642)와 아이작 뉴턴(1642~1727)이 운동에 대한 새로운 이론을 만들어낼 때까지 사람들은 아리스토텔레스의 주장이 맞다고 생각했지요.

우리는 매일 해가 동쪽에서 떠서 서쪽으로 지는 것을 봅니다. 해뿐만 아니라 별이나 행성 그리고 달도 동쪽에서 떠서 서쪽으로 지지요. 지구는 중심에 정지해 있고 모든 천체가 원운동하는 것처럼 보이지요. 이렇게 생각해도 하나도 이상하지 않아요. 아리스토텔레스의 생각이 맞는 것처럼 보이지요?

갈릴레이는 1610년 자신이 만든 망원경으로 목성을 관측하다가 목성 주위의 4개의 천체가 목성을 중심으로 원운동하고 있는 것을 발견했어요. 아리스토텔레스에 의하면 모든 천체는 지구를 중심으로 원운동을 해야 하지요. 그런데 지구가 아닌 목성을 중심으로 돌고 있는 천체가 있었던 거예요. 이 관측을 계기로 갈릴레이는 코페르니쿠스가 주장한 태양 중심설(지동설)이 맞다고 생각하게 되지요. 또한 뉴턴은 운동 법칙을 통해서 천체의 운동이나 지구상의 운동이나 모두 똑같다는 것을 밝혔지요.

하늘에 있는 모든 천체가 하루에 한 바퀴씩 지구를 중심으로 도는 것처럼 보이는 것도 사실 지구가 스스로 한 바퀴씩 도는 건 아닐까? 사람들은 이렇게 생각하기 시작했어요. 천체들이 정지해 있고 지구만 하루에 한 바퀴 돌아도 보이는 것은 똑같지요. 그런데 지구가 스스로 도는 즉, 자전을 한다는 것을 알아낼 수가 없었지요. 이때 '푸코의 진자'가 짠! 하고 등장한 거예요.

푸코는 장 베르나르 레옹 푸코(1819~1868)라고 하는 프랑스의 물리학자예요. 푸코는 1851년 파리의 판테온에서 지구가 자전한다는 것을 증명했어요. 판테온은 정치가 미라보, 계몽사상가 볼테르, 사상가이자 소설가인 루소, 작가 졸라 등 프랑스를 대표하는 위인들이 안장되어 있는 국립묘지로 프랑스에서 아주 신성하게 여기는 곳이에요. 푸코는 판테온의 가장 높은 돔에 길이 67미터 되는 철사를 묶고, 지름 30센티미터, 무게 28킬로그램의 구리공을 매달었어요. 시계추와 같은 진자를 만든 거예요.

그리고 수많은 사람들이 숨죽이며 지켜보고 있었지요. 푸코는 구리공을 잡아당겼다가 놓았어요. 진자는 천천히 진동하기 시작했어요. 푸코의 진자는 길이와 무게가 엄청나게 커서 공기 저항 효과가 거의 없지요. 진자를 시켜보던 사람들은 깜짝 놀랐어요. 진자의 진동면이 조금씩 움직이는 것을 보게 된 거예요. 이것은 바닥이 움직인다는 뜻이에요. 바닥이 멈추어 있다면 진동면도 아무런 움직임이 없었겠지요. 바로 지구가 시계 반대 방향으로 자전한다는 것을 의미하는 거예요. 지구가 자전한다는 것이 최초로 증명되는 순간이었지요.

놀이터 그네도 진자운동을 하는 것은 마찬가지랍니다. 놀이터 그네를 보고 '푸코의 진자'를 떠올리는 것이 좀 심한가요? 하지만 이런 생각은 나만 하는 것은 아니랍니다. 《과학을 타자! 놀이기구》의 저자인 조은하 님과 김수주 님도 놀이터나 놀이공원의 놀이기구를 보면 과학을 먼저 떠올릴 거예요.

이들은 대학교에서 각각 화학과 물리학을 전공하고 출판사에서 어린이 책을 만들어왔어요. 지금도 과학책, 수학책 등을 직접 쓰기도 하고 좋은 책을 만들기 위해 기획하고 있어요. 이 책은 통합 교과 시리즈인 '참 잘했어요 과학'의 네 번째 책이에요. 이 시리즈는 2016년 《또 하나의 가족 반려동물》을 시작으로 2023년 《세상이 번쩍, 생각이 반짝! 전쟁과 발명》까지 나왔고, 계속 출간될 것으로 보여요. 과학뿐만 아니라 '참 잘했어요 사회' 시리즈도 나오고 있으니 학교 공부에도 신경써야 하는 여러분들이라면 함께 보는 것이 좋겠어요.

그렇다면 저자인 조은하 님과 김수주 님은 놀이기구를 보며 어떤 과학을 생각했는지 살펴볼까요? 이 책은 통합 교과를 생각하는 의도로 만들어졌어요. 그래서 '놀이기구' 편의 통합 교과는 역사, 과학, 수학, 인물, 문화로 나누어져 있어요. 그러니까 놀이기구의 역사를 살펴보고, 놀이기구와 관련된 과학 원리를 찾아보고, 놀이기구와 관련된 인물은 누가 있는지, 놀이기구에 대한 문화를 살펴보는 것이 이 책의 내용이지요. 그런데 놀이기구와 '수학'은 어떤 관계가 있을까요?

여러분은 좋아하는 놀이기구를 타기 위해 길게 줄 서 본 적이 있지요? 오랫동안 기다렸다가 막상 내 차례가 되었는데 키 140센티미터 이상만 탈 수 있어서 못 탄 적 있나요? 여기서 '이상'이 바로 수학이에요. '이상'은 기준이 되는 수를 포함하여 그보다 더 크거나 많은 수량을 말해요. 140센티미터 이상은 140을 포함하여 그보다 더 큰 수를 말해요. 즉, 키가 140센티미터, 141센티미터, 142센티미터, ……인 사람은 그 놀이기구를 탈 수 있고 키가 139센티미터, 138센티미터, ……인 사람은 탈 수 없는 거예요. '이상'과 같은 말은 수학에서 '수의 범위'라고 해요. 그 외에 이하, 초과, 미만과 같은 표현이 있어요. 이하는 기준이 되는 수를 포함하여 그보다 더 작은 수를 말해요. 초과와 미만은 기준이 되는 수를 포함하지 않아요. 그래서 만약 140센티미터 초과는 141센티미터부터 큰 수를 말하고, 140센티미터 미만은 139센티미터부터 작은 수를 말하지요.

놀이공원에서 수의 범위가 자주 쓰여요. 입장료도 몇 세 미만은 무료, 몇 세 이상, 몇 세 이하는 얼마 하는 식이지요. 엘리베이터에도 몇 킬로그램 이하와 같은 표현이 있어요. 수학도 과학처럼 우리 일상생활에서 흔히 볼 수 있어요.

놀이공원에서 뭐니 뭐니 해도 가장 흥미로운 것은 롤러코스터일 거예요. 롤러코스터는 우선 굉장히 과학적이에요. 질량을 가진 물체가 어떤 위치에 있으면 위치 에너지를 갖게 돼요. 이런 물체가 가진 위치 에너지는 아래로 떨어지면서 운동 에너지로 변하지요. 에너지는 일을 할 수 있는 능력이에요. 높은 곳에 있는 물은 낮은 곳으로 떨어지면서 터빈을 돌려 전기 에너지를 만들지요. 이것이 수력 발전소예요.

롤러코스터는 처음에는 전기 에너지를 이용해 높은 곳으로 올라가요. 올라가면서 위치 에너지가 점점 커지게 돼요. 가장 높은 곳에 올라간 롤러코스터는 이제부터 전기 에너지가 아닌 위치 에너지만으로 빠른 속도로 내려오지요. 내려올 때는 위치 에너지가 운동 에너지로 바뀌지요. 낮은 곳으로 내려왔다가 다시 높은 곳으로 올라갈 때는 운동 에너지가 위치 에너지로 변하지요. 이처럼 에너지는 다른 에너지로 전환될 수 있으며 없어지거나 새로 생기지 않아요. 롤러코스터는 처음에는 전기 에너지를 그리고 레일을 달릴 때는 위치 에너지와 운동 에너지를 번갈아 사용하여 움직인답니다. 그리고 또 다른 과학이 있어요.

여러분은 롤러코스터에 브레이크가 없다는 사실을 알고 있나요? 그럼 어떻게 정지할까요? 그것은 바로 자석이에요. 자석의 밀고 당기는 힘을 이용해서 정지하는 거예요. 자석을 이용하여 정지하는 것은 드롭타워 또는 자이로드롭이라고 하는 놀이기구도 마찬가지예요. 높은 곳에서 순식간에 떨어지는 드롭타워가 바닥에 닿기 전에 멈추는 것이 자석의 힘이에요.

뫼비우스의 띠가 놀이공원에 간다면

롤러코스터에는 아주 특이한 수학이 숨어 있어요. 그것은 '뫼비우스의 띠'예요. 뫼비우스(1790~1868)는 독일의 수학자이자 천문학자인데, 좁고 긴 직사각형 종이를 한 번 꼬아서 끝을 붙인 띠를 뫼비우스의 띠라고 해요. 한 번 꼬아서 만든 뫼비우스의 띠를 따라가다 보면 안쪽과 바깥쪽을 구별할 수 없게 되지요.

만약 종이의 띠를 한 번도 꼬지 않았다고 생각해 보아요. 이 종이띠는 안쪽과 바깥쪽이 확실히 구분되어 있어요. 바깥쪽을 따라 연필로 선을 그어 보아요. 그러면 다시 시작점으로 돌아왔을 때 바깥쪽에만 선이 그어져 있어요. 안쪽도 마찬가지예요. 그런데 한 번 꼬아서 붙인 뫼비우스의 띠는 바깥쪽에서 시작하여 선을 그어 보면 어느새 안쪽을 지나 시작점으로 돌아와요. 선은 바깥쪽과 안쪽 모두 그어져 있어요. 그런데 롤러코스터가 뫼비우스의 띠처럼 레일이 꼬여 있어요. 레일이 꼬여져 있지 않다면 열차는 바깥쪽이나 안쪽 중 어느 한 쪽으로만 갈 거예요. 뫼비우스의 띠처럼 꼬여 있어서 바깥쪽과 안쪽 모두 지나다니지요. 그래서 롤러코스터가 더 스릴 넘치는 거예요. 이쯤 되면 놀이공원의 놀이기구들이 과학과 수학으로 움직인다는 것을 알겠지요? 우리 주변에서 흔히 볼 수 있는 재활용 표시 있지요? 페트병이나 비닐, 플라스틱, 종이 상자 등에서 많이 볼 수 있어요. 그 표시도 뫼비우스의 띠를 본떠 만들었다고 해요. 이미 사용한 자원을 다시 사용한다는 의미를 뫼비우스의 띠에서 가져온 거예요.

여러분들도 놀이공원의 놀이기구를 좋아하지요? 놀이터의 놀이기구도 마찬가지일 테지요. 자신이 좋아하는 놀이기구에 어떤 과학이 숨어 있는지 궁금하다면 먼저 이 책을 보도록 해요. 이 책에는 미끄럼틀부터 회전목마, 대관람차, 바이킹 등 수많은 놀이기구가 어떻게 생겨났고 어떤 과학과 수학적 원리가 담겨 있는지 알려주고 있어요. 뿐만 아니라 이 책에는 놀이기구라는 주제에 대해 통합 사고력을 기를 수 있도록 분류되어 있고 각각의 장 끝에 '한눈에 쏙!'과 '한 걸음 더' 코너에 놀이공원과 관련된 재미있는 이야기들도 실려있어요.

어린이나 어른 모두 놀이기구 타는 것을 좋아해요. 무서워서 싫어하는 사람도 있지만 말이에요. 그런데 왜 놀이기구를 타면 짜릿하거나 무서울까요? 무서운데도 왜 또 타고 싶을까요? 분명 어떤 이유가 있을 거예요. 이 책을 보면서 그 이유를 알아보아요.

지금까지 타 본 놀이기구 중 바이킹이 가장 무서웠어요. 그 무섭다는 롤러코스터는 타면서 사진도 찍을 정도로 아무렇지도 않았지요. 그런데 바이킹이 올라갔다가 내려올 때는 심장이 떨어지는 줄 알았어요. 무중력 상태는 중력을 느낄 수 없는 상태인데 우주 정거장 같은 곳에서 우주인이 둥둥 떠다니는 것도 무중력 상태기 때문에 일어나는 일이에요. 무중력 상태에서는 바닥을 누를 수 없기 때문에 몸무게도 잴 수 없어요. 짧은 시간이지만 바닥을 누를 수 없이 허공에 떠 있다는 생각만 해도 끔찍하게 무섭지요.

그러고 보면 중력이 있어 우리가 땅바닥에 발을 딛고 살 수 있다는 것이 얼마나 행복한 것인지 알 수 있어요. 놀이기구가 재미있는 것은 중력을 거스르는 경험을 하기 때문이기도 한데 그것은 짧은 시간이기 때문에 재미있는 것이지 오랫동안 중력을 느끼지 못하면 살기 어려울 거예요. 놀이기구 이야기를 하니 갑자기 중력의 고마움이 생각나네요.

4-2 그림자와 거울 6-1 빛과 렌즈

• Science Book 39 •

사진이 움직이게 되기까지
《과학을 훔친 수상한 영화관》

서지원 | 뭉치(2020)

🔶 토론을 즐긴 갈릴레이

근대 과학의 문을 연 갈릴레오 갈릴레이는 '지동설'을 주장하다가 종교재판을 받게 되었어요. 지동설이란 지구가 우주의 중심이 아니라 태양이 중심이며 지구가 태양 주위를 돈다는 거예요. 당시 사람들에게 지구가 돈다는 것은 상상할 수 없는 일이었어요. 1543년 폴란드의 코페르니쿠스가 지동설을 발표했지만 실제로 지구가 돈다는 것을 입증할 수 없었지요.

갈릴레이는 종교재판을 받고 지구가 돈다는 것을 부인하여 겨우 살아났지요. 하지만 재판정을 떠나면서 혼잣말로 "그래도 지구는 돈다."

라는 말을 한 것으로 유명하지요. 그런데 갈릴레이가 '토론'을 즐긴 과학자라는 사실을 알고 있나요? 갈릴레이는 재판 이후 집 밖으로 나오면 안 되는 연금 생활을 하면서 책을 쓰기 시작해요. 이 책의 제목은《새로운 두 과학에 대한 논의와 수학적 논증》인데요, 줄여서《두 과학》이라고 하지요. 이 책은 최초의 근대적인 과학 교과서라고 평가를 받고 있어요. 등장인물인 살비아티, 사그레도, 심플리치오가 4일 동안 토론하는 형태로 쓰여져 있는데, 살비아티는 자기 자신인 갈릴레이의 입장을 대변하고, 심플리치오는 아리스토텔레스의 과학을 신봉하는 입장을 가지고 있고, 사그레도 객관적 관찰자 또는 독자를 상징하는 인물을 맡아 두 과학에 대해 토론하고 있어요.

첫째 날은 고체의 강도, 둘째 날은 원기둥과 각기둥의 강도와 크기가 커졌을 때의 강도, 셋째 날은 자유낙하하는 물체의 운동, 넷째 날은 공중에 던져진 물체의 운동에 대해 토론하지요. 이 책을 통해 같은 물질로 만들어져 있지만, 무게가 다른 물체를 동시에 떨어뜨렸을 때 무게가 무거운 물체가 먼저 떨어진다는 아리스토텔레스의 생각이 잘못되었다는 것을 밝히지요. 2,000년 동안이나 진리로 여겨져 왔던 아리스토텔레스의 생각은 토론 형식으로 바로잡은 것이 바로《두 과학》이라는 책이었지요.

◈ 토의와 토론의 차이

토론은 이렇게 반대의 입장에서 자신의 주장이 옳다는 것을 타당한 근거를 들어 펼치는 것을 말해요. 비슷한 말에 '토의'가 있는데 토의는 여러 사람의 다양한 의견을 하나로 모을 수 있도록 협동하는 거예요. 이에 비해 토론은 논리적인 근거로 상대방을 설득하는 일이지요. 토론과 토의 모두 어떤 문제를 해결하기 위해 의견을 나누는 일이라는 점에서 공통점이 있어요. 토의는 누군가를 설득하거나 이겨야 하는 것이 아니기 때문에 서로 협력해서 생각의 폭을 넓히고 좋은 결정을 내릴 때 필요해요. 하지만 토론은 한 문제를 놓고 찬성과 반대로 나누어서 서로 대립하는 과정을 거치지요. 토론과 토의는 논리적으로 생각 체계를 세우고 사고력과 창의성을 높이는 데 도움이 되지요.

그런 면에서 '토론왕' 시리즈의 과학책을 추천해요. 전체가 40권이니 관심이 있는 주제를 골라서 읽으면 된답니다. 특히 내가 추천하는 주제는 '영화 또는 영화관'이에요. 이 책은 영화라는 매체를 과학적으로 분석하고 영화와 관련된 토론 거리를 제공해 주고 있어요. '토론왕' 시리즈는 21세기 5차 산업혁명 시대를 살아갈 어린이들에게 토론 문화를 심어주기 위해 기획되었어요. 처음에는 과학 분야의 주제를 다루기 시작했지만, 나중에는 사회 영역까지 주제를 확장해 '토론왕' 사회 시리즈 40권이 출간되었답니다. 그래서 현재 '토론왕' 시리즈는《뭉치 과학 토론왕》(전 40권),《뭉치 사회 토론왕》(전 40권)으로 나와 있어요.

《과학을 훔친 수상한 영화관》은 과학 토론왕 시리즈 24번째 책으로 영화와 관련된 과학 이야기와 불법 다운로드를 막을 수 있는지, 애니메이션은 우리나라에서 어려운 장르인지, 어린이 배우의 인권 보호에 대해 토론을 벌이지요. 그런데 영화에 어떤 과학이 숨어 있을까요?

먼저 영화는 연속 촬영한 필름을 영사막에 비추어 물체나 사람의 모습을 재현하는 거예요. 한자로 써 보면 영(映)은 '비치다'라는 뜻이고 화(畵)는 '그림'이라는 뜻으로 '그림을 비치다'라는 말이지요. 즉, 그림을 영사막(스크린, screen)에 비치는 거예요.

이 글을 쓰면서 알게 된 사실 하나를 고백할게요. 지금까지 영화를 한자로 '英畵'라고 쓰는 줄 알았어요. 여기서 영(英)은 '꽃부리'라는 뜻인데 영국(英國)이나 영어(英語)처럼 외국이나 외국말을 나타내는 데 쓰이므로 외국 영화는 그대로 '英畵'라고 부르고, 우리나라 영화는 '방화(邦畵)'라고 부르는 것으로 알고 있었지요. 지금까지 잘못 알고 있었던 거지요. 조금 부끄러운 이야기이지요. 영화는 외국에서 만든 것이든 우리나라에서 만든 것이든 모두 영화였던 거예요. 방화와 반대되는 말은 '외화(外畵)'인 것이었어요.

🎲 바늘 구멍 사진기에서 카메라까지

이렇게 움직이는 그림을 영사막에 비치게 하는 영화는 프랑스의 미술가이며, 사진가인 루이 자크 망데 다게르(1787~1851)가 1839년에 '다게레오타입'이라는 사진 현상 방법을 발명하면서 시작되지요. 사진기를 뜻하는 카메라(camera)는 '카메라 옵스큐라(camera obscura)'에서 나온 말로 '어두운 방'이라는 뜻이에요. 이것은 어두운 방의 창문에 작은 구멍을 뚫으면 반대쪽 벽에 바깥 풍경이 비치는 것에서 유래된 거예요. 이 원리를 이용하여 '바늘 구멍 사진기'도 만들어졌지요.

이것이 현대의 카메라의 시초가 되었는데, 고대 그리스의 철학자이자 자연과학자인 아리스토텔레스(기원전 384~기원전 322)도 바구니의 작은 틈을 통해 들어온 빛이 바구니 안쪽에 바깥의 풍경이 비친 것을 관찰했다는 기록이 있을 정도로 오래전에 알려진 현상이에요. 동양에서도 중국의 사상가인 묵자(기원전 480~기원전 390)도 자신의 저서에 '바늘구멍을 통과하여 맺힌 상은 거울을 보는 듯 뒤집혀 보인다'라고 기록하고 있어요.

'어두운 방'을 뜻하는 카메라옵스큐라는 아주 오래전부터 알려져 있었지만, 그 영상을 종이에 나타나게 한 것은 다게르가 최초였지요. 그래서 다게르를 '사진의 아버지'라고 부르는 거예요. 물론 다게레오타입으로 인화한 사진은 정지된 장면이에요. 영화의 장면들은 움직이잖아요. 카메라에 맺힌 상을 종이에 인화할 수 있는 방법이 발명된 것은 500년도 더 지나서였어요. 정지된 장면이 움직이는 장면으로 발전한 것은 다게레오타입이 발명된 지 39년만인 1878년이었어요.

영국의 사진작가 에드워드 마이브리지(1830~1904)가 세계 최초로 12대의 카메라로 달리는 말을 연속 촬영하여 움직이는 장면을 만들었어요. 각각의 장면을 연속된 움직임으로 차례로 찍어 마치 말이 움직이는 것처럼 보이게 한 거예요. 연속된 그림이 움직이는 장면처럼 보이게 하는 것은 1834년 영국의 윌리엄 조지 호너(1786~1837)가 발명한 조트로프예요. 호너는 수학자인데 연속된 각각의 그림을 원통 안쪽에 붙이고 원통을 돌리면 원통의 틈새로 보이는 그림이 마치 살아 움직이는 것처럼 보이지요. 이것을 '조트로프(zoetrope)'라고 해요. zoe는 '생명(life)'이라는 뜻이고 trope는 '회전(turning)'이라는 뜻이에요. 마이브리지가 찍은 12장의 연속 사진도 조트로프로 돌려서 보면 달리는 말을 볼 수 있는 거예요.

그런데 마이브리지는 왜 달리는 말의 모습을 찍었던 것일까요? 여기에는 아주 재미있는 일화가 있어요. 마이브리지는 영국에서 태어났지만 25살 때 미국으로 와서 서점을 운영했어요. 그런데 30살 때 마차 사고로 머리를 다쳤대요. 요양을 하면서 사진 기술을 익히게 되었고, 풍경과 건축물 사진으로 명성을 얻게 되었어요. 1870년 샌프란시스코의 조폐국이 건축될 때 일정한 간격으로 사진을 찍어 이 장면들을 짧은 시간에 보여준 거예요. 그러면 긴 시간 동안 진행된 건축 과정을 한눈에 볼 수 있는 거예요.

이런 과학적 접근으로 사진을 연구한 덕분에 달리는 말 사진도 찍은 거예요. 당시에 많은 사람들 사이에서 경주마가 속보와 습보로 달릴 때 네발이 모두 땅에서 떨어지는가를 놓고 논란이 벌어졌다고 해요. 말이 '그냥' 걸어가는 것은 평보(walk), 그보다 빨리 '딱딱'하고 뛰면 속보(trot), 점프를 하듯이 '성큼성큼' 달리면 구보(canter), '따가닥따가닥' 소리를 내며 전속력으로 달리면 습보(gallop)라고 한대요. 평보는 네발이 모두 떨어질 때가 없고 구보는 네발이 모두 떨어질 때가 많아서 확실하지만, 속보와 습보는 눈으로 구분하기 애매해서 논란이 되었지요. 그래서 마이브리지가 이것을 확인하기 위해 말이 달리는 모습을 사진기로 찍은 거예요. 이 사진 덕분에 논란이 끝난 것은 물론이지요.

마이브리지가 달리는 말 사진을 찍은 지 4년 후인 1882년에는 프랑스의 생리학자인 에티엔-쥘 마레이(1830~1904)가 '사진총'이라는 놀라운 기계를 발명했어요. 총 모양 사진기로 방아쇠를 당기면 1초에 12

장의 사진을 찍을 수 있었지요. 마레이는 동물의 움직임을 연구하기 위해 사진총을 발명했다고 해요.

움직이는 영상은 잔상 효과 때문

연속된 그림이나 사진이 움직이는 것처럼 보이는 것은 '잔상 효과' 때문이에요. 우리가 어떤 장면을 본 다음 다른 장면을 보면 방금 전에 본 장면이 기억에 남아 겹쳐 보이는 것이 잔상 효과예요. 1초에 여러 장의 그림이나 사진을 연속으로 보여주면 움직이는 모습으로 보이는데 영화나 애니메이션이 이 잔상 효과 때문에 가능한 것이에요.

세계 최초의 영화는 1859년 12월 28일에 탄생했어요. 프랑스의 뤼미에르 형제가 발명한 '시네마토그래프'로 〈공장의 출구〉, 〈기차의 도착〉, 〈물 뿌리는 정원사〉 등 1분짜리 영상 10편을 상영한 거예요. 시네마토그래프는 움직이는 장면을 촬영하고 보여 줄 수 있는 장치예요. 이것이 세계 최초의 영화였는데 보는 사람들이 깜짝 놀라 비명을 지르며 도망을 가기도 했대요. 영상 속에서 실제처럼 사람들이 우르르 몰려오기도 하고 커다란 기차가 달리는 것을 보았으니 놀랄 만도 하지요.

1889년 발명왕 토머스 에디슨도 '키네토스코프'라는 영화 감상 장치를 발명했지요. 이것은 동전을 넣으면 자동으로 영상이 나오는데 한 사람만 볼 수 있었는데도 인기가 많았었다고 해요. 이렇게 해서 '어두운 방'에서 시작한 영상이 영화로 태어난 거예요. 그래서 영화를 '빛으로 그리는 그림'이라고 표현하는 것이랍니다. 이 책은 영화의 탄생에 숨은 과학 이야기와 영화에 소리가 나오는 기술, 화려한 색깔의 컬러 영화의 등장, 끊임없이 발전하는 촬영 기술 등이 소개되지요.

어렸을 적 학교에서 상영하는 영화를 보거나 어쩌다 한 번씩 마을 회관에서 틀어주는 영화만 보았어요. 극장에서 영화를 본 것이 대학교에 입학하고 나서가 처음이었지요. 극장에서 커다란 스크린에 비추어지는 영화를 보면서 더 어렸을 적에 극장에서 영화를 보았더라면 영화감독을 꿈꾸지 않았을까 생각했어요. 학교나 마을 회관에서 영화와 극장에서 보는 영화가 그만큼 달랐던 거지요. 비록 영화감독은 되지 않았지만 과학에 관심이 많아 영화 속에 숨어 있는 과학을 찾거나 과학을 주제로 한 SF 영화 보는 것을 좋아하게 되었답니다. 여러분은 이 책을 읽고 SF 영화를 만드는 감독이 된다면 좋겠어요.

4-2 그림자와 거울 5-1 태양계와 별 6-2 우리 몸의 구조와 기능

• Science Book 40 •

미술과 과학의 공통점은 창의성
《명화 속 흥미로운 과학 이야기》

이명옥 외 | 시공아트(2006)

🔲 그림을 잘 그리면 좋은 점

지금도 마찬가지지만 어렸을 때 그림을 잘 그리는 친구들이 부러웠어요. 그림을 잘 그리면 미술 성적도 좋아지겠지만 자신이 표현하고자 하는 것을 말이나 글이 아니어도 잘 표현할 수 있겠다고 생각했지요. 하지만 그림을 잘 그리면 좋겠다는 생각은 지금도 할 정도로 그림 실력은 어렸을 때 그대로예요. 그런데 가만히 생각해 보면 그림 그리는 것조차 별로 좋아하지 않는다는 거예요.

그림을 잘 그리는 친구들은 연필과 종이만 있다면 항상 그림을 그리더라고요. 반면 나는 그림 대신 글자 쓰는 것을 연습하거나 수학 문제를

풀곤 했지요. 그러니까 그림을 잘 그리는 친구들은 연습을 그렇게 많이 하니 잘 그릴 수밖에 없는 거지요. 대신 과학과 수학을 좋아했던 나는 그림을 잘 그리지 않아도 되었지요. 그런데 과학과 수학을 점점 더 깊이 공부하다 보니 역시 그림을 잘 그리는 것이 원리나 개념을 이해하는 데 아주 많은 도움이 된다는 것을 느끼게 되었지요. 과학 문제를 풀 때도 문제의 상황을 그려보면 실마리를 잡을 수 있게 되는 경우가 많지요. 그리고 특히 생명과학을 공부할 때는 인체나 동식물의 어떤 기관이나 조직을 그려보면 그 모습이나 기능을 더 쉽게 기억할 수가 있어요.

미생물학의 아버지라 부르는 네덜란드의 과학자 안톤 판 레이우엔훅(1632~1723)도 자신이 직접 만든 현미경으로 단세포 생물을 관찰하면서 그림으로 그렸지요. 특별히 내세울 것 없는 집안에서 태어나 포목상과 시청 수위를 했지만 렌즈 연마 기술이 뛰어나 비율이 높은 현미경을 만들 수 있었지요. 현미경으로 닥치는 대로 관찰한 레이우엔훅은 곤충이나 호수의 물, 머리카락, 손톱 심지어 자신의 정자를 관찰했어요.

그 결과를 그림으로 그려 사람들에게 보여줌으로써 세상을 깜짝 놀라게 했지요. 호수의 물속에 수많은 생명체들이 우글거리고 있었고, 정자 속에 정충이 있다는 것을 처음으로 발견하게 된 거예요. 물속에 우글거리는 생명체들을 '극미 동물'이라는 이름을 붙여 영국의 왕립협회에 보냄으로써 회원으로 선정되었고 과학자의 반열에 오르게 되었답니다. 물론 레이우엔훅이 그린 그림은 현미경 속에 보이는 생명체를 그대로 그린 것이었어요. 학문 연구를 위해 눈에 보이지 않는 미생물의 모습을 그대로 그려 이런 생명체가 있다는 것을 보여주는 거예요. 식물을 연구할 때도 사진보다 세밀화를 그려보면 각 부위의 모습을 더 자세하게 알 수 있는 것과 같지요. 따라서 그림은 자연 과학의 연구와 아주 밀접한 관계를 맺어 왔지요.

창의성이 필요한 이유

그림을 전문적으로 그리는 화가들도 자연과학의 연구 결과를 토대로 작품 활동을 하기도 하지요. 미술과 과학은 확실한 공통점이 있어요. 여러분은 그것이 무엇이라고 생각하나요? '창의성'이라고 생각해요. 창의성이 무엇인데 미술과 과학의 공통점이 될까요? 한자어이므로 한자의 뜻을 살펴보면 창(創)은 '비롯하다' 또는 '시작하다'의 뜻이에요. 의(意)는 '뜻' 또는 '생각'이라는 의미예요. 성(性)은 '성품, 바탕, 성질'이라는 뜻이지요. 그러니까 글자 그대로 말하면 '생각을 시작하는 성질'이지만 이건 좀 말이 이상하지요? 의미를 확장해서 생각해 보면 창의성은 '새로운 것을 생각해 내는 특성'이라고 할 수 있어요. 영어로는 'creativity'라고 하는데 이것은 creative+ity이고 creative는 create에 ive가 더해진 거예요. 여기서 create는 로마 신화에 나오는 '농업의 신'인 세레스(ceres)에서 유래되었다고 해요. 세레스는 '~에서 자라다'라는 뜻이 있어 creativity는 토양에서 식물이 자라듯이 지식과 경험이 있으면 새로운 것을 만들어내는 '창의성'이라는 뜻이 된 거예요.

미술은 공간적 또는 시각적 아름다움이나 자연의 모습을 예술적 창의성으로 표현하는 일이고, 과학은 자연 현상을 이해하기 위해 창의적으로 탐구하는 일이에요. 미술과 과학은 모두 인간의 탐구와 창의성을 기본으로 하지요. 화가가 사물이나 자연 현상을 그린다고 할 때 먼저 관찰을 하게 되지요. 공간에서 사물이 차지하고 있는 모습이나 다른 사물과의 관계 그리고 왜 이런 일이 일어나는지 세밀하게 관찰한 후 자신만의 창의적 시각으로 그림을 그리게 되지요. 똑같은 사물이나 자연 현상을 여러 명의 화가가 그린다 해도 결과는 다 다를 거예요. 각자가 가지고 있는 창의성이 다르기 때문이지요.

과학자도 어떤 자연 현상을 탐구하고자 할 때 먼저 관찰을 하지요. 세심한 관찰을 통해 왜 이런 일이 생기는지 가설을 세우고 실험을 하면서 가설이 맞는지 틀리는지 검증을 하지요. 그런 과정을 통해 자연 현상을 이해하게 되는 거예요. 관찰과 실험을 하면서 어떻게 실험을 하고 어떤 조건을 다르게 해야 하는지 생각하는 것이 창의성이에요. 남들이 한 방법을 그대로 하는 것은 창의성이라고 할 수 없지요. 공부와 연구의 차이점은 공부는 남들이 알아낸 것을 알기 위해 노력하는 것이고, 연구는 남들이 알아내지 못한 것을 알아내기 위해 노력하는 거예요.

◆ 미술 전문가와 과학 전문가의 만남

그렇다면 미술과 과학은 어떻게 연관되어 있으며 미술 작품 속에 과학이 어떻게 녹아 있는지 알아볼까요? 또 화가들은 과학자에게서, 과학자는 화가에게서 어떤 교감을 얻게 될까요? 이런 고민은《영화 속 흥미로운 과학 이야기》에 펼쳐져 있어요. 이 책은 시공아트 출판사에서 2006년 1월에 출간 되었어요. 대표 지은이 이명옥 님은 국민대학교 미술학부 교수로 재직하면서 미술과 과학의 만남을 심도 있게 주선한 거예요. 이명옥 교수님은 같은 출판사에서 《명화 속 신기한 수학 이야기》를 2005년 6월에 출간한 적이 있어요. 과학 이야기보다 수학 이야기가 먼저 나왔지요.

교수님은 예술 분야의 대표적인 저자인데 수학과 과학에도 관심이 많아 예술 작품 속에 숨어 있는 수학과 과학을 찾아 독자들에게 설명해 주지요. 물론 수학 분야와 과학 분야의 전문가와 함께 이야기하면서 내용이 더욱 내용을 풍부하고 정확하게 전달하고 있어요. '수학 이야기'에 함께 한 저자인 김흥규 님은 수학을 전공해서 박사 학위를 받고 고등학교에서 교사로 재직하면서 수학의 대중화를 위해 저술과 강의를 하고 있어요.

'과학 이야기'에 함께 한 저자는 물리, 화학, 생명과학, 지구과학 분야로 4명의 전문가예요. 물리 분야는 서울대학교 물리학과 김제완 교수님, 화학 분야는 한국과학기술연구원(KIST) 선임연구원이며 과학 칼럼니스트인 이식 님, 생명과학 분야는 서울과학고등학교 생명과학 교사 김학현 선생님, 지구과학 분야는 가톨릭대학교 환경공학과 이상훈 교수님이에요. 이 4명의 전문가와 대표 저자인 이명옥 교수님이 서로 이야기를 주고받는 형식으로 된 책이에요. 어떤 미술 작품에 대해 미술적인 설명은 이명옥 교수님이 맡고 과학적인 설명은 각각의 전문가가 하는 거예요.

그리고 책에 소개되는 미술 작품들은 분야별로 선정되어 있어요. 그러니까 물리 분야에서는 힘, 빛, 시간 등과 관련된 미술 작품 나오고요, 화학 분야에서는 향기, 색채, 알코올 등에 관련된 미술 작품이 나오지요. 또 지구과학 분야에서는 태양, 달, 바다 등과 관련된 미술 작품들이 나오고, 생명과학 분야에서는 인체, 피와 심장, 임신과 수유, 복제, 곤충 등과 관련된 미술 작품이 나오는 거예요. 분야별로 대표적인 미술 작품과 그 속에 담겨 있는 과학은 무엇인지 알아볼까요?

먼저 물리 분야에서 빛과 관련된 작품을 그린 것으로 유명한 프랑스의 인상파 화가 클로드 모네예요. 모네는 인상파 양식의 창시자 중 한 화가로 '빛은 곧 색채'라는 인상주의 원칙을 끝까지 주장한 화가라고 해요. 모네의 〈건초 더미 연작〉이라는 세 작품을 보면 차례대로 '여름 효과', '저녁 효과', '눈 효과'를 그린 것인데 똑같은 장면을 때에 따라 달라지는 빛의 효과를 표현한 거예요.

모네는 어떤 화가보다도 빛에 관심이 많이 빛의 흐름을 집요하게 탐구했다고 해요. 〈루앙 대성당 연작〉이라는 작품은 같은 건물을 빛에 따라서 40점을 그릴 정도로 빛의 매력에 빠져 있었지요. 모네는 이 그림을 그리기 위해 여러 개의 캔버스를 죽 늘여놓고 빛이 바뀔 때마다 성당을 관찰한 후 순간적인 빛의 인상을 재빨리 화폭에 옮겼다고 해요. 그렇다면 빛의 변화에 따라 색이 다르게 보이는 이유는 무엇일까요?

이에 대해 물리 분야의 전문가인 김제완 교수님은 그 원인이 '태양' 때문이라고 설명하고 있어요. 파란 가을 하늘이나 붉게 물든 저녁노을 등은 모두 태양 빛의 조화로 만들어져요. 이런 색깔의 차이는 공기를 이루고 있는 분자들에 의해 빛이 '산란'되기 때문이에요. 산란이란 빛이 물질에 부딪쳐 흩어진다는 거예요. 이렇게 산란 된 빛이 우리 눈에 들어오는 것인데 물질에 따라 산란하여 흩어지는 색깔이 달라지기 때문에 모네도 그 빛의 색깔에 따라 사물을 그린 거예요. 여러분이 보지 않았다면 모네의 작품을 검색해서 찾아서 보도록 해요. 당시 유명 정치가였던 조르주 클레망소는 〈루앙 대성당 연작〉에 '성당의 혁명'이라는 찬사를 바쳤다고 해요.

 화학 분야의 대표적인 작품은 영국의 화가 존 에버렛 밀레이의 〈눈먼 소녀〉예요. 가난한 음악가인 눈먼 소녀와 여동생이 들판에서 갑자기 소나기를 만나 숄을 우산처럼 뒤집어쓴 채 비가 그치기를 기다리는 장면이에요. 마침내 비가 그치고 들판에 싱그러운 풀내음이 진동하지요. 하늘에는 아름다운 무지개가 떴고 숄을 살며시 들추고 동생이 무지개라고 외쳐요. 눈먼 소녀는 모든 감각을 무지개에 집중하지요. 눈먼 소녀가 무지개와 풀 내음에 집중하는 모습은 후각과 청각으로 세상과 소통하는 소녀를 잘 보여주고 있어요.

 이 작품에 대한 화학 분야의 전문가인 과학 칼럼니스트 이식 님은 후각에 대해 설명하지요. 빛에는 삼원색이 있고, 맛에도 다섯 가지 맛이 있지만, 후각에는 '기본적인 냄새'가 없다고 해요. 그만큼 후각이 주관적인 감각이라는 거지요. 그러니까 누구나 동의할 수 있는 공통적인 냄새를 정의할 수 없다는 거예요. 또 냄새의 특징 중에는 '기억의 연상 작용'을 빼놓을 수 없대요. 어떤 냄새에는 그 냄새에 대한 기억이 있을 수 있고 그 냄새를 맡게 되면 그때의 기억이 되살아난다고 하니 신기하죠?

 지구과학 분야의 대표적인 작품은 네덜란드의 화가 빈센트 반 고흐의 〈씨 뿌리는 사람〉이에요. 태양하면 가장 먼저 떠오르는 화가가 고흐예요. 이 책의 대표 저자이며 이야기의 진행자인 이명옥 교수님은 고흐를 '세계에서 가장 유명한 화가'라고 평가해요. 태양의 화가, 불꽃의 화가라고 불리기도 하는 고흐는 태양계의 중심이며, 에너지의 원천인 태양처럼 뜨겁고 열정적으로 살다 갔기 때문에 붙여진 애칭이지요.

〈씨 뿌리는 사람〉은 떠오르는 태양의 노란 햇살을 받으며 힘차게 씨를 뿌리는 농부를 그린 작품이에요. 고흐가 이렇게 강렬한 태양을 그리게 된 것은 프랑스 아를 지방의 티 없는 햇살 덕분이라고 해요. 아마도 도시 생활에 염증을 느낀 고흐가 찾아낸 곳이 바로 무공해 땅이며 이상향으로 보였던 아를이었지요. 고흐에게 아를의 시기는 최고의 전성기였다고 해요.

고흐가 좋아한 태양에 대해 전문가인 이상훈 교수님은 태양이 빛나는 것은 '수소 핵융합 반응' 덕분이라고 설명하고 있어요. 태양을 이루고 원소 중 가장 많은 것이 수소인데, 이런 수소가 융합하여 헬륨으로 변하면서 에너지가 나오는 것이 바로 수소 핵융합 반응이라고 하지요. 고흐의 최고 걸작인 〈해바라기〉는 태양을 좋아했던 고흐에게는 분신과도 같았기 때문에 혼신을 다해 그렸고 그렇기에 걸작이 된 것으로 보이네요.

◈ 신사임당과 메리안의 공통점

생명과학 분야의 대표 작품은 독일의 화가이며 생물학자인 마리아 지빌라 메리안의 〈애벌레의 경이로운 변태와 그 특별한 식탁〉이에요. 세계 최초의 곤충 화가인 메리안은 평생 곤충과 식물을 탐구한 과학 예술가로 예전 독일의 500마르크 지폐에 초상화가 그려질 정도였지요. 메리안이 집중한 곤충에 대해 전문가인 김학현 선생님은 메리안이 이런 그림을 그렸던 시기는 곤충의 변태에 대해 잘 알려져 있지 않았을 때라고 해요. 하지만 메리안은 곤충의 변태 과정에 대한 관찰과 정확한 기록을 남겨 곤충학 발전에 큰 기여를 했다고 해요.

그런데 메리안이 곤충 화가로 업적을 쌓기 약 150년 전에 우리나라에도 곤충 그림에 열성적인 여류 화가가 있었지요. 5만 원짜리 지폐에 나오는 초상화의 주인공이기도 하지요. 바로 신사임당이에요. 〈초충도〉라는 작품으로 곤충과 풀을 세심하게 관찰하고 그린 그림이지요.

신사임당과 메리안은 공통점이 많네요. 곤충 그림과 지폐의 인물 그리고 여류 화가라는 거예요. 화가에게는 자연에 대한 무한한 관심과 사랑이 있고, 과학자에게는 그런 화가에게서 과학적 영감을 얻게 되는 것 같아요. 《명화 속 흥미로운 과학이야기》에 어떤 미술 작품과 과학 이야기가 더 있을까요?

5-1 다양한 생물과 우리 생활 6-2 에너지와 생활

• Science Book 41 •

과학으로 바라보는 영화
《십 대를 위한 영화 속 과학 인문학 여행》

최원석 | 팜파스(2016)

🎲 옥의 티를 찾아라!

여러분은 영화, 드라마, 애니메이션 등을 보면서 '옥에 티'를 찾아본 적이 있나요? '옥에 티'란 '옥에도 티가 있다'라는 속담을 줄여서 쓰는 말인데, 훌륭한 사람이나 물건에 있는 사소한 단점을 말하지요.

물리학을 전공한 나는 영화와 드라마를 보면서 과학적인 오류가 없나 살피는 습관이 있어요. 물론 전체 내용도 잘 보려고 하지요. 야생화에 관심이 많아 독학으로 공부를 할 때는 영화와 드라마 속에 나오는 나무와 풀의 이름이 뭘까, 이 배경에 이런 나무와 풀이 나올 수 있나 하는 의문을 가지고 생각도 하지요. 전에 〈관상〉이라는 영화를 보는데 영화

시작 부분에 김혜수 배우가 외딴 시골의 송강호 배우를 찾아가는 길에 작고 하얀 들풀과 억새가 넓게 피어 있는 장면이 있었어요. 억새가 하얗게 피어 있는 것은 좋았는데 함께 피어 있는 작고 하얀 들풀은 '개망초'였어요.

개망초는 국화과에 속하는 한두해살이풀인데 활짝 피어 있는 꽃모양을 보면 꼭 계란 프라이를 닮아 '계란꽃'이라고도 하지요. 그런데 개망초에 무슨 문제라도 있는 걸까요? 억새와 어우러져 하얀 파도가 일렁이는 것 같은 장면을 관객에게 선사했는데요, 하지만 내 눈에는 이것이 바로 '옥에 티'랍니다.

망초는 '나라가 망할 때 들어온 풀'이라는 뜻으로 붙여진 이름이고요, 개망초의 '개'는 넓게 펼쳐져 있는 초원에서 잘 자라는 '망초'라는 뜻이지요. 망초와 개망초는 1900년대 초 우리나라가 일본에 의해 망할 때 일본에서 들어본 외래 식물이지요. 그러니 영화 〈관상〉의 시간적 배경인 조선 초에 개망초가 나오면 안 되는 거예요. 물론 이런 '옥에 티'는 나와 관련 몇몇 사람들만 아는 것이니 일반 관객들에게는 관심 밖이기는 하지만 말이지요.

영화 〈관상〉은 2013년에 개봉해 913만 명의 관객 수를 기록한 작품이니 '개망초'가 '옥에 티'인 것은 관객 수에도 영향이 전혀 없다고 할 수 있어요. 다만 나와 같은 사람이 영화와 드라마를 보며 '옥에 티'를 찾는 것은 영화 관람의 또 다른 재미인 셈이지요. 이 영화는 '15세 이상 관람가'여서 초등학생들은 보지 못했을 테니 나중에 한 번 개망초가 나오는 장면을 보도록 하세요.

화성에서 살아남기

2015년에 개봉한 영화 〈마션〉은 화성 탐사선에 홀로 남겨진 주인공 마크 와트니(맷 데이먼)의 일명 '화성에서 살아남기'를 그린 거예요. 미국 항공우주국(NASA)은 화성 탐사선이 탐사 도중 모래폭풍을 만나 마크 와트니가 사망했다고 판단하고, 지구로 귀환을 결정하지요. 극적으로 생존한 마크 와트니는 남은 식량과 기발한 아이디어로 화성에서 살아날 방법을 찾고, 자신이 살아 있다는 사실을 알리려고 노력하지요. 마크 와트니가 살아남는 방법이 무엇이 있었을까요? 바로 감자를 직접 기르는 것이었어요. 이 영화가 개봉된 이후 과학자들 사이에서 논란이 일었어요. '과연 화성에서 감자와 같은 작물을 재배할 수 있는가?'라는 주제였지요. 그런데 대부분 과학자들의 생각은 '가능하다'였어요. 다만, 마크 와트니처럼 할 수 있느냐 하는 것이 문제였지요.

감자는 남아메리카가 원산지로 척박한 토양에서도 잘 자라는 특징이 있어요. 우리나라에는 조선 후기인 1800년대 초 중국을 통해 들어와 고구마와 함께 흉년이 들었을 때 식량 역할을 톡톡히 한 소중한 작물이 되었지요.

1492년 신대륙을 발견한 콜럼버스를 통해 남아메리카의 감자가 유럽으로 전해진 이후 감자의 풍부한 열량(에너지)은 또 다른 식민지를 개척하는 데 쓰였을 정도로 감자는 인류에게 아주 훌륭한 식량 자원이 되고 있어요. 실제로 미국항공우주국에서는 화성과 비슷한 환경을 만들고 여러 가지 작물을 재배할 수 있는지 연구하고 있어요.

마크 와트니가 다른 작물이 아닌 감자를 재배한 것은 이 때문이랍니다. 아니 맨 처음 스토리를 만들 때부터 마크 와트니가 재배해야 하는 작물은 감자였을 거예요. 혼자 남겨진 마크 와트니는 당황하지 않고, 남은 식량을 파악하고, 식량이 더 필요하다는 사실을 인지하고, 어떻게 식량을 만들어야 할지 생각하고, 감자를 재배해야겠다고 생각하지요. 감자를 재배하여 성공한다면 구조선이 올 때까지 살아남을 수 있다고 생각한 거예요. 그래서 온실도 만들고(감자가 자랄 수 있는 대기 조성), 산소를 만들고(마크 와트니와 감자의 호흡), 물을 만들고(마크 와트니와 감자의 식수), 흙을 만들기(감자가 자랄 수 있는 토양)로 한 거예요.

과학자들이나 과학작가들은 SF 영화가 개봉되면 영화에 대해 과학적 분석을 하려고 해요. 과학적으로도 오류가 없는 것인지 오류가 있다면 그것을 발견하는 재미가 있어요. 즉, '옥에 티'를 찾는 즐거움이 있는 거예요. 하지만 '옥에 티'만 찾으려 한다면 그 영화가 전하려고 하는 메시지를 볼 수가 없어요. 전체적인 스토리 흐름을 보고 어떤 과학적인 내용이 나오는지 분석하는 것이 중요하지요. 그런 면에서《십 대를 위한 영화 속에 과학 인문학 여행》의 저자 최원석 선생님은 SF 영화를 과학적인 시각으로 보는 데 관심이 아주 많아요.

대학과 대학원에서 물리교육을 전공한 최원석 선생님은 중학교에서 학생들에게 과학을 가르치면서 영화 속 과학, 게임 속 과학, 세계 명작 속 과학, 패션 속 과학, 광고 속 과학 등 일상생활이나 문화생활 속에 어떤 과학이 숨어 있는지 조목조목 찾아주지요. 숨어 있는 과학은 찾아낸다기보다 과학적으로 해석한다는 것이 더 맞겠네요.

영화도 과학적 사실에 근거하여 만들어야!

이 책은 모두 18편의 영화를 이야기하며 과학적으로 분석하고 있어요. 크게 다섯 가지 분야로 나누어 소개하고 있는데 과학과 인문학, 과학 기술과 재난, 인간과 우주, 상상과 과학 기술, 마법과 과학의 경계가 그거예요. 다만 이 책이 나온 때가 2016년이기 때문에 그 이후에 나온 영화는 소개되어있지 않아요. 아마도 빠른 시일 내에 최원석 선생님은 최신 영화에 대해 과학적으로 분석한 책이 나올지도 몰라요. 하지만 이 책에는 SF 영화의 대표작이라고 할 수 있는 거의 모든 영화가 소개되어 있으니 여러분들은 이 책을 읽으며 어떤 방법으로 분석했는지 충분히 알 수가 있을 거예요.

그리고 최원석 선생님은 단순히 영화의 과학적인 면만 이야기하지 않아요. 과학뿐만 아니라 인문학적 관점에서도 영화를 바라보고 있어요. 흔히 이공계 전공자들은 인문학적 소양이 부족하다는 말을 해요. 나도 많은 부분에서 인정하지요. 인문학은 결국 인간과 세상에 대한 학문이고 과학자와 과학 관련 분야를 공부한 사람도 한 인간으로서 사람과 사람들 사이의 관계에 관심이 많지요. SF 영화 또한 과학을 주제로 하고 있지만 결국 인간과 세상에 대한 이야기지요.

최원석 선생님도 책을 시작하기 전에 '과학과 인문학'의 만남에 욕심을 냈다고 고백하고 있어요. SF 영화를 주로 이야기하고 있으니 과학적인 내용은 당연하고 인문학적 내용도 담을 수 있지 않을까 생각했대요. 과학의 발달에 인문학적인 관점이 반드시 필요한 시대를 살고 있으니 과학과 인문학을 함께 살릴 필요가 있다는 거예요.

과학과 인문학 모두 인간의 삶과 밀접한 관련이 있기 때문에 SF 영화도 인문학적 관점으로 본다면 더욱 의미 있는 일이 될 것 같아요. 그렇다면 최원석 선생님은 어떤 영화들을 소개하고 있을까요? 두 가지만 살펴볼게요.

◈ 인간 본성을 보여주는 이중성

먼저 〈헐크〉예요. 헐크는 여러분들도 잘 알고 있어요. 마블 코믹스의 히어로지요. 내가 헐크를 알게 된 것은 중학교 때예요. 마블 코믹스 원작 만화를 미국에서 1977년 〈인크레더블 헐크〉라는 제목의 드라마로 만들어 방영했고, 우리나라에는 1978년 〈두 얼굴을 가진 사나이〉로 방송되었지요. 1982년에는 〈두 얼굴의 사나이〉로 제목을 바꿔 재방영되기도 했어요.

그 당시에는 〈600만 불의 사나이〉나 〈소머즈〉 같은 초능력자를 주인공으로 하는 것은 드라마가 유행했지요. 그런데 그때는 헐크가 마블 코믹스의 히어로였다는 것을 잘 알지 못했지요. 그냥 어떤 때 힘이 센 괴물로 변하여 악당을 물리치고 다시 평범한 사람으로 돌아오면 찢어진 옷을 입고 있는 불쌍한 아저씨로만 알았지요. 그런데 〈스파이더맨〉이나 〈아이언맨〉 등 마블 코믹스의 히어로 영화들이 줄줄이 나오면서 헐크도 마블의 영웅임을 알았답니다.

여러분들도 알고 있겠지만, 헐크는 본명이 로버트 브루스 배너이며 직업은 핵물리학자예요. 의학 박사 학위를 포함하여 생화학, 방사선물리학, 기계공학, 로봇공학, 컴퓨터과학, 수학 박사 학위를 가진 천재 과학자예요. 그런데 선더 볼트 로스 장군에게 속아 방사선 실험을 하다가 사고가 난 이후로 화가 나거나 흥분을 하여 감정을 주체하지 못하면 '헐크'라는 거대한 초록색 괴인으로 변하는 거지요.

그런데 이렇게 한 사람이 두 가지 인격체로 변하면서 일어나는 일들은 원래 1886년 출간된《지킬 박사와 하이드 씨의 이상한 사건》이라는 로버트 스티븐슨의 소설이 원조라고 할 수 있어요. 흔히《지킬 박사와 하이드》라는 이름으로 어린이용 소설, 만화, 애니메이션으로 많이 나와서 유명해졌지요. 뮤지컬로도 만들어져 전 세계적으로 성공을 거두었고요. 지킬 박사는 의욕이 넘치는 의사였는데, 자신이 하고 싶어 하던 생체 실험을 병원에서 반대하자 자신에게 직접 실험을 했지요.

그 결과 선과 악이 분리된 이중 인격자가 되어 낮에는 의사인 지킬 박사로 행동하고 밤에는 하이드 씨가 되어 악인처럼 행동하지요. 스티븐슨은 이 소설을 실제로 일어났던 한 사건을 토대로 완성했다고 해요. 1788년 자신이 직접 디자인 한 교수대에서 교수형을 당한 '윌리엄 브로디 사건'이었대요. 이 사건의 주인공 윌리엄 브로디는 가구업을 하는 가정에서 부유하게 자라 가업을 이으면서 사람들에게 존경을 받아 시의원까지 되었지요. 그런데 브로디는 점점 절도와 도박에 빠져들면서 낮에는 존경받는 시의원으로 행동하지만, 밤이 되면 악당으로 변신하지요.

스티븐슨은 실제로 일어났던 사건을 토대로《지킬 박사와 하이드》라는 소설을 썼지만, 사람들이 가지고 있는 이중성을 꼬집으려고 한 거예요. 괴기 소설하면《프랑켄슈타인》이 떠오르지요? 영국의 여류 작가인 메리 셸리가 1818년 익명으로 출간했다가 1823년 작가의 이름으로 다시 출간되었지요. 프랑켄슈타인도 과학자인데 시체의 조각을 모아 전기 충격에 의해 괴생명체를 만드는 데 성공하지요. 하지만 이 괴생명체는 사람들에게 괴물 취급을 받고 사람들까지 해치게 되지요. 이런 비극이 일어난 것은 실험의 결과가 세상에 어떤 영향을 미칠지에 대한 고민이 부족했기 때문이었지요. 〈헐크〉,《지킬 박사와 하이드》,《프랑켄슈타인》과 같은 작품은 모두, 과학이 인간의 삶에 어떤 영향을 미치고 세상에서 어떤 역할을 하는지 인문학적 고찰이 필요해요.

최원석 선생님은 〈터미네이터〉, 〈타임머신〉, 〈해운대〉, 〈슈퍼맨〉, 〈아이언 맨〉, 〈스타워즈〉 등과 같은 영화에 대해 흥미로운 과학적 분석을 한 후, 이 책의 끝부분에 〈해리 포터와 마법사의 돌〉 영화를 이야기해요. 조앤 롤링의 소설《해리 포터》시리즈는 성경 다음으로 많이 팔린 책이라는 말이 있을 정도로 전 세계적으로 인기를 끌었지요. 영화로도 만들어져 어린이들에게 마법 세계의 환상을 심어주었지요.

《해리 포터》시리즈는 마법 세계에서 일어나는 모험을 그리고 있지만, 과학적으로 생각해 볼 것이 많아요.《해리 포터》는 근대의 영국을 배경으로 하고 있지만 마법과 연금술이 나오는 것을 보면 중세에 과학이 시작될 때의 모습을 연상해요. 15~16세기는 연금술과 화학이 구분되지 않았고, 천문학도 점성술과 관련이 깊었지요. 과학이 서서히 마법과 종교로부터 갈라지기 시작한 때 연금술과 점성술을 거쳐 화학과 천문학이 발달하기 시작한 거예요. 연금술은 납과 같은 금속을 이용하여 값비싼 금을 만드는 기술이에요. 만유인력과 운동 법칙을 발견하여 고전 물리학을 집대성한 아이작 뉴턴도 죽을 때까지 연금술을 연구했다고 해요. 연금술이란 〈해리 포터와 마법사의 돌〉에서 마법사의 돌을 찾는 것이었지요. 하지만 점성술사와 연금술사들의 노력으로 현재의 천문학과 화학이 발전한 것은 부인할 수 없는 사실이에요.

인류는 신화, 마법, 종교를 거쳐 과학을 발전시켰고, 그 과학은 예술과 인문학 속으로 들어가려고 하고 있어요. 여러분도 최원석 선생님처럼 SF 영화나 드라마 또는 소설을 보면 과학과 인간 즉, 인문학적인 입장에서 생각해 보면 좋을 것 같아요.

5-1 온도와 열 5-2 날씨와 우리 생활 6-2 계절의 변화 6-2 에너지와 생활

• Science Book 42 •

집을 지을 때 필요한 과학 기술은?
《건축 속 재미있는 과학 이야기》

이재인 | 시공아트(2007)

🎲 문은 어느 쪽으로 열릴까?

이 책을 지금 방 안에서 읽고 있다면, 방문을 한번 보아요. 방문이 어느 쪽으로 열리도록 되어 있나요? 분명 안쪽으로 열리게 되어 있을 거예요. 물론 아파트처럼 방들이 거실로 이어진 집을 예를 든다면 말이지요. 거실이 가운데에 있고 여러 개의 방이 거실을 중심으로 배치되어 있는 집의 방문은 모두 방 안쪽으로 열린답니다. 화장실 문도 마찬가지예요.

만약 방문이 바깥쪽 즉, 거실 쪽으로 열린다면 어떤 일이 벌어질까요? 아마도 방 안이나 화장실에 있던 사람이 거실 쪽으로 나올 때 거실에 있는 사람이 문에 부딪칠 수도 있어요. 방문이나 화장실 문이 안쪽

으로 열리면 거실이라는 공간을 더 넓게 사용할 수 있는 장점이 있어요. 그렇다면 현관문이 어느 쪽으로 열리는지 확인해 볼까요? 현관문은 방문이나 화장실 문과 반대로 바깥쪽으로 열리네요. 현관문의 안쪽으로 열리게 되어 있다면 무슨 일이 일어날까요?

먼저 현관에 있는 신발들이 문에 걸릴 수도 있어요. 하지만 이것은 약간 불편한 정도지요. 더 중요한 것은 만약 집 안에서 사고나 불이라도 나서 빨리 집 밖으로 나가야 한다면 나가는 쪽으로 문이 열리는 것이 더 좋아요. 그래야 더 빨리 대피할 수 있기 때문이지요. 현관문이 열리는 방향은 비상시 원활한 대피나 피난의 목적이 커요. 이럴 때 문의 개폐 방향은 반드시 피난 방향(계단이 있는 방향)으로 열리도록 법(건축물의 피난, 방화 구조 등의 기준에 관한 규칙 제9조)으로 규정하고 있대요. 또한 현관의 문은 사람들이 들어오는 것보다 나가는 것에 더 큰 관심을 가지고 있다는 것을 알 수 있어요. 이것은 극장이나 공연장의 문이 열리는 방향과도 관계가 있어요. 극장 문을 바깥쪽으로 열리게 되어 있고 어떤 곳은 양쪽으로 열리게 되어 있기도 하지요. 비상시 한꺼번에 많은 사람이 나갈 수 있도록 하기 위해서지요. 반대로 은행의 문은 항상 안쪽으로 열리게 되어 있어요.

은행은 고객들이 이용하기 편리하게 해야 하지만, 문은 도둑을 위한 거라고 해요. 도둑이 은행에서 돈을 훔쳐 달아난다고 생각해 보아요. 도둑 입장에서는 1초라도 더 빨리 은행 문을 열고 도망 가야겠지요? 그런데 문이 안쪽으로 열리도록 되어 있으면 바깥쪽으로 열리도록 되어 있는 문보다 문을 열고 나가는 데 시간이 더 걸리지요. 그래서 은행 문은 도둑에게 더 불편하도록 되어 있는 거예요. 일반 고객들도 안쪽으로 여는 것이 불편하긴 마찬가지지만 자신이 맡겨둔 돈을 도둑맞는 것보다는 낫지 않겠어요?

문이 열리는 방향을 결정하는 것이 피난인 것은 똑같은데 호텔의 문은 극장의 문과는 반대라고 해요. 호텔의 문은 안쪽으로 열리도록 되어 있어요. 호텔과 극장의 차이는 무엇일까요? 극장은 실내에 많은 사람이 몰려 있지만, 호텔은 복도를 통해 대피하는 사람들이 안에서 열고 나오는 문 때문에 방해가 되면 안 되기 때문이지요. 그런데 왜 갑자기 문 이야기를 하냐고요? 이 이야기는《건축 속 재미있는 과학 이야기》에 나오는 내용을 정리한 거예요. 건축물 중 '문' 하나만 가지고도 이렇게 재미있는 과학 이야기가 많은 것을 보면 다른 부분도 재미있을 거라 생각되네요.

이 책은 명지대학교 건축학부 이재인 교수님이 건축에 대해 청소년들이 이해하기 쉽도록 쓴 거예요. 이 책을 읽고서 건축물에 속해 있는 문 하나에도 이렇게 많은 과학과 행동 양식이 담겨 있는지 깨달았어요. 이재인 교수님은 건축을 예술과 기술이 합쳐진 작품이라고 말하고 있어요.

건축물은 도시라는 전시장에 전시된 작품, 즉 예술로써의 역할뿐만 아니라 그 안의 사람들이 장기간 안전하게 거주할 수 있는 기술이 필요하기 때문이래요. 이 책을 읽다 보니 건축이 예술적 가치도 가지고 있지만 정말 과학과 아주 밀접한 관계가 있다는 것을 알게 되었어요. 빌딩 사이로 왜 강한 바람이 부는지, 연기가 나지도 않는 굴뚝을 왜 만드는

지, 지진과 화재에도 끄덕없는 건물에는 어떤 과학의 원리가 숨어 있는지, 건물과 소리의 관계, 독수리의 하강 곡선과 사이클로이드 곡선이 어떤 관계에 있는지 셀 수도 없을 정도예요. 여러 가지 과학 이야기 중 특히 내 관심을 끈 것이 문이었어요. 처음 시작할 때 문 이야기를 했지요?

◈ 용도에 따라 다르게 열리는 문

그런데 문 이야기는 아직 끝나지 않았어요. 문은 사람이 들어오고 나가는 부분이며 안과 밖을 이어주는 특별한 장치예요. 그러니 문은 종류가 아주 다양하지요. 문은 열리고 닫히는 방향에 따라 안쪽이나 바깥쪽으로 열리기도 하는데 이런 문을 '여닫이문'이라고 해요. 또 하나의 종류는 옆으로 밀어서 열고 닫는 '미닫이문'이에요. 우리나라의 전통 가옥에서 흔히 볼 수 있어요. 여러분은 아파트와 같은 집에 살아도 미닫이문을 매일 볼 거예요. 왜냐고요? 여러분 교실 출입문을 생각해 보세요. 옆으로 밀고 닫는 미닫이문이지요?

 교실 출입문이 여닫이문으로 되어 있다고 생각해 보아요. 여러분들도 잘 알겠지만 복도에서 뛰는 학생들이 많을 거예요. 이때 출입문이 여닫이문이라면 다치는 학생들이 많겠지요? 그리고 여닫이문을 잘 닫지 않으면 창문으로 들어오는 바람 때문에 '쾅쾅' 소리가 자주 날 거예요. 그래서 교실 출입문은 미닫이문이 제격이지요.

 문에 대한 궁금증은 또 있어요. 어렸을 때 살던 시골집 방문은 바깥쪽으로 열리는 밖여닫이였어요. 왜 안여닫이는 없을까요? 이재인 교수님의 설명을 보니 정확히 이해할 수 있었지요. 전통 주택의 경우 문이 외부에 접해 있어 겨울에 춥게 되어 있대요. 그래서 추위를 막기 위해 3중 4중으로 문을 설치해요. 그러니 바깥 부분 밖여닫이로 할 수밖에 없는 거지요. 만약 문이 하나라도 안여닫이로 되어 있으면 바람이 불어 문이 쉽게 열리겠지요? 집을 지을 때 문뿐만 아니라 여러 가지 부속물들도 과학적인 분석의 결과임을 알 수 있어요.

   문의 비밀은 여기서 끝나지 않아요. 큰 빌딩이나 백화점 같은 곳의 1층에는 거의 대부분 회전문이 설치되어 있어요. 회전문은 아무리 도시 생활에 익숙한 사람들이라도 불편한 점이 많을 것 같아요. 그런데 사람이 들어오고 나가는 데 불편하다면 외부의 공기도 들어오고 나가는 것이 쉽지 않겠지요? 맞아요. 회전문이 설치되어 있는 곳은 사람들이 출입이 많은 곳이에요. 그래서 겨울에는 난방에 여름에는 냉방에 신경을 많이 쓰지요. 이런 곳에 여닫이문만 있다면 난방이나 냉방이 제대로 되지 않을 거예요. 불편하지만 회전문은 냉난방 효과를 높이기 위해 설치하는 거예요. 그런데 사람들이 많은 곳이라면 화재 대피에도 신경 써야겠지요? 잘 보면 회전문이 있는 곳은 반드시 여닫이문도 함께 설치해야 해요. 회전문이 있는 곳을 살펴보세요. 분명히 여닫이문도 있을 거예요.

◆ 연기가 나지 않는 굴뚝

문에 대한 이야기만 하니 이 책에 문 이야기만 나오는지 알겠네요. 사실 문 이야기는 이 책의 마지막에 나오는 적은 부분이에요. 이 책에는 건축과 과학에 대한 많은 이야기가 있는데 그중에 눈길을 끄는 것이 굴뚝이었어요. 도시에서 사는 사람들에게 굴뚝은 공장의 커다란 굴뚝이 떠오르겠지요?

시골에서 나고 자란 나에게 굴뚝은 '아늑함'이에요. 식사 때가 되어 아궁이에 불을 지피면 맛있는 밥이 만들어지지요. 추운 겨울도 아궁이에 불을 지피면 방 안이 따뜻해지며 아늑한 집이 되지요. 굴뚝에서 모락모락 피어오르는 연기를 보면 밖에서 뛰어놀다가 어머니가 밥을 하는 것을 알고 집으로 오게 되지요.

그런데 이 책에서 본 굴뚝은 연기가 한 군데도 나지 않는 거예요. 이란의 옛 도시 아즈에는 건물마다 굴뚝이 세워져 있는데 연기가 나는 굴뚝이 아니래요. 세상에 연기가 나지 않는 굴뚝도 있을까요? 오죽하면 '아니 땐 굴뚝에 연기 나랴'라는 속담이 생겼겠어요. 그런데 이란의 아즈에는 연기도 안 나는 굴뚝을 왜 건물마다 세워 놓았을까요? 그것은 바로 '바람탑'이라고 해요. 바람탑의 역할은 바람을 잡는 거예요. 그래서 바람탑을 영어로 'wind catcher'라고 한대요. 이런 바람탑이 있으면 집 안이 시원해진대요. 얼음을 보관하는 창고에는 반드시 필요하다고 해요. 얼음 창고라고 하니까 우리나라의 '석빙고'가 떠오르지요? 자연을 이용한 얼음 창고인 석빙고가 우리나라에만 있었던 것은 아니었네요. 이란의 기후는 건조하고 강수량이 적어 밤낮의 기온차도 심하지요. 한낮에는 뜨거워서 집에 있기조차 어렵지요. 그래서 생각한 것이 바람탑이래요. 건물의 창은 세 가지 쓰임이 있어요. 공기가 들어올 수 있는 문 역할, 태양 에너지를 받아들이는 역할, 밖을 바라볼 수 있는 역할이지요. 바람탑을 만드는 것은 공기가 들어오는 문 역할을 하는 셈이지요. 높은 대기의 맑고 시원한 바람을 잡아 집안의 열을 식히고 내부의 더운 공기는 위로 밀어내는 자연 환기 장치가 바로 바람탑인 거예요.

이것은 차가운 공기가 무거워서 아래로 내려오고 따뜻한 공기가 가벼워서 위로 올라가는 '대류 현상'을 이용한 거예요. 대류 현상을 이용한 자연 환기 현상을 '굴뚝 효과'라고 한다고 해요. 대류 현상은 우리가 일상생활에서도 쉽게 볼 수가 있어요. 주전자에 물을 넣고 가열하면 아래에 있던 물이 뜨거워져 위로 올라가고 위에 있던 차가운 물이 아래로 내려오기를 반복하여 결국 주전자의 물이 끓게 되지요. 또 난로와 같은 난방 장치는 아래쪽에 설치하고 에어컨과 냉방 장치는 위쪽에 설치하는 것도 대류 현상을 이용하는 거예요.

그런데 더 이상한 것은 제주도의 전통 가옥에는 굴뚝이 없다는 거예요. 바람을 잡아 집 안을 환기하고 석빙고에서 얼음까지 보존해 주는 굴뚝이 제주도에는 왜 없다는 말일까요? 제주도는 바람이 많지요. 여름에는 바닷바람으로 시원하지만, 겨울에는 바람이 너무 차가운 것이 문제에요. 여기에 굴뚝까지 있다면 통풍이 너무 잘 되어 땔감을 감당할 수 없을 거예요. 그래서 제주도에서는 공기를 차단해야 하기 때문에 굴뚝을 세우지 않는 거지요. 결국 굴뚝은 바람과 함께 살기 위한 조상들의 과학적 지식의 결정체라고도 할 수 있어요.

사람이 살아가는 데 꼭 필요한 세 가지를 의식주라고 하지요. 의는 옷이고 식은 먹을 거지만 주는 사는 집이에요. 집이 그만큼 중요한 거지요. 집을 안전하고 편안하고 쾌적하게 만들기 위해서는 자연에 숨은 과학 원리를 잘 파악하는 것이 중요하답니다.

3-2 소리의 성질

• Science Book 43 •

음악과 소음의 결정적인 차이?
《이게 무슨 소리?! 음악과 소음》

최원석 | 아르볼(2019)

🔊 소리는 매질을 통해 퍼지는 파동

내가 다녔던 물리학과의 실험실 중에 음향학 실험실이 있었어요. 음향학은 영어로 acoustics인데 '듣는다'라는 뜻의 그리스어 'akouo'에서 나온 단어예요. 음향학은 소리를 연구하는 물리학의 한 분야로 음악, 의학, 농업, 산업 등 다양한 분야와 연관이 깊은 학문이에요.

 악기의 소리는 물론이고, 소리로 병을 진단하기도 하고, 소리로 물체의 결함을 찾아내기도 하고, 가축과 작물을 기르는 데도 소리가 중요한 역할을 하지요. 그런데 그 음향학 실험실에는 넓고 깊은 수조(물을 담아 두는 통)가 있었고, 소리가 전혀 반사되지 않는 무향실이 있었지요. 음향학 실험실에 가면 먼저 무섭다는 생각이 들 정도예요.

커다란 수조는 수중 음향을 연구하기 위한 것이었고, 무향실은 반사되는 소리를 없애 소리를 직접 들을 수 있는 효과를 얻기 위한 것이었지요. 반사되는 소리를 없앨 수 있다면 소리를 내는 물체에서 소리가 어떻게 퍼져나가는지 연구할 수 있어요. 만약 무향실에 혼자 갇히게 되면 아무리 소리를 질러도 소리가 밖으로 전달되지 않기 때문에 아주 위험하다는 얘기를 연구실 친구에게서 들었을 때는 더 무서운 생각이 들었지요. 심지어 무향실에서는 두 사람이 등을 맞대고 소리를 질러도 상대에게 소리가 잘 전달되지 않는다고 하더라고요. 아무튼 수조와 무향실을 보면서 핵물리학을 연구하기를 잘했다는 생각도 들었답니다.

우리는 살면서 다양한 소리를 들어요. 바람 소리, 빗소리, 엄마의 목소리, 강아지 짖는 소리 등 소리가 없는 세상은 상상할 수 없지요. 하지만 달에서는 어떤 소리도 들을 수 없대요. 똑같은 소리가 지구에서는 들리고 달에서는 안 들리는 것은 왜일까요? 그래요. 지구와 달의 가장 큰 차이는 '공기'예요. 지구에는 공기가 있고 달에는 공기가 없지요. 그러니까 소리는 공기와 같은 어떤 물질을 통해서 전달되는 거예요. 연못에 돌을 던지면 물결이 퍼져나가는 것과 같이 소리도 공기를 통해서 멀리까지 퍼져나가는 파동의 일종이에요. 그래서 소리가 퍼져나가는 것을 '음파'라고 해요.

소리는 어떤 물질을 통해서 퍼져나가느냐에 따라 그 속도가 달라져요. 기차가 오는지 철로에 귀를 대고 들어보면 소리가 더 잘 들려요. 이것은 소리가 공기와 같은 기체에서보다 철로와 같은 고체에서 더 잘 전달되기 때문이에요. 영화에서 보면 인디언들이 적의 위치를 파악하기 위해 땅바닥에 귀를 대고 들어보는 장면이 있어요. 이것도 마찬가지예요. 말의 발굽 소리는 공기에서보다 고체인 땅에서 더 잘 들리기 때문이지요. 소리는 공기에서보다 물속에서도 더 잘 들려요. 즉, 소리는 고체, 액체, 기체 순으로 더 잘들리지요. 그렇다면 달에 착륙했던 우주인들은 달에서 어떻게 의사소통을 했을까요?

이에 대한 답은《이게 무슨 소리?! 음악과 소음》이라는 책에 나와 있어요. 이 비밀을 하나 하나 밝히고 있는 최원석 선생님이 쓴 거예요. 최원석 선생님은 중학교에서 과학을 가르치면서 영화, 게임, 명작, 패션, 광고, 놀이 등을 과학적으로 분석하여 과학을 알리는 일을 하고 있어요. 이 책을 보니 '틴벨'이라는 용어가 나와요. 잠깐 소개하면 틴벨은 영어로 'teen bell'로 10대들만 들을 수 있는 소리를 휴대전화의 벨소리로 이용한 거예요. 세상에 10대들만 들을 수 있는 소리가 있다니! 50대가 넘은 나로서는 좀 서운한 이야기네요. 그런데 '틴벨'은 실제 있는 현상이니 나이가 든 내가 수긍해야지요.

◆ 멧비둘기 울음소리 논쟁

사실 사람이 나이가 들면 여러 가지 감각 기관이 둔해진답니다. 그래서 옛말에 이런 말도 있어요. 나이가 들어 눈이 잘 안 보이는 것은 이것저것 보지 말고 좋은 것만 보라는 뜻이며, 이가 빠지는 것은 딱딱한 것보다는 부드러운 음식만 먹으라는 뜻이며, 귀가 잘 들리지 않는 것은 자질구레한 소리는 듣지 말고 좋은 소리만 들으라는 뜻이에요. 아주 긍정적인 이야기인 것 같아요. 틴벨의 원리는 어른들의 청력이 17,000헤르츠 이상의 소리를 잘 듣지 못하는 것을 이용한 거예요.

그런데 어린 사람과 나이 든 사람 사이에서 소리에 대한 논쟁거리가 하나 있어요. 멧비둘기의 울음소리에 대한 논쟁인데요, 이것은 내가 주변의 사람들에게 실제로 실험을 해본 거예요. 멧비둘기는 도시에서도 흔히 볼 수 있는 텃새인데, 시골 같은 한적한 곳에서는 아주 쉽게 만날 수 있어요. 그래서 멧비둘기 울음소리도 쉽게 들을 수 있어요. 나는 시골이 고향이라 멧비둘기 울음소리를 자주 들으며 살았지요.

내 귀에 멧비둘기 울음소리는 분명 4음절로 들려요. '구구-구구'로 들리지요. 그런데 똑같은 멧비둘기의 울음소리는 10대인 아들이나 조카들은 '구구-구-구구'처럼 5음절로 들린다는 거예요. 나와 같이 나이 든 사람들에게 멧비둘기의 울음소리를 흉내내 보라고 하면 대부분 '구구-구구'로 4음절 소리를 내요. 하지만 나이 어린 사람들의 귀에는 가운데에 작은 1음절 소리가 더 있다고 해요. 멧비둘기의 울음소리 논쟁은 아마도 결론이 나지 않을 것 같아요. 나이에 따라 청력이 다른 것은 사실이니까요.

이 책은 '참 잘했어요 과학' 시리즈의 15번째 책이에요. 이 시리즈는 여러 가지 과학 관련 주제를 통합 교과 학습으로 배우는 것을 내용으로 하고 있어요. 2016년 《또 하나의 가족 반려동물》을 시작으로 출간되었으며, 2023년 9월 《세상이 번쩍, 생각이 반짝! 전쟁과 발명》이 출간되면서 모두 30권이 되었어요. 아마도 이 시리즈는 계속 출간될 것으로 보여요. 이 시리즈의 특징은 주제마다 통합적인 사고를 할 수 있도록 안내하고 있다는 거예요.

'음악과 소음' 편은 개념, 사회, 인체, 음악, 생활로 나누어 살펴보고 있어요. 개념에서는 '소리란 무엇일까?', 사회에서는 '생활 속의 소음', 인체에서는 '소리를 내거나 듣는 원리', 음악에서는 '악기의 원리', 생활에서는 '세상을 이롭게 하는 소리'에 대해 알아봅니다. '반려동물' 편 통합교과는 개념, 생물, 역사, 윤리, 환경, 인물로 구분하여 이야기하고요, '전쟁과 발명' 편은 역사, 기술, 생활, 문화, 산업으로 구분하고 있네요.

이 시리즈의 전체적인 주제를 살펴보면 과학 교과서의 단원 주제와의 약간 다르다는 것을 알 수 있어요. 30권 중 과학 교과서의 단원과 정확하게 일치하는 것은 15권 《시큼시큼 미끌미끌 산과 염기》 하나뿐이에요. 공룡과 화석, 날씨와 재해, 운동과 다이어트, 우주와 별, 환경과 쓰레기, 지진과 안전 등 교과 단원과 유사한 주제들도 눈에 뜨이지만 대부분 과학 관련 주제가 많아요. 이것은 과학 공부를 강조하기보다는 우리 주변에 스며 있는 과학의 모습과 과학적 사고력을 중요시하겠다는 의도인 것 같아요. 그래서 한 가지 주제를 개념, 사회, 인체, 음악, 생활 등 통합적 과학 사고력을 이야기하고 있는 거예요.

백색 소음은 무슨 소음일까?

여러분은 소리 때문에 고생을 하거나 고민이 있지 않나요? 다 같은 소리지만 박자와 소리의 높낮이 등이 조화롭게 결합되어 들리는 것을 음악이라고 하고, 듣는 사람의 기분을 불쾌하게 하는 소리를 '소음'이라고 해요. 자신이 좋아하는 음악을 들으면 기분이 좋아지고 정서적으로 안

정감을 느끼지요. 하지만 소음은 기분을 나쁘게 할 뿐만 아니라 짜증이 나고 심리적으로 불안하게 하지요.

그런데 음악 소리도 어떤 사람에게는 소음으로 들리고, 소음도 사람마다 구분이 달라질 수 있어요. 요즘처럼 좁은 도시에 많은 사람이 모여 살게 되면 소리 때문에 싸움이 일어날 수도 있어요. 특히 아파트의 층간 소음은 사회적으로도 골칫거리가 되지요. 그래서 소리는 항상 다른 사람들을 배려하는 마음이 있어야 해요. 이 책에는 가정에서 그리고 자동차에서 소음을 줄이는 방법을 소개하고 있어요. 여러분도 책을 보면서 소음을 줄이는 방법을 알아보아요.

또 주변에는 소음을 줄이는 여러 가지 장치가 있다는 것도 알려주고 있어요. 또 책에는 '한 걸음 더!' 라는 코너가 있는데 본문에서 살펴본 내용에 추가로 하나의 정보를 제공하고 있어요. '음악과 소음' 편 2장 끝에는 스마트폰으로 소음을 측정하는 방법을 알려줘요. 애플리케이션을 내려받아 생활하면서 소음이 얼마나 나는지 알아보아요. 그러면 소음을 줄이는 방법도 자연스럽게 생각할 수 있어요. 또 층간 소음을 줄이기 위한 방법도 알려주고 있으니 참고하면 좋을 것 같아요.

사실 나도 아파트에서 살고 있어서 층간 소음이 늘 문제가 되고 있어요. 아이가 어렸을 때는 아랫층 때문에 거실과 방에 매트를 깔아 소리를 줄였지요. 아이가 다 자라니 이번에는 윗층에서 들리는 소음 때문에 때로는 고민이 많았지요. 아이들은 차분하게 걸어 다니지 못하는 것 같아요. 그러니 결국 윗층과 아랫층이 조금씩 조심하고 서로 참을 수밖에 없는 거예요.

이 책은 학습 만화는 아니지만, 장마다 4쪽씩 만화가 나와요. 물론 주제별로 만화의 주인공이 다르지요. 그래서 이 장에서 어떤 이야기가 나오는지 재미있는 에피소드로 알려주지요. '음악과 소음' 편의 주인공은 진이, 웨이브, 퉁이, 소쿠리테스, 로비 예요. 그리고 중간중간에 소쿠리테스 박사의 친구인 아잉슈타인 박사가 등장하지요. 소쿠리테스와 아잉슈타인은 과학 지식을 설명해 주고 타임머신을 만들어 주인공들을 과거로 갈 수 있도록 해주지요. 책을 다 읽고 나면 워크북을 통해 본문에서 배운 내용을 확인하는 문제가 있어요. 본문의 내용을 잘 이해했다면 100점은 문제없겠지요?

소리와 관련된 것 중에 내게는 아주 신기한 재주가 있어요. 비 오는 날 번개가 치고 나서 천둥소리가 들리는 시간을 잰 다음, 번개가 얼마나 멀리서 쳤는지 알아맞히는 거죠. 내가 그러면 모두 깜짝 놀라며 신기해하더라고요. 사실 이것은 나만 아는 것은 아니에요. 공기 중에서 빛이 전달되는 속도와 소리가 전달되는 속도는 큰 차이가 있잖아요. 빛이 훨씬 빠르게 전달되고요. 빛은 1초에 지구를 7바퀴 반이나 도니까 번개가 치면 번쩍하는 순간 우리 눈에 도달해요. 하지만 소리는 공기 중에서 1초에 약 340미터를 진행하지요. 그러니까 번개가 번쩍하고 3초 후에 천둥소리가 들렸다면 번개는 340×3=1020(미터) 떨어진 곳에서 쳤다는 것이 되지요. 이것은 빛의 속도와 소리의 속도를 알면 누구라도 쉽게 알 수 있는 거예요. 여러분도 번개가 치고 천둥소리가 들리는 날 엄마나 아빠에게 번개가 얼마나 멀리서 쳤는지 계산해서 알려줘 보세요. 아마도 엄마나 아빠는 여러분이 과학에 관심이 많다는 것을 금세 알 거예요.

4-1 지층과 화석 4-2 지진과 화산 5-1 태양계와 별

• Science Book 44 •

신화는 결국 과학의 다른 표현
《과학 오디세이》

정창훈 | 휴머니스트(2003)

🎲 헤라클레스와 언양현감

초등학교 고학년과 청소년을 대상으로 하는 책의 제목에 '오디세이'나 '콘서트'가 붙어있는 것이 여럿 있어요. 《과학 오디세이》, 《과학 콘서트》처럼 말이지요. 《과학 오디세이》는 과학 잡지 기자와 편집장 출신의 작가 정창훈 님이 저자이고, 《과학 콘서트》는 카이스트 정재승 교수님이 쓴 책이지요.

　어려운 과학을 편안하게 들을 수 있는 연주회처럼 풀어 준다는 느낌을 주기 위해 '콘서트'라는 제목을 붙였나 봐요. 《과학 콘서트》는 2001년에 출간되었지만 지금까지 과학 도서로는 가장 인기 있는 책의 자리

를 차지하고 있어요. 이 책의 큰 성공으로 '○○ 콘서트'라는 책들이 나오기 시작했지요. 《수학 콘서트》, 《천문학 콘서트》, 《의학 콘서트》, 《기생충 콘서트》 등 한 분야의 내노라하는 전문가들이 자신만의 콘서트를 선보였지요. 이것은 과학 분야뿐만 아니라 철학, 역사, 인문학, 경제학, 경영학 등으로 넓혀졌어요.

'오디세이'라는 제목이 붙는 책도 비슷해요. 오디세이는 원래 고대 그리스의 시인 호메로스가 지은 장편 서사시예요. 영웅 오디세우스의 긴 여정을 담은 거예요. 그래서 책 제목에 '오디세이'가 붙은 것은 어떤 주제에 대해 지식의 여정을 떠나는 느낌을 살리기 위한 거예요. 《과학 오디세이》를 비롯하여 《미학 오디세이》, 《의학 오디세이》, 《별자리 오디세이》, 《건축 오디세이》 등이 출간되었지요.

오디세이나 콘서트는 둘 다 한 분야에 대해 학생들을 포함하여 일반인들이 그 분야에 대해 더 가까이 다가갈 수 있는 매력이 있는 것 같아요. 이런 제목의 책을 쓴 저자들도 아마도 그런 자부심을 가지고 집필했을 것으로 생각돼요. 정창훈 님은 《과학 오디세이》를 통해 과학의 어떤 면을 보여주고자 한 걸까요?

저자와는 내가 같은 잡지사에서 편집장과 기자로 인연을 맺었다고 했잖아요? 그때 기사 이야기를 하다가 어느 날 저자가 언양현감 이야기를 들려주었어요. 언양은 울산시 울주에 있는 지명이고 현감은 조선시대 어떤 고을의 원님을 말해요. 그러니까 옛날이야기를 해준 거예요.

조선 숙종 때 언양현에서 있었던 이야기예요. 언양현 물막고개에는 한 석굴이 구수늪을 바라보고 있대요. 이 석굴에는 용이 되지 못한 커다란 이무기 한 마리가 살고 있었는데, 마을 사람들에게는 큰 골칫거리였대요. 석굴 앞을 지나는 가축이나 짐승뿐만 아니라 사람까지도 해쳤기 때문이지요. 사람들은 너무 무서워 어찌할 줄 몰랐지요.

이 이야기가 관아에까지 알려졌고, 언양현감인 모일성이 이무기를 퇴치하기로 했대요. 군졸들을 데리고 석굴 앞에 도착했지만 군졸들은 무서워서 접근조차 못했대요. 보다 못한 모일성 현감은 직접 총을 들고 석굴로 들어가 이무기를 무찔렀지요. 마을 사람들은 현감의 용맹에 환호성을 질렀지요. 이야기를 듣고 있던 나는 "이런 전설 같은 이야기는 어떤 지역이나 있는 흔한 것이 아닙니까?" 물었지요. 그런데 그때 나는 저자의 대답을 듣고 깜짝 놀랐어요.

이 마을에 구수늪이 있는 것처럼 이곳은 울산 태화강 상류인 남천이 흐른대요. 다시 말해 이 지역에 늪이 많았다는 거지요. 이 늪들이 남천의 강줄기에서 떨어져 나간 호수, 즉 우각호가 발달했다는 거예요. 구불구불 흐르는 천을 '사행천'이라고 하는데, 사행천이 점점 침식되면 소의 뿔 모양으로 떨어져 호수가 되지요. 이것이 '우각호'예요. 이렇게 우각호와 늪지대가 발달한 곳은 강의 범람으로 비옥한 토양이 많이 쌓여 농업이 발달하지요. 이것은 세계 어디서나 마찬가지예요. 그래서 우각호를 '풍요의 뿔'이라고도 한 대요.

언양현감 이야기는 늪 주변의 마을에서 자주 일어나는 범람(이무기)을 제방을 쌓아(모일성 현감) 논과 밭 그리고 가축들의 피해를 막아 풍요로운 마을을 만들었다는 의미를 담고 있다는 거예요. 언양현감 이야기를 누가 이렇게 과학적으로 설명할 수 있을까요? 정창훈 님은 이 이야기가 그리스 로마 신화에 나오는 헤라클레스 이야기와 맞닿아 있다고 생각해요.

황소의 뿔은 바로 우각호

강의 신 아켈로오스는 변신술이 뛰어나요. 어떤 때는 뱀이 되기도 하고 어떤 때는 성난 황소가 되어 날뛰기도 하지요. 미인으로 유명한 데이아네이라 공주님이 신랑감을 구할 때 결국 아켈로오스와 헤라클레스가 결판을 짓게 되었어요. 헤라클레스는 신들의 왕인 제우스의 아들이지요. 수차례 엎치락뒤치락하다가 드디어 헤라클레스가 아켈로오스를 눕히고 목을 조를 수 있었지요. 아켈로오스는 도저히 안 되겠다고 생각하고 뱀으로 변해 빠져 나왔어요. 하지만 헤라클레스는 아기 때 뱀을 잡아 죽인 경험이 있었잖아요? 그러자 아켈로오스는 황소로 변했어요. 네메아 계곡에서 사자를 맨손으로 때려잡은 헤라클레스에게는 소용없었지요. 헤라클레스는 황소로 변한 아켈로오스의 목을 감아 조르면서 뿔 하나를 뽑아 버렸지요. 싸움은 끝이나고 말았지요. 님프인 나이아데스는 그 뿔을 달콤한 과일과 향기로운 꽃으로 가득 채워 신성한 물건으로 바꾸었대요. 그리고 '풍요의 여신'에게 바쳤는데 그녀는 그것을 '코르누코피아'라고 불렀어요.

황당한 이야기 또는 흥미로운 이야기라고 할 수 있지만, 정창훈 님은 이것이 바로 언양현감 이야기와 다르지 않다고 생각해요. 강의 신 아킬레오스가 뱀이나 황소를 변하는 것을 헤라클레스가 잠재워 풍요로운 뿔인 우각호로 만든 거예요. 용이 되지 못한 이무기가 부리는 심술인 강과 늪의 범람을 언양현감이 다스려 곡창 지대로 만든 것과 결국 같은 이야기인 셈이지요. '헤라클레스와 아켈레오스', '언양현감과 이무기'의 이야기는 모든 강물과 싸워 풍요로운 시대를 연 영웅들의 신화와 전설인 거예요. 신화와 전설은 자연의 변화와 인간과 자연이 어우러진 삶에 대한 기록이라는 것이 이 책의 핵심 내용이랍니다.

내가 태어나고 자란 곳에도 언양현감 비슷한 이야기가 전해 내려오고 있어요. 4년에 한 번씩 윗마을 사람들과 아랫마을 사람들이 거대한 줄을 당기는 행사를 해요. '기지시 줄다리기' 행사가 그것인데 여기에는 지네에 대한 이야기가 전해지고 있어요.

충청남도 당진시 송악읍에 '기지시리'라는 마을이 있어요. 이 마을에 과거 시험만 보면 낙방하는 선비가 내려와 살고 있었대요. 선비는 마을의 산인 국수봉에 올랐다가 자신이 과거 시험에 번번이 떨어지고 마을에 재난이 일어나는 것이 천년 묵은 지네가 심술을 부리기 때문이라는 걸 알았대요. 그날 밤 꿈 속에 용이 노인으로 변해 나타나 정월 대보름날 자정에 죽은 나무에서 꽃이 피고 그 꽃에서 아리따운 아가씨가 나오면, 그 꽃에 불을 질러 아가씨 입에 넣고 피하라고 했대요. 선비가 그 노인이 시키는 대로 했더니 열두 발이 달린 구렁이가 나타나 천년 묵은 지네와 싸워 죽였대요. 그 뒤 노인이 선비의 꿈에 나타나 지네는 죽었지만 암컷과 새끼들이 원수를 갚으려 하니 줄다리기를 하라고 했대요. 기지시 줄다리기는 이렇게 시작되었지요.

이 지역의 지형이 지네 모양을 닮아서 그 지세를 누르기 위해 지네를 닮은 줄을 만들어 당김으로써 재난을 극복하고자 이런 이야기가 나왔다고 해요. 하지만 나는 나고 자란 동네의 이야기인데도 과학적으로 연결시키지는 못하겠더라고요. 신화와 전설을 과학적으로 분석하고 있는 정창훈 님이라면 '기지시 줄다리기' 전설에서 어떤 과학을 찾아낼까 궁금해지네요.

과학이 탄생하는 과정

저자는 이 책을 시작하면서 '두려움을 극복하기 위한 생각의 탄생', '신화와 전설의 탄생', '과학의 탄생'을 이야기해요. 이 이야기만 들어도 저자의 과학에 대한 오디세이가 느껴지지요. 본문의 내용이 아니고 정창훈 님의 생각이니 간단하게 정리해서 소개해 줄게요.

방향을 구별할 수 없는 대초원에 혼자 남아 있다고 생각해 보아요. 어떤 경우에 두려움을 느끼게 될까요? 과학이 탄생하는 과정에 대한 저자의 생각을 들어 볼까요?

첫째, 어디로 가야 할지 도저히 모르겠다.

둘째, 정확한 것은 아니지만 이쪽으로 가면 될 것이다.

셋째, 집을 찾아가는 길을 잘 안다.

모험을 일부러 즐기려는 사람이 아닌 한 첫째 경우가 가장 두려움을 느낄 겁니다. 이럴 경우 그저 발길 닿는 대로 걸을 수밖에 없겠지요. 운이 좋으면 집으로 돌아올 수도 있겠지만 그전에 쓰러질 수도 있어요.

둘째 경우에는 '알지 못함'에 대한 두려움이 생기겠지만 이를 극복하기 위해 생각을 할 겁니다. 맞든 틀리든 손바닥을 펴고 침을 뱉은 다음 손가락으로 침을 튀겨 침이 튀는 방향으로 갈 거예요. 침을 튀기는 순간에는 마음의 위안을 얻을 수 있겠지요. 한순간이라도 두려움을 떨칠 수 있다는 것은 어느 정도 정신을 차릴 수 있다는 거예요. 정신을 차리고 '생각'을 하고 있을 때 '바람의 신'이 찾아왔어요. 바람의 신이 얼굴을 어루만지며 속삭였어요. "내가 너희 집으로 안내하겠노라". 바람의 신은 내 앞에서 길을 재촉했어요. 초원의 풀들은 그가 지나는 쪽으로 고개를 숙였지요. 풀이 고개를 숙이는 쪽으로 반나절을 걸으니 마을이 나타났고 집으로 돌아왔지요. 바람의 신은 마을 뒤쪽 언덕을 넘어 사라졌어요. 이제 마을 사람들은 사냥을 나갔다가 길을 잃어도 바람을 등지고 반나절만 걸으면 집으로 돌아올 수 있었어요. 사람들은 위험으로부터 지켜주는 것은 바람의 신이었지요. 이 경험이 사람들의 입을 통해 전해지며 풍성한 이야기로 다듬어졌어요. 바로 신화와 전설이 탄생한 거예요.

그렇다면 셋째 경우는 어떨까요? 오랜 세월이 흐르면서 경험과 지식이 쌓이겠지요? 해는 동쪽에서 뜨고 서쪽으로 지며, 한낮에는 남쪽에 떠 있다는 것을 알게 되었지요. 마을을 찾을 수 있도록 해준 바람은 여름 내내 북쪽으로 부는 계절풍이었어요. 이제 길을 잃게 될 두려움이 사라졌지요. 언덕 너머에는 바람의 신이 살고 있지 않았어요. 사람들은 더 이상 신을 필요로 하지 않았지요. 과학이 탄생한 거예요. 어때요? 저자 정창훈님의 생각이 정말 그럴듯하지요?

◈ 신화와 과학의 대여정, 오디세이

과학이 어떻게 언제 시작되었는지 설명하는 그 어떤 이야기보다도 훨씬 더 머릿속에 잘 들어오지요? 이런 방식의 설명이 정창훈 님의 특기라고 할 수 있답니다. 이 책은 앞부분에서 강의 범람과 화산과 같은 두려움을 벗으려는 사람들의 이야기가 펼쳐지고, 중간 부분에서는 생물학과 의학 관련 이야기로, 그다음은 신화적 상상력이 어떻게 과학을 발전시켰는지 알려주고, 마지막에는 하늘과 우주에 대한 이야기로 신화와 과학의 대여정 즉, 오디세이를 마칩니다.

사실 이 책에서 설명하고 있는 과학 이야기는 초등학생들에게 좀 어려울 수도 있어요. 그리스 로마 신화에 대한 지식도 있어야 하고 그것을 설명하는 과학의 개념과 원리도 알고 있어야 하지요. 그래야 저자의 생각이 정말 과학적이구나 느낄 수 있어요.

《과학 오디세이》는 2003년 휴머니스트 출판사에서 처음 나왔어요. 휴머니스트는 1994년 진중권 교수님의 《미학 오디세이》를 펴내면서 책 제목에 '오디세이'라는 이름이 유행하게 했지요.

2010년 《과학 오디세이》는 웅진주니어 출판사에서 《신화, 과학을 들어올리다》라는 제목으로 출간되었는데 초등학생들도 쉽고 재미있게 볼 수 있도록 새로 쓴 거예요. 그림도 초등학생들에게 익숙하여 부담없이 볼 수 있어요. 다루고 있는 주제는 크게 다르지 않으니 초등학교 3~4학년이라면 《신화, 과학을 들어올리다》를 보면 돼요. 초등학교 5~6학년이나 중학생 이상이라면 바로 《과학 오디세이》를 읽어보면 되고요. 그리스 로마 신화와 우리나라의 전설과 같은 이야기가 그저 사람들의 상상만으로 이루어진 것이 아니라는 것을 알게 될 거예요. 그 속에 얼마나 많은 과학 이야기가 있는지 찾아보는 것도 좋겠지요.

3-1 지구의 모습 6-1 지구와 달의 운동

• Science Book 45 •

인류 최고의 SF 작가, 쥘 베른
《지구 속 여행》

쥘 베른 | 열림원어린이(2023)

🎲 소설에 빠져 산으로 간 소년

따스한 햇살이 내리쬐는 동네 뒷산. 학교가 끝난 토요일 오후. 도시락을 뚝딱 먹어치우고 책을 읽는 소년이 있었어요. 소년은 토요일인데 왜 집에 안 가고 산속에서 책을 읽고 있을까요? 소년이 읽는 책은 무슨 책일까요? 그 책은 바로《삼국지》였지요. 당시에는 토요일에도 오전까지는 수업이 있었지요. 그런데 집에서 읽지 않고 왜 산에서 읽을까요? 농사를 짓는 시골에서 태어났기 때문에 집에 가면 농사일을 도와야 했지요. 그래서 학교에서 일이 있다고 핑계 대고 도시락까지 싸 들고 산으로 간 거예요.

이 이야기는 내가 초등학교 6학년 때의 일화랍니다. 《삼국지》가 너무 재미있어 빨리 읽고 싶어서 이런 꾀를 낸 거였어요. 여러분은 어떤 소설에 푹 빠져 본 적이 있나요? 《해리 포터》 시리즈와 《나니아 연대기》에 빠져 본 적이 있다고요? 그래요. 누구나 좋아하는 소설을 읽을 때면 먹는 것도 자는 것도 시간이 아까울 정도지요. 나도 《해리 포터》 시리즈를 읽느라 내려야 할 지하철역을 지나친 적도 있어요. 또 쥘 베른의 《지구 속 여행》이라는 소설을 읽으며 감탄하기도 했지요.

지금까지 이야기한 소설들 즉, 《삼국지》, 《해리 포터》, 《지구 속 여행》은 같은 소설이지만 장르가 달라요. 《삼국지》는 역사적 사실을 바탕으로 쓴 역사 소설이고, 《해리 포터》는 마법 소년의 이야기를 담은 판타지 소설이고, 《지구 속 여행》은 모험 소설이며 과학 소설 즉 SF 소설이지요. 그런데 '장르'라는 말이 원래 과학 용어라는 거 아나요? 생물을 분류할 때 나오는 용어인데요, 동물과 식물을 분류할 때 어떤 용어가 나오는지 예를 들어 살펴볼게요.

🔶 과학도 분류, 문학도 분류

사람의 생물학적 분류는 동물계-척삭동물문-포유강-영장목-사람과-사람속-사람(종)이에요. '계문강목과속종'을 영어로 표현해 보면, Kingdom(킹덤)-Phylum(파일럼)-Class(클래스)-Order(오더)-Family(패밀리)-Genus(지너스)-Species(스페시스)예요. 여기서 Genus는 라틴어 Genus에서 유래된 것으로 '종류' 또는 '기원'을 의미해요. 이 Genus가 영어로는 그대도 Genus로 쓰고, 프랑스어로는 Genre(장르)

로 쓰지요. 프랑스어에서는 이 단어를 '유형' 또는 '방법'이라는 뜻으로 쓰다가 '유행' 또는 '취향'이라는 의미로도 쓰이고 있어요.

이 장르는 문학이나 예술 분야에서 양식, 형식 등으로 사용하여 문학 작품이나 예술 작품을 분류하는 용어로 사용하고 있어요. 즉, 역사 소설, 판타지 소설, 과학 소설 또는 SF 소설로 분류할 수 있는 것을 문학의 '장르'라고 하는 거지요. 이 중 SF 소설은 과학적 사실이나 가설을 바탕으로 미래의 세계나 현실적인 방법으로 갈 수 없는 세계를 다루고 있어요. 대표적인 SF 소설가가 바로 프랑스의 쥘 베른이랍니다.

SF란 Science Fiction의 머리글자인데 Fiction은 소설이라는 뜻이지요. 지금은 SF 소설이나 SF 영화라고 하지만 예전에는 공상 과학 소설이나 공상 과학 영화라고 불렀어요. 이것은 Science Fiction을 일본이 미국에서 들여올 때 '공상 과학 소설'이라고 번역했고, 이런 공상 과학 소설이 일본에서 우리나라에 들어오면서 그대로 '공상'이라는 말이 붙게 된 거예요. 하지만 공상 과학 소설을 토대로 만든 영화와 애니메이션이 인기를 얻으면서 '공상'이라는 말이 서서히 없어지게 되었지요. 공상이라는 말은 현실적이지 못하거나 실현될 가망이 없는 것을 막연히 생각하는 뜻이기 때문이에요. 따라서 Science Fiction은 그냥 SF 소설 또는 과학 소설로 자리 잡게 되었답니다.

◈ 솜니움에서 지구 속 여행까지

그렇다면 SF 소설은 언제부터 생겼을까요? 초기의 SF 소설은 판타지 요소가 가미되어 있는 것이 많은데, 요하네스 케플러의 《솜니움》(1634

년)을 최초의 SF 소설로 보는 견해가 많아요. 케플러(1571~1630)는 독일의 천문학자이자 수학자로 행성 운동 법칙을 발견한 저명한 과학자예요. '솜니움'은 '꿈'이라는 뜻인데 달로 여행을 떠나는 내용으로 지구를 벗어날수록 기온이 떨어지고 공기가 없어지고 달 표면에 서서 지구가 자전하는 모습을 보거나 달 표면의 산과 계곡을 묘사한 것을 들어 SF 소설의 원조로 평가받고 있어요. 케플러 사망 후에 출간된 책이랍니다.

또 조너선 스위프트의 《걸리버 여행기》(1726년)와 프랑수아마리 아루에(필명은 볼테르)의 《마이크로메가스》(1752년)도 초창기 SF 소설로 알려진 작품이에요. 뒤이어 메리 셸리의 《프랑켄슈타인》(1818년)과 《최후의 인간》(1826년)도 초기 SF 소설로 유명하지요. 하지만 나는 누구보다는 쥘 베른의 작품들이야말로 SF의 걸작이라고 생각해요. 쥘 베른(1823~1905)은 1863년 《기구 타고 5주간》의 출간을 시작으로 80여 편의 SF 소설, 모험 소설, 환상 소설을 펴내 'SF 소설의 아버지'라 불리기에 손색이 없는 작가랍니다.

내가 쥘 베른의 SF 소설을 처음으로 읽은 것은 2002년 11월에 《지구 속 여행》과 《해저 2만 리 1~2》가 출간되었을 때예요. 이때 어린이 과학 잡지 편집장 일을 하고 있어서 과학 도서들이 출간되는 것에 관심을 많이 가지고 있었지요. 이 책은 열림원 출판사에서 '쥘 베른 컬렉션' 시리즈로 출간되고 있었지요. 물론 그 이전부터 쥘 베른의 SF 소설들은 여러 출판사에서 다양한 모양으로 출간되었어요. 어린이를 대상으로 하는 책뿐만 아니라 청소년이나 성인들이 볼 수 있는 책으로 나오기 시작했지요.

초등 저학년이라면 먼저 '쥘 베른의 상상 여행' 시리즈를 읽어보세요. 《지구 속 여행》,《지구에서 달까지》,《해저 2만 리》,《80일간의 세계 일주》 4권을 시리즈로 묶어 풀빛 출판사에서 출간한 책이에요. 이 책은 그리스의 글 작가와 그림 작가가 쓰고 그린 것을 우리말로 옮겨 출간한 거예요. 쥘 베른의 원작 소설을 글 작가가 어린이들이 쉽고 재미있게 볼 수 있도록 이야기를 줄이고 덧붙였고 그림책으로 다시 그린 거예요. 쥘 베른의 SF 소설 읽기의 첫 책이 될 수도 있을 것 같아요.

쥘 베른의 모험 소설 시리즈

쥘 베른의 소설을 읽어 본 적이 있는 초등학교 고학년이라면 '쥘 베른 모험 소설' 시리즈를 읽어보세요. 이 시리즈는 열림원 출판사에서 어린이 책을 출간하고 있는 '열림원어린이'에서 쥘 베른 SF 소설 중 가장 인기가 있는 5권의 책을 시리즈로 출간한 거예요. 그 5권은 《지구 속 여행》,《달나라 여행》,《해저 2만 리》,《80일간의 세계 일주》,《15소년 표류기 2년 동안의 방학》이에요. 이 책들을 읽어 본 다음 쥘 베른의 SF 소설이 더 궁금하다면 나머지 소설들도 읽어보세요. 이때는 '쥘 베른 베스트 컬렉션' 시리즈를 읽으면 좋아요. 이 시리즈는 총 11권으로 되어 있는데 '쥘 베른 모험 소설' 시리즈의 주제에 《지구에서 달까지》,《신비의 섬(전 3권)》이 추가되었고 《달나라 여행》이 《달나라 탐험》으로 책의 제목이 바뀌어 있네요. 제목이 여행에서 탐험으로 바뀌었다고 내용이 다른 건 아니에요.

쥘 베른이 SF 소설에서 다루고 있는 내용들은 당시까지 알려진 과학적 사실에 근거를 두고 있으며, 또 과학 기술의 모습을 예측하고 있는 것이 많아요. 이런 과학 기술은 20세기와 21세기를 거치며 실제로 발견되거나 발명된 것들이 많지요. 그래서 쥘 베른의 SF 소설이 대단한 의미를 갖는 거예요.

《지구 속 여행》은 제목 그대로 지구 속을 여행하는 모습을 그리고 있어요. 광물학자인 주인공이 조카와 함께 화산의 분화구 속으로 들어가면서 지구 중심까지 갔다가 또다른 분화구로 탈출하는 내용이에요. 이 책은 1864년에 출간된 쥘 베른의 초기 SF 소설이에요. 그런데 사람이 정말 지구 속을 여행하여 중심까지 갔다올 수 있을까요? 물론 갈 수가 없지요. 지구 중심까지의 거리는 약 6,370킬로미터예요. 실제로 사람이 삽으로 땅을 2~3미터 파기도 힘들지요. 하지만 지금까지 인류는 자원 탐사와 지질 연구 목적으로 땅속을 파왔지요. 굴착기로 팔 수 있는 최대 깊이는 약 7미터이고, 동물이 발로 팔 수 있는 가장 깊은 깊이는 약 12미터이고, 세계에서 가장 깊은 수영장의 깊이는 약 60미터라고 해요. 태평양 마리아나 해구의 깊이는 약 10,900미터인데 이것은 현재 지구상에서 가장 깊은 곳으로 알려져 있어요. 석유를 채취하기 위한 유정은 러시아가 뚫은 12,376미터가 현재 인간이 뚫을 수 없는 가장 깊은 깊이예요. 연구 목적으로는 러시아의 천공기인 '콜라 슈퍼딥'이 뚫은 지하 12,262미터가 가장 깊고요.

이것은 약 12킬로미터인데 지구 중심까지의 거리에 비하면 1,000분의 2도 채 안 되는 거예요. 그러니까 지구 속 여행에서 사람이 지구 중심까지 갔다가 왔다는 것은 물론 불가능하고 소설이니까 가능한 거지요.

쥘 베른은 어려서 아버지 몰래 배를 타고 여행을 떠나려 했다가 잡히는 바람에 상상으로 여행을 한 거예요. 하지만 터무니없는 여행이 아니라 과학적인 사실에 입각한 여행을 하게 된 거예요. 지구 속으로 내려가면서 쥘 베른은 주인공인 광물학자 리덴브로크 교수를 통해 지질학과 고생물학에 대한 지식을 알려주고 있어 결국 이 책은 인류의 역사, 생물의 역사, 지구의 역사를 파헤치고 있는 거예요.

《달나라 여행》은 1865년에 출간된 《지구에서 달까지》와 1869년에 출간된 《달나라 탐험》을 한 권으로 묶은 책이에요. 쥘 베른의 SF 소설을 전문적으로 우리말로 옮긴 김석희 선생님은 이 책에 대해 미래 세계에 대한 예견이 뛰어난 작품이라고 해요. 이야기 속에 나오는 플로리다 우주선 발사 기지는 미래에 '케네디 우주 센터'와 가깝고 콜럼비아호가 떨어진 곳은 유인 우주선 '아폴로 8호'가 떨어진 지점과 매우 가까웠다고 해요. 또 오늘날 우주선의 크기와 무게 그리고 역추진 로켓 방식까지도 아주 비슷하게 예견했지요.

여러분은 '아폴로 11호'에 대해 들어 보았지요? 인류 최초로 지구가 아닌 천체인 달에 사람을 착륙시킨 미국항공우주국(NASA)의 우주선이지요. 미국은 사람이 달에 착륙하기 위해 아폴로 계획을 시작했고, 그중 하나인 아폴로 8호는 인류 최초로 달 궤도를 돌아, 달의 뒷면을 목격했으며 달 궤도에서 바라본 지구의 사진을 찍었지요. 미국은 이후 아폴로 9호, 아폴로 10호를 달 궤도에 더 보내 최종 시험을 끝내고, 마침내 아폴로 11호를 달표면에 착륙시킨 거예요. 쥘 베른의 이야기는 포탄을 타고 달로 가는데 이것이 오늘날의 로켓이라고 할 수 있어요.

《해저 2만 리》도 제목 그대로 바다와 바다 밑이라고 하는 미지의 영역을 여행하는 내용인데, 주인공인 네로 선장이 타고 간 잠수함의 이름이 '노틸러스호'예요. 노틸러스는 라틴어로 '앵무조개'라는 뜻인데, 미국이 만든 세계 최초의 원자력 잠수함의 이름이기도 해요. 물론 미국이 이 잠수함의 이름을 지을 때 《해저 2만 리》의 잠수함에서 따온 거예요.

쥘 베른의 SF 소설은 보통의 과학 소설을 뛰어넘을 정도로 과학적 지식과 기술적인 내용이 탄탄하지요. 책을 읽으며 19세기를 살았던 쥘 베른이 20세기와 21세기의 미래를 어떻게 예견했는지 생각해 보는 것도 큰 재미랍니다.

초등 과학 필독서 45

초판 1쇄 발행 2024년 1월 29일

지은이 이억주
펴낸이 정덕식, 김재현

책임편집 김지숙
디자인 Design IF
경영지원 임효순

펴낸곳 (주)센시오
출판등록 2009년 10월 14일 제300-2009-126호
주소 서울특별시 마포구 성암로 189, 1707-1호
전화 02-734-0981
팩스 02-333-0081
메일 sensio@sensiobook.com

ISBN 979-11-6657-136-7 (13400)

이 책은 저작권법에 따라 보호받는 저작물이므로 무단 전재와 복제를 금지하며,
이 책 내용의 전부 또는 일부를 이용하려면 반드시 저작권자와 (주)센시오의 서면동의를 받아야 합니다.

책값은 뒤표지에 있습니다.
잘못된 책은 구입하신 곳에서 바꾸어드립니다.

소중한 원고를 기다립니다. sensio@sensiobook.com